臺灣史研究名家論集

（三編）

尹章義　林滿紅　林翠鳳

武之璋　孟祥瀚　洪健榮

張崑振　張勝彥　戚嘉林

許世融　連心豪　葉乃齊

趙祐志　賴志彰　闞正宗

蘭臺出版社

作者簡介（依姓氏筆劃排序）

尹章義　社團法人臺灣史研究會理事長、財團法人福祿基金會董事、財團法人兩岸關係文教基金會執行長。中國文化大學民國 106 年退休教授，輔仁大學民國 94 年退休教授，東吳、臺大兼課。出版專書 42 種（含地方志 16 種）論文 358 篇（含英文 54 篇），屢獲佳評凡四百餘則。

　　　　赫哲人，世居武昌小東門外營盤（駐防），六歲隨父母自海南島轉進來臺，住臺中水湳，空小肄業，四民國校、省二中、市一中畢業，輔仁大學學士，臺灣大學碩士，住臺北新店。

林滿紅　專攻歷史學，國立臺灣大學歷史學系學士與碩士、國立臺灣師範大學歷史研究所博士、美國哈佛大學歷史與東亞語文研究所博士；1990 年之後擔任中央研究院近代史研究所研究員與國立臺灣師範大學歷史學系教授，2008-2010 年間曾任中華民國國史館館長，2015 年迄今擔任中央研究院與陽明醫學大學合開人文講座課程兼任教授，2021 年轉任中央研究院近代史研究所兼任研究員；研究課題包括：近代中國或臺灣的口岸貿易與腹地變遷、晚清的鴉片觀與國內供應、十九世紀中國與世界的白銀牽繫、亞太商貿網絡與臺灣商人（1860—1961）、亞太歷史與條約：臺海，東海與南海等。

林翠鳳　臺灣彰化人。國立中山大學中文研究所博士，國立臺中科技大學應用中文系教授。曾任國立臺中科技大學應用中文系主任。主要研究方向：臺灣文學、民俗信仰等。著作：《陳肇興及其陶村詩稿之研究》《黃金川集》《鄭坤五及其文學研究》《施梅樵及其漢詩研究》等專書。主編《臺灣旅遊文學論文集》《宗教皈依科儀彙編》等十餘種。擔任《田中鎮志》《大里市史》《媽祖文化志》《登瀛書院簡史》等史志單元編纂。已發表期刊論文數百篇。

武之璋　河南孟縣（現孟州市）人，1942 年生，1949 年七歲隨父母赴台，淡江大學外文系畢業，曾經營紡織、營造業多年，從商期間自修經濟學，常發表財經論文，為當局重視，曾擔任台北市界貿易中心常務董事、行政院經濟改革委員會務顧問，多次參與台灣財經政策討論，後從商場退休，專心治學，範圍遍及中國近代史、台灣史及儒家學說，曾經出版《二二八真相解密》、《策馬入林》、《中庸研究》、《解剖民進黨》、《台灣光復日產接收研究》、《二二八真相與謊言》、《原來李敖騙了你》、《武之璋論史》、《外省人的故事》等書，近年

致力兩岸和平統一，強力反對民進黨文化台獨，並組織「藍天行動聯盟」，從文化、思想各方面與民進黨展激烈戰鬥。

孟祥瀚　國立中興大學歷史學系兼任副教授，國立臺灣師範大學歷史系博士，曾任臺灣古文書學會理事長。研究領域為臺灣區域史、臺灣原住民史、台灣方志學與台灣古文書研究等。主要關注議題在於清代與日治時期國家力量對於地方與族群發展的影響，如清末至日治初期，國家政策對於東台灣發展的形塑，清代封山禁令下番界政策對於中台灣東側番界開發的影響等。方志與古文書的研究，則是企圖透過在地生活的豐富紀錄，以思考與探討台灣基層社會運作的實際面貌。本書所收各篇，大致回應了上述的學思歷程。

洪健榮　臺灣臺南市人，籍貫澎湖縣。省立臺南一中畢業，輔仁大學歷史學系學士、清華大學歷史碩士、臺灣師範大學歷史博士。曾任僑生大學先修班、臺師大歷史學系、明志科大通識教育中心、中央大學歷史研究所、臺北科大通識教育中心、輔大歷史學系兼任教師、國立故宮博物院圖書文獻處助理研究員，現職國立臺北大學歷史學系教授兼海山學研究中心主任。主要研究領域為臺灣社會文化史、臺灣方志學、臺灣區域史、臺灣族群史，著有《龍渡滄海：清代臺灣社會的風水習俗》、《西學與儒學的交融：晚明士紳熊人霖《地緯》中的世界地理書寫》，發表相關學術論文五十餘篇，另曾主編《五股志》、《延平鄉志》、《新屋鄉志》、《續修五股鄉志》、《續修新竹縣志卷九‧人物志》。

張崑振　1970 年生於台北木柵，成大建築系畢業，成大建築博士，現任北科大建築系副教授，兼文化部、台北市及地方政府文資委員。曾擔任北科大創意設計學士班創班主任 2005-2008、北科大建築系主任 2016-2019。專長為建築史與理論、傳統建築與風土、遺產與都市保存，二十多年來一直從事台灣文化資產的保存、修復研究工作，主持六十餘件古蹟、聚落、文化景觀、產業遺產、遺址等類型文化資產調查研究計畫，近年也擔任古蹟修復設計及再利用策展工作。近年著有 2020《再尋冷戰軌跡-臺糖南北平行預備線文化資產價值研究》、2016《找尋曾經艱困的時代輪廓》、2015《傳家—新埔宗祠的故事》、2015《關渡宮—宮廟與文化景觀》等書。

張勝彥　臺灣大學歷史學學士、碩士，日本京都大學博士。先後任東海大學歷史系教授、日本京都大學文學部外國人招聘教授、中央大學歷史研究所教授兼所長、日本私立關西大學經濟學部外國人招聘教授、臺北大學歷史系教授兼民俗藝術研究所所長、及人文學院院長等教職。此外曾任臺灣歷史學會會長、內政部古蹟評鑑小組委員、臺中

縣志總編纂、續修臺中縣志總編纂、續修臺北縣志總編纂等職。現為臺北大學兼任教授、續修新竹縣志總編纂。已出版之學術著作有《南投開拓史》、《清代臺灣廳縣制度之研究》、《認識臺灣（歷史篇）》、《臺灣開發史》、《台中市史》、《臺灣史》等著作。

戚嘉林　Dr. Chi Chia-lin，中國統一聯盟前主席，1951 年生於台灣（原籍湖北沔陽/仙桃），輔仁大學商學士、中國文化大學經濟研究所碩士、南非首都比勒陀利亞大學（University of Pretoria）國際關係學博士。台灣外事人員特考及格，任職駐外單位、退休后曾任中國統一聯盟主席、並在世新大學授課。現為《祖國》雜誌發行人兼社長，社團法人台灣史研究會理事長，著有《台灣史》《台灣二二八大揭秘》《李登輝兩岸政策十二年》《台灣史問與答》《謝南光-從台灣民眾黨到中國共產黨》，及主編《坎坷復興路》等書。

許世融　雲林縣口湖鄉人，1966 年生，臺灣師範大學歷史學系博士，現任臺中教育大學區域與社會發展學系副教授兼系主任。先後於嘉義農專、國空大、建國科大、清華大學歷史研究所擔任兼任講師、助理教授；陸續進行過科技部諸多專題研究案。2011-2013 年並參與京都大學經濟學部堀和生教授主持的「東アジア高度成長の史的研究一連論から東アジア論へ一」跨國研究計畫。主要學術專長：臺灣經濟史、社會史、族群史等。博士論文〈關稅與兩岸貿易（1895-1945）〉曾獲得彭明敏文教基金會臺灣研究最佳博士論文獎。

連心豪　福建省仙遊縣人，1954 年 3 月生於安溪縣文廟廖厝館，旋移居泉州市區。廈門大學歷史學碩士，歷任廈門大學歷史學系教授，廈門大學中國海關史研究中心主任，福建省連橫文化研究院院長，福建省文史研究館研究館員，中國海關博物館顧問。專攻中國近代海關史，兼治閩臺關係史、閩南民間信仰與譜牒學。著有《近代中國的走私與海關緝私》、《水客走水》、《中國海關與對外貿易》，主編《閩南民間信仰》、《福建連氏志》、《仙遊鳳阿阿頭連氏譜牒》等書。

葉乃齊　1960 年出生於嘉義。1982 年自文化大學建築系畢業，1987-1989年曾就讀於台灣大學土木研究所交通乙組，1989 年曾於文化大學造園景觀系兼任執教，1990-1993 年服務於行政院文建會，從事古蹟保存業務。1993 年就讀台灣大學建築與城鄉研究所博士班，2002年 7 月獲台大城鄉所博士學位，曾擔任南亞技術學院建築系專任助理教授及華梵大學建築學系專任助理教授。2005 年 8 月接任華梵大學建築學系主任、所長，於 2008 年 1 月卸任。曾參與王鴻楷教授主持之研究案有《澎湖天后宮之彩繪》等五案。及夏鑄九教授主

持之研究案有《新竹縣三級古蹟新埔褒忠亭整修計畫》等七案。專業研究規劃案有近二十五本著作，個人代表著作有博士論文《台灣傳統營造技術的變遷初探--清代至日本殖民時期》，碩論《古蹟保存論述之形成——光復後台灣古蹟保存運動》及近百篇論文與著述。

趙佑志　1968 年，臺北人，臺灣師範大學歷史系學士、碩士、博士。現任新北高中教師兼任學務主任、清華大學歷史研究所兼任助理教授、真理大學人文與資訊學系兼任助理教授、淡江大學師培中心兼任助理教授，曾參與《沙鹿鎮志》、《梧棲鎮志》、《桃園市志》、《續修臺北縣志》、《高中歷史教科書》的編纂。著有：《日據時期臺灣商工會的發展(1895—1937)》、《日人在臺企業菁英的社會網絡(1895—1945)》、《續修臺北縣志》卷八文教志、〈躍上國際舞臺—清季中國參加萬國博覽會之研究〉等近百篇論文。

賴志彰　臺灣彰化人，逢甲建築系學士，國立臺灣大學建築與城鄉研究所碩、博士，長期參與文化資產保存工作，從最早的內政部到目前幾個市縣的文化資產諮詢委員，深入研究霧峰林家的歷史與建築，研究臺灣地方民居（包括新北、桃園、苗栗、臺中縣、彰化、嘉義市等），碩博士論文攢研臺中市的都市歷史，研究過新莊迴龍樂生療養院、臺灣古地圖、佳冬蕭宅、彰化縣志的公共藝術與工藝篇等。目前服務於國立臺南大學文化與自然資源學系臺灣文化碩士班，擔任副教授，指導超過 180 篇以上的碩士論文。

闞正宗　1961 年出生於臺灣嘉義，成功大學歷史學博士。1985 年起年從事新聞編採工作，進而主持佛教出版社、雜誌社。長年從事佛教寺院及文物的田野調查，二十餘年間完成有關佛寺、人物田野調查專著、合著十餘冊。1996 年起先後出版《臺灣佛寺導遊》九冊、《臺灣佛教一百年》、《臺灣佛寺的信仰與文化》、《重讀臺灣佛教——戰後臺灣佛教（正續編）》、《臺灣佛教史論》、《中國佛教會在臺灣——漢傳佛教的延續與開展》、《臺灣日治時期佛教發展與皇民化運動——「皇國佛教」的歷史進程（1895-1945）》、《臺灣佛教的殖民與後殖民》、《臺灣觀音信仰的「本土」與「外來」》等學術著作。除臺灣佛教史研究之外，研究領域尚延伸至臺灣宗教、中、臺、日三邊佛教交涉、日本文化等研究領域。曾任法鼓佛教學院、玄奘大學宗教研究所兼任助理教授，現任佛光大學佛教學系副教授。

《臺灣史研究名家論集》——總序

　　《臺灣史研究名家論集》即將印行，忝為這套叢刊的主編，依出書慣例不得不說幾句應景話兒。

　　這十幾年我個人習慣於每學期末，打完成績上網登錄後，抱著輕鬆心情前往探訪學長杜潔祥兄，一則敘敘舊，問問半年近況，二則聊聊兩岸出版情況，三則學界動態及學思心得。聊著聊著，不覺日沉西下，興盡而歸，期待半年後再見。大約三年前的見面閒聊，偶然談出了一個新企劃。潔祥兄自從離開佛光大學教職後，「我從江湖來，重回江湖去」（潔祥自況），創辦花木蘭出版社，專門將臺灣近六十年的博碩士論文，有計畫的分類出版，洋洋灑灑已有數十套，近年出書量及速度，幾乎平均一日一本，全年高達三百本以上，煞是驚人。而其選書之嚴謹，校對之仔細，書刊之精美，更是博得學界、業界的稱讚，而海峽對岸也稱許他為「出版家」，而不是「出版商」。這一大套叢刊中有一套《臺灣歷史文化叢刊》，是我當初建議提出的構想，不料獲得彼首肯，出版以來，反應不惡。但是出書者均是時下的年輕一輩博、碩士生，而他們的老師，老一輩的名師呢？是否也該蒐集整理編輯出版？

　　看似偶然的想法，卻也是必然要去做的一件出版大事。臺灣史研究的發展過程，套句許雪姬教授的名言「由鮮學經顯學到險學」，她擔心的理由有三：一、大陸學界有關臺灣史的任務性研究，都有步步進逼本地臺灣史研究的趨勢，加上廈大培養一大批三年即可拿到博士學位的臺灣學生，人數眾多，會導致臺灣本土訓練的學生找工作更加雪上加霜；二、學門上歷史系有被社會科學、文學瓜分，入侵之虞；三、在研究上被跨界研究擠壓下，史家最重要的技藝——史料的考訂，最後受到影響，變成以理代証，被跨學科的專史研究壓迫得難以喘氣。另外，中研院臺史所林玉茹也有同樣憂慮，提出五大問題：一、是臺灣史研究受到統獨思想的影響；二、學術成熟度仍不夠，一批缺乏專業性的人可以跨行教授臺灣史，或是隨時轉戰研究臺灣史；三、是研究人力不足，尤其地方文史工作者，大多學術訓練不足，基礎條件有限，甚至有偽造史料或創

造歷史的情形，他們研究成果未受到學術檢驗，卻廣為流通；四、史料收集整理問題，文獻資料躍居成「市場商品」，竟成天價；五、方法問題，研究者對於田野訪查或口述歷史必須心存警覺和批判性。

十數年過去了，這些現象與憂慮仍然存在，臺灣史學界仍然充滿「焦慮與自信」，這些焦慮不是上文引用的表面問題，骨子裡頭真正怕的是生存危機、價值危機、信仰危機，除此外，還有一種「高平庸化」的危機。平心而論，臺灣史的研究，不論就主題、架構、觀點、書寫、理論、方法等等。整體而言，已達國際級高水準，整個研究已是爛熟，不免凝固形成一僵硬範式，很難創新突破而造成「高平庸化」的危機現象。而「高平庸化」的結果又導致格局小、瑣碎化、重複化的現象，君不見近十年博碩士論文題目多半類似，其中固然也有因不同學門有所創見者，也不乏有精闢的論述成果，但遺憾的是多數內容雷同，資料重複，學生作品如此；學者的著述也高明不到哪裡，調研案雖多，題材同，資料同，析論也大同小異。於是乎只有盡量挖掘更多史料，出版更多古文書，做為研究創新之新材料，不過似新實舊，對臺灣史學研究的深入化反而轉成格局小、理論重複、結論重疊，只是堆砌層累的套語陳腔，好友臺師大潘朝陽教授，曾諷喻地說：「早晚會出現一本研究羅斯福路水溝蓋的博士論文」，誠哉斯言，其言雖苛，卻是一句對這現象極佳註腳。至於受統獨意識形態影響下的著作，更不值得一提。這種種現狀，實在令人沮喪、悲觀，此即焦慮之由來。

職是之故，面對臺灣史這一「高平庸化」的瓶頸，要如何掙脫困境呢？個人的想法有二：一是嚴守學術規範予以審查評價，不必考慮史學之外的政治立場、意識形態、身分認同等；二是返回原點，重尋典範。於是個人動了念頭，很想將老一輩的著作重新整理，出版成套書，此一構想，獲得潔祥兄的支持，兩人初步商談，訂下幾條原則，一、收入此套叢書者以五十歲（含）以上為主；二、是史家、行家、專家，不必限制為學者，或在大專院校、研究機構者；三、論文集由個人自選代表作，求舊作不排除新作；四、此套書為長期計畫，篩選四、五十位名家代表

作，分成數輯分年出版，每輯以二十位為原則；五、每本書字數以二十萬字為原則，書刊排列起來，也整齊美觀。商談一有結論，我迅即初步擬定名單，一一聯絡邀稿，卻不料潔祥兄卻因某些原因而放棄出版，變成我極尷尬之局面，已向人約稿了，卻不出版了。之後拿著企劃書向兩家出版社商談，均被婉拒，在已絕望之下，幸得蘭臺出版社盧瑞琴女史遞出橄欖枝，願意出版，才解決困局。但又因財力、人力、市場的考慮，只能每輯以十人為主，這下又出現新困擾，已約的二十幾位名家如何交代如何篩選？兩人多次商討之下，盧女史不計盈虧，終於同意擴大為十五位，並不篩選，以來稿先後及編排作業為原則，後來者編入續輯。

我個人深信史學畢竟是一門成果和經驗累積的學科，只有不斷累積掌握前賢的著作，溫故知新，才可以引發更新的問題意識，拓展更新的方法、理論，才能使歷史有更寬宏更深入的研究。面對已成書的樣稿，我內心實有感發，充滿欣喜、熟悉、親切、遺憾、失落種種複雜感想。我個人只是斗膽出面邀請同道之師長友朋，共襄盛舉，任憑諸位自行選擇其可傳世、可存者，編輯成書，公諸同好。總之，這套叢書是名家半生著述精華所在，精彩可期，將是臺灣史研究的一座豐功碑及里程碑，可以藏諸名山，垂範後世，開啓門徑，臺灣史的未來新方向即孕育在這套叢書中。展視書稿，披卷流連，略綴數語以說明叢刊的成書經過，及對臺灣史的一些想法、期待與焦慮。

卓克華

2016.2.22 元宵　於三書樓

《臺灣史研究名家論集》——推薦序

　　《臺灣史研究名家論集》這套書本身就是一種臺灣史研究。其性質與意義，可以我擬編的另一套書來做說明。

　　相對於大陸，臺灣學界個性勝於群性，好處是彰顯個人興趣、自由精神；缺點是不夠關注該學科的整體發展，很少人去寫年鑑、綜述、概括、該學科的資料彙編或大型學人論著總集。

　　所以我們很容易掌握大陸各學科的研究發展狀況，對臺灣則不然。比如哲學、文學、社會學、政治學都各有哪些學派、名家、主要著作，研究史又如何等等，個中人也常弄不清楚，僅熟悉自己身邊幾個學校、機構或團體而已。

　　本來名家最該做這種事，但誰也不願意做綜述、概括這等沒甚創見的勞動；編名家論集嘛，既抬舉了別人，又掛一漏萬得罪人，何必呢？

　　我在學生書局時，編過一些學科綜述，頗嘗甘苦。到大陸以後，也曾想在人文與社會學科中，每學科選二十位名家，做成論文集，以整體呈現臺灣二十世紀下半葉的學術成果，遷延至今，終於未成。所以我看卓克華兄編成的這套《臺灣史研究名家論集》特有會心、特深感慨。

　　正如他所說，現在許多學科都面臨大陸同行的參與，事實上也是巨大的壓力。大陸人數眾多，自成脈絡。臺灣如果併入其數量統計中去，當然立刻被淹沒了。他們在許多研究成果綜述中，被視野和資料所限，也常不會特別關注臺灣。因此我們自己的當代學術史梳理就特別重要、格外迫切。

　　《臺灣史研究名家論集》從這個意義上說，本身就是一種臺灣學術史的建構。所選諸名家、各篇代表作，足以呈現臺灣史這個學科的具體內容與發展軌跡。

　　這些名家，與我同時代，其文章寫作之因緣和發表時之情境，讀來歷歷在目，尤深感慨。

　　因為「臺灣史」這個學科在臺灣頗有特殊性。

　　很多人說戒嚴時期如何如何打壓臺灣史研究，故臺灣史尠有人問津；

後來又如何如何以臺灣史、臺灣文學史為突破口，讓臺灣史研究變成了顯學。克華總序中提到有人說臺灣史從「鮮學變成顯學」，然後又受政治影響，成了險學，就是這個意思。

但其實，說早年打壓臺灣史，不是政治觀點影響下的說詞嗎？卷帙浩繁的《臺灣風物月刊》、《臺北文獻季刊》、《臺灣文獻季刊》、臺灣銀行《臺灣文獻叢刊》等等是什麼？《臺灣文獻季刊》底下，十六種縣市文獻，總計就有四億多字，怎麼顯示五十年代到八十年代中期政府打壓了臺灣史的資料與研究？我就讀的淡江大學，就有臺灣史課程，圖書館也有專門臺灣史料室，我們大學生每年參加臺灣史蹟源流會的夏令營，更是十分熱門。我大學以後參與鄉土調查、縣誌編撰、族譜研究，所感受的暖心與熱情，實在不能跟批評戒嚴時期如何如何打壓臺灣史研究的說詞對應起來。

反之，對於高談本土性、愛臺灣、反殖民的朋友所揭櫫的臺灣史研究，我卻常看到壓迫和不寬容。所以，他們談臺灣文學時，我發現他們想建立的只是「我們的文學史」。我辦大學時，要申辦任何一個系所都千難萬難，得提前一兩年準備師資課程資料及方向計畫去送審；可是教育部長卻一紙公文下來，大開後門，讓各校趕快開辦臺灣史系所。我們辦客家研討會，客家委員會甚至會直接告訴我某教授觀點與他們不合，不能讓他上臺。同樣，教師在報端發表了他們不喜歡的言論，各機關也常來文關切……。這時，我才知道有一個幽靈，在監看著臺灣史研究群體。

說這些，是要提醒本叢刊的讀者：無論臺灣史有沒有被政治化，克華所選的這些名家，大抵都表現了政治泥沼中難得的學術品格，勤懇平實地在做研究。論文中匕鬯不驚，而實際上外邊風雨交加。史學名家之所以是名家，原因正要由此體會。

但也由於如此，故其論文多以資料梳理、史實考證見長。從目前的史學潮流來看，這不免有點「古意盎然」。他們這一輩人，對現時臺灣史研究新風氣的不滿或擔憂，例如跨學科、理論麾指史料、臺灣史不盡

為史學系師生所從事之領域等等，其實就由於他們古意了。

　　古意，當然有過時的含義；但在臺灣，此語與老實、實在同意。用於臺灣史研究，更應做後者理解。實證性史學，在很多地方都顯得老舊，理論根基也已動搖，但在臺灣史這個研究典範還有待建立，假史料、亂解讀，政治干擾又無所不在的地方，卻還是基本功或學術底線。老一輩的名家論述，之所以常讀常新，仍值得後進取法，亦由於此，特予鄭重推薦。

　　　　　　　　　　　　　　　　　　　　龔鵬程

《臺灣史研究名家論集》——推薦序

　　臺灣，在許多大陸人看來是一個地域相對狹小、自然資源有限、物產不夠豐富、人口不夠眾多且孤懸於海外的一個島嶼之地。對於這座寶島的歷史文化、社會風貌、民間風俗以及人文地貌等方面的情況知之甚少。然而，當你靜下心來耐心地閱讀由臺灣蘭臺出版社出版的《臺灣史研究名家論集》（已出版三編）之後，你一定會改變你對臺灣這個神奇島嶼的認知。

　　《臺灣史研究名家論集》到目前為止，已經輯錄了近五十名研究臺灣史的專家近千萬字的有關臺灣史的研究成果。這些研究成果大都以臺灣這塊獨特的地域空間為載體，以發生在這塊神奇土地上的歷史事件、人物故事、社會變遷、宗教信仰、民間習俗、行政建制、地方史志、家族姓氏、外族入侵、殖民統治、風水習俗以及建築歷史等等為研究內容，幾乎囊括了臺灣的自然與社會生活的方方面面。例如，尹章義的《臺灣移民開發史上與客家人相關的幾個謎題》，林滿紅的《清末臺灣與我國大陸之貿易型態比較（1860-1894）》，林翠鳳教授的《臺灣傳統書院的興衰歷程》，武之璋先生的《從純史學的角度重新檢視二二八》，洪健榮的《明鄭治臺前後風水習俗在臺灣社會的傳佈》，張崑振的《清代臺灣地方誌所載官祀建築之時代意義》，張勝彥的《臺灣古名考》，戚嘉林的《荷人據台殖民真相及其本質之探討》，許世融的《日治時期彰化地區的港口變化與商貿網絡》，連心豪的《日本據臺時期對中國的毒品禍害》，葉乃齊的《臺灣古蹟保存技術發展的一個梗概》，趙佑志的《日治時期臺灣的商工會與商業經營手法的革新（1895—1937）》，賴志彰的《台灣客家研究概論─建築篇》，闞正宗的《清代治臺初期的佛教（1685-1717）——以《蓉洲詩文稿選集》、《東寧政事集》為中心……

　　上述各類具體的臺灣史研究，給讀者全面、深刻、細緻、準確地瞭解臺灣、認知臺灣、理解臺灣、並關注臺灣未來的發展，提供了「法國年鑒學派」所說的「全面的歷史」資料和「完整的歷史」座標。這套叢書給世人描摹出一幅幅臺灣社會、文化、經濟、生態以及島民心態變遷

的風俗畫。它們既是臺灣社會的編年史、也是臺灣的時代變遷史，還是臺灣社會風俗與政治文化的演變史。

《臺灣史研究名家論集》在史學研究方法上借鑒了法國年鑒學派以及其他現代史學流派的諸多新的研究方法，給讀者提供了新的研究視角，使得史學研究能夠從更加廣闊、更加豐富的空間與視角上獲取歷史對人類的啟示。《臺灣史研究名家論集》的許多研究成果，印證了中國大陸著名歷史學家章開沅先生對史學研究價值的一種「詩意化」的論斷，章開沅先生曾經說過，「**從某種意義上說，史學應當是一個沉思著的作者在追撫今夕、感慨人生時的心靈獨白。史學研究的學術的價值不僅在於它能夠舒緩地展示每一個民族精神的文化源流，還在於它達到一定境界時，能夠闡揚人類生存的終極意義，並超越時代、維繫人類精神與不墮……**」

閱讀《臺灣史研究名家論集》，能夠讓讀者深切感受到任何一個有限的物理空間都能夠創造出無限的精神世界，只要這塊空間上的主人永遠懷揣著不斷創造的理想與激情。我記得一位名叫唐諾（謝材俊）的臺灣作家曾經說過，由於中國近代歷史的風雲際會，使得臺灣成為一個十分獨特的歷史位置。「**在很長一段時間裡，臺灣是把一個大國的靈魂藏在臺灣這個小小的身體裡面……**」，的確，近代以來的臺灣，在某種程度上來講成就驚人。它誕生過許多一流的人文學者、一流的史學家、一流的詩人、一流的電影家、一流的科學家。它曾經是「亞洲四小龍」之一。

臺灣之所以能夠取得如此驚人的文化成就，離不開諸如《臺灣史研究名家論集》裡的這些史學研究名家和**臺灣蘭臺出版社**這樣的文化機構以及**一大批「睜眼看世界」**的仁人志士們持之以恆的辛勤耕耘和不畏艱辛的探索。是這些勇敢的探尋者**在看得見的地域有限物理空間拓展並創造出了豐富多彩的浩瀚精神宇宙。**

為此，我真誠地向廣大讀者推薦《臺灣史研究名家論集》這套叢書。

王國華　2021 年 6 月 7 日於北京

《臺灣史研究名家論集》──編後記

　　我在〈二編後記〉中曾慨嘆道，編此《論集》有三難：邀稿難、交稿難、成書難。在《三編》成書過程中依然如此，甚且更加嚴重，意外狀況頻頻發生，先是新冠肺炎疫情耽誤了近一年，而若干作者交稿、校稿拖拖拉拉，也有作者電腦檔案錯亂的種種問題，也有作者三校不足，而四校，五校，每次校對又增補一些資料，大費周章，一再重新整理，諸如此類狀況，整個編輯作業延誤了近一年，不得已情商《四編》的作者，將其著作提前補入《三編》出版，承蒙這些作者的同意，才解決部分問題。

　　如今面對著《三編》的清樣，心中無限感慨，原計畫在我個人退休前將《臺灣史研究名家論集》四輯編輯出版完成，而我將於今年（2021）七月底退休，才勉強出版了《三編》，看來又要耗費二年歲月才能出版《四編》，前後至少花了十年才能夠完成心願，十年，人生有多少個十年？！也只能自我安慰，至少我為臺灣史學界整理了乙套名家鉅作，留下一套經典。

卓克華　　于三書樓

2021.6.7

林翠鳳

臺灣史研究名家論集

蘭臺出版社

目　錄

《臺灣史研究名家論集》——總序　卓克華 IX

《臺灣史研究名家論集》——推薦序　龔鵬程 XII

《臺灣史研究名家論集》——推薦序　王國華 XV

《臺灣史研究名家論集》——編後記　卓克華 XVII

《臺灣史研究名家論集》——自序 4

臺灣文學研究

　　陳肇興《陶村詩稿》之文學表現與詩史價值 7

　　田中蘭社百年史 — 一個區域文學史的史料建構實例 31

　　藍鼎元《東征集》的文學表現 95

　　戰後彰化傳統漢詩期刊探析 119

　　發民間真聲，揚臺灣正音 — 鄭坤五〈臺灣國風〉探析 137

　　臺灣傳統書院的興衰歷程 — 兼析草屯登瀛書院的世變因應 157

臺灣信仰研究

　　臺灣慚愧祖師神格論 179

　　臺灣太乙救苦天尊的信仰與傳播 195

　　林爽文事件案首王勳神化崇祀考 209

　　臺灣臨水夫人信仰的發展歷程探析 229

　　論關帝信仰的發展與扶鸞 247

親緣樂福　薪傳臺灣

　　臺灣，是我的家鄉，我生於斯，長於斯，樂於斯。我期許自己能多了解臺灣的古往今來，更至盼臺灣文化能薪火相傳，永續綿延。

　　我在青年求學時期的正規課程中，並無臺灣相關課目。然而內心對臺灣的關心與好奇一直都在。日後在學術道路上，「臺灣」始終是我的研究核心。我的興趣廣泛，研究也走得隨興。而大歷史之下的在地主題，雖然常常資訊有限，卻常能引我關注。我進行臺灣研究的重要動力是在地情感，地緣與人緣則是研究脈絡的重要引導。

　　我的臺灣研究從彰化陳肇興《陶村詩稿》開始。只因為我是彰化縣人，也是中文人。緣於這兩項基礎的交集，而進一步認識了彰化縣現存最早的一部詩人別集《陶村詩稿》。這項研究是一段快樂的探索過程，我賞讀古典詩，我在熟悉卻又處處發現驚喜的土地上遊歷，我與祖輩父母親友的生命經驗在鄉土中深化了見證。從書面閱讀到田野調查，從單篇論文到專書出版，終於能提出《陳肇興及其《陶村詩稿》之研究》一作，並以此書成功升等副教授。

　　從研究陳肇興的過程中，我累積了對大彰化與中臺灣的認識，於是進一步研究我的出生地田中鎮。田中東倚八卦山，南臨濁水溪，風光明媚，民風純樸。我的方向依舊在文學，然而在此前，幾乎沒有人認為田中有文學，更不知田中有詩社。但訊息高度貧乏的情況，卻更激昂了我的使命感。我大量尋索各式文獻，特別是日治時期書報，也走街串巷地在小鎮上尋訪人物歷史，終於將點點滴滴累積起來的〈田中蘭社百年史 ─ 一個區域文學史的史料建構〉一文，在國史館臺灣文獻館主辦的九十二年度臺灣史學術研討會上發表。原本以為冷門的議題可能不會受到注意，卻意外地受到與會人士熱烈的迴響，特別是時任館長的劉峰松先生的肯定與鼓舞。

　　從陳肇興到蘭社，主題都是彰化古典詩學，我因此也與傳統詩壇結緣。從蘭社到彰化縣詩學研究協會、學士吟詩社，再與中國詩人文化會、中華民國傳統詩學會等各詩社交流，逐步認識臺灣古典詩的過去與現況，

並開始關心包括傳統漢詩刊、詩社的運作與傳承、詩人詩作與時代等議題。日後因此陸續發表了《黃金川集》、《施梅樵及其漢詩研究》等專書及相關論文，而《鄭坤五及其文學研究》一書的提出，則順利地升等教授成功。

再有與草屯登瀛書院詩社尤其緣深，很榮幸受聘為書院永久顧問，緣此而對書院的認識更近一層，在編輯出版《登瀛書院簡史》一書之後，已持續進行書院志的編纂工程。而期間先後參與了《大里市志》、《大村鄉志》、《新修南投市志》、《媽祖文化志》等史志的撰述，增益了對地方文史的了解，特別是編纂《田中鎮志》的人親土親，格外貼心感動。

臺灣自古稱為蓬萊仙島，廟宇林立，民俗信仰豐富，展現精彩的臺灣文化魅力。我的臺灣信仰研究始於慚愧祖師。好友劉川林道長原是嗣漢天師府奏職大法師，慈悲度人無數。法師於 2006 年成立「三界混真壇」，主祀慚愧祖師，我有緣旁參壇務，進而了解慚愧祖師。2012 年起我擔任應用中文系主任，很快成立了「道教與民俗研究室」，聯合蕭登福教授專才推展相關活動。其中與高雄九陽道善堂以太乙救苦天尊為核心，先後二度合辦國際研討會，從而就臺灣太乙救苦天尊的信仰與傳播進行了解。也託蕭登福教授之緣，與福建葉明生教授協同考察陳靖姑信仰，而受邀在海峽論壇就臺灣臨水夫人信仰的發展，發表專題演講。

臺中科技大學應用中文系成立於 2003 年，自創系伊始開設「臺灣文學史」課程即由我擔任講授。我曾就《東征集》等臺灣文學進行分析研究，期間也鼓舞了不少同學在畢業後前進臺灣相關研究所深造。而技職科系同時注重實務應用，2011 年起基於具有共同的理念，本校資訊工程系陳弘明教授、許華青教授與我聯合組織兩系學生團隊，與沙鹿福興宮進行主祀神王勳千歲的調查與推廣。我們結合文史考察與程式設計，推出了體驗旅遊互動導覽、口述歷史採訪記錄影片等。其中，以「王勳千歲」為主題創意設計的全新手機 APP，幸運地榮獲「全球應用程式創意創新大賽」最佳 APP 第三名（第一名從缺）。並受邀撰作碑記、經書、王勳頌歌，也接受電視臺戲劇的訪問錄影等。

　　在推動中文應用的過程中，也與中華關聖文化世界弘揚協會結緣，多次參與忠義文學獎全球徵文評審，多年來也一同前進臺灣多處監獄宣講鼓舞受刑人，前進大陸、港、澳、新、馬、越南等海內外各地參與會議和講座，2019 年底聯合本校的支持，盛大舉辦了「2019 關帝文化國際學術研討會暨扶鸞展演高峰講壇」。

　　我在所關心的臺灣主題上學習多年，承蒙謝俊宏校長慧眼邀請，於本校空中學院主講「臺灣歷史與文化」課程。我規劃從遠古到當代歷史之外，還涵括了食衣住行育樂等臺灣多元文化主題共 18 講，於 2020 年出版教科專書，並在中華電視公司錄製教學影片公開播放。

　　今生有緣生在寶島臺灣，是福份。也由於在地感情與因緣際會，我持續了臺灣研究，歡喜且不倦。我衷心感謝一路以來有許多貴人的支持、協助、鼓勵和鞭策！

　　特別摯誠感謝　父親林昭仁先生、母親楊玉英女士無上的疼愛、護持和栽培！父親淳樸謙和，母親淑善勤儉，二老身教言教，是我的好榜樣！做他們的女兒，是我今生最美滿的善緣、最大的福氣！

　　很榮幸地承蒙卓克華教授的熱情邀請，讓我在臺灣研究上的一點點心得，有機會精選出版。這裡的論文都曾經發表過，早則二十餘年前，晚則近期之作，每一篇背後都有滿滿的回憶和情感。藉由這次的刊行，也進行了資料補充和勘誤修訂。然而時間緊迫，闕漏仍有，敬祈大雅君子海涵補正。

　　我在臺灣研究中深切體會了臺灣的美好，更盼望能普及認識臺灣文化，深化臺灣內涵，凝聚更多良善共識，偕手愛護臺灣，邁向大同天下。

國立臺中科技大學應用中文系　林翠鳳

2021 年 1 月 24 日序於彰化田中

陳肇興《陶村詩稿》之文學表現與詩史價值

提要

　　陳肇興（1831—1876 之後）是清代彰化本土詩人的最早代表，其傳世的唯一一部作品《陶村詩稿》，亦為現存清代彰化最早的一部詩人別集，並以其「戴案詩史」之譽稱美詩壇。陳肇興及其作品著實代表了清代中期臺灣本土文人的養成與其成就，其文學表現因此格外引人注目。本文即針對《陶村詩稿》一書，期望透過作品考索的方式，就外在形式、寫作題材、內在風格、詩壇稱譽等方面，在不同方向提顯其作品表現，從而彰顯作者書寫之心意，及其作品價值之所在。

　　關鍵字：陳肇興、《陶村詩稿》、清代、詩

一、前言

　　陳肇興，字伯康，號陶村，臺灣彰化人。生於清道光 11 年（1831），卒年不詳，大約在光緒四年（1878）或之後。祖籍福建漳州，自其先祖早已定居彰化（今彰化市）。咸豐三年（1853）考上秀才，咸豐九年（1859）高中舉人。曾出版《陶村詩稿》一書，享譽詩壇，是清代中期中臺灣著名的本土詩人。咸豐 10 年（1860）陳肇興以舉人身分倡議重修聖王廟，至今彰化市威惠宮仍供奉陳肇興長生祿位。而創建於同治 2 年（1863）的四張犁文昌廟，殿前立柱上可見陳肇興親撰的對聯：「**文列奎垣呼吸直通帝渭 / 蔚為國器栽培端在儒光**」。舉人陳肇興在地方文教的推進上，頗見致力。

圖 1　四張犁文昌祠陳肇興題聯

　　早年陳肇興就讀白沙書院時，即以詩名見稱，為白沙書院五傑之一[1]，所謂「**文化大興，士競吟詠，就中陳肇興先生為傑出**」[2]。加以持續

1　白沙書院五傑是指陳肇興、曾惟精、蔡德芳、陳捷魁、廖景瀛。見連橫《臺灣通史‧陳肇興列傳》，第 925 頁。

2　見楊珠浦〈陳肇興先生略傳〉，載《臺灣文獻叢刊》本《陶村詩稿》第 3 頁。

奮勉筆耕，致力詩歌寫作，即使兵馬倥傯，亦揮灑不輟。其寫作之熱情，加之以風雲際會之歷練，而能淬煉其神思妙筆，成就《陶村詩稿》一書之問世。這是陳肇興傳世的唯一一部作品，採編年方式分八卷，收錄詩人自咸豐二年以至同治二年（1852～1863）之間的生活體驗與心情，是陳肇興青年時期的生命寫照。

清代咸豐、同治年間的中臺灣，肥沃的土地上有著豐富的物產與美麗的山水，但卻同時也時常遭受著械鬥民變的困擾。生於斯，長於斯的彰化詩人陳肇興，接受著深刻的傳統儒學教化，透過詩歌，熱切地表達著他對鄉土的關懷與愛戀，也傳達其忠君保鄉的執著與付出。從《陶村詩稿》中我們看到了臺灣的土地與歷史，也看到了本土子弟的學養與志節。

而其中相當引人注目的是別稱《咄咄吟》的第七、八卷，《咄咄吟》正是詩人經歷戴潮春事件兩年期間的寫實詩歌集。卷七、卷八恰與戴潮春案起沒相終始，詳盡記錄此一期間詩人的親身經驗見聞，而別開一生面。《咄咄吟》之突出，正如日治時期詩人林耀亭所說：

> 讀至七、八卷，覺當日戴萬生之亂狀歷歷如現，可藉以知臺灣往昔之史蹟；其關係於文獻，固不少矣。[3]

可見作為文學作品集的《陶村詩稿》，也同時兼具著歷史反映的功能。戴潮春事件時期的側面觀察，就在詩人陳肇興的筆下得到了不同角度的紀錄。

戴潮春，字萬生，清代彰化四張犁（在今臺中市北屯區四張犁）人，家素富裕，世為北路協署稿識。「咸豐十一年，知縣高廷鏡下鄉辦事，潮春執土棍以獻。北路協副將夏汝賢以其貳於己，索賄不從，革其籍。」[4]時其兄萬桂已死，潮春歸鄉，乃集其舊黨，立八卦會，團練鄉勇，隨官捕盜，以自衛鄉里。後黨勢日盛，多至數萬人。而會眾滋蔓，潮春亦不能制，竟至起事。同治元年三月攻破彰化城，戰火迅速蔓延開來。一直

3　見林耀亭〈林序〉，載《臺灣文獻叢刊》本《陶村詩稿》第 1 頁。

4　見連橫《臺灣通史・戴潮春列傳》，第 835 頁。

持續到同治6年才完全平定，是清代臺灣史上歷時最長的一次民變，影響深遠。至今，在戴潮春的故鄉臺中市北屯區四張犁合福祠中，民間仍奉祀戴潮春夫婦，香火依然。

　　彰化詩人陳肇興親身見聞了戴潮春的起事，同治元年至二年（1861---1862）期間，他協助官軍，聯莊抵抗，奔走於彰化山區（今南投、彰化兩縣交接山區），「日則奮練強悍民番，援官軍、誅叛逆；夜則秉筆賦詩，追悼陣亡將士」[5]，以詩歌寫下了親身見聞感受，也為號稱臺灣三大民變[6]之一的戴潮春事件，留下最真實可貴的史料。事後他彙編個人於此之前十二年間的詩歌作品，成《陶村詩稿》一冊。

　　陳肇興《陶村詩稿》於光緒四年（1878）刊刻出版，為現存清代彰化最早，保存也最完整的一部詩人別集。《陶村詩稿》所收詩歌數量可觀，共達208題464首，近體詩、古體詩皆備；內容包羅豐富，佳作迭出，而多以時事見聞為題材，或述家國，或明己志；或寫農家和樂，或記械鬥擾民。尤其陳肇興以詩筆為史筆，足可稱為「戴案詩史」，更凸顯其特色，在文學與文獻的雙重價值上，陳肇興《陶村詩稿》都具有不可忽視的意義。

二、詩歌表現

（一）、形式上

A、詩題甚長

　　長題可謂乍見《陶村詩稿》諸詩的一項特色。例如：卷一〈羅山聞警，間道斗六門入水沙連途中口占〉、卷三〈在束連日淫潦，欲歸不得，忽逢晴霽，喜而有作〉、卷四〈由港口放洋，望海上諸嶼，尋臺山來脈處，放歌〉等俱為長題，尤其卷七、卷八之長題，所在多有。全書中則以〈北投埔義士林錫爵招同林文翰舍人、邱石莊、簡榮卿孝廉、洪玉崑明經，

5　見楊珠浦〈陳肇興先生略傳〉，載《臺灣文獻叢刊》本《陶村詩稿》第3頁。
6　一般所稱臺灣三大民變是指：朱一貴事件、林爽文事件、戴潮春事件。

及各巨姓頭人宴集倚南軒計議防亂事宜，即席賦贈〉一詩之題目最長，
共計四十九字。茲製作「《陶村詩稿》詩題簡稱一覽表」，俾便觀覽。

《陶村詩稿》詩題簡稱一覽表

詩題簡稱凡例： 一、段落取捨以語意完足為尚。 二、儘量以原題起首文字為取。 三、必與《陶村詩稿》中其他詩作題目文字有別。 四、簡稱後之字數基本上以十字之內為原則。		
原　　　　　　　　　　　　　題	簡　　　　稱	卷　　頁
1. 羅山聞警間道斗六門入水沙連途中口占	羅山聞警	卷一頁 8
2. 與韋鏡秋上舍話舊，即次其即事原韻	與韋鏡秋上舍話舊	卷二頁 13
3. 齒痛戲用袁簡齋拔齒原韻柬石莊	齒痛	卷二頁 18
4. 大墩與廖滄洲茂才夜話即疊原韻奉答	大墩與廖滄洲茂才夜話	卷三頁 32
5. 連日風雨，戲用三講全韻調滄洲	連日風雨	卷三頁 33
6. 在揀連日淫潦欲歸不得忽逢晴霽喜而有作	在揀連日淫潦欲歸不得	卷三頁 34
7. 九日同諸友烏石山登高用十研老人韻二首	九日同諸友烏石山登高	卷四頁 57
8. 由港口放洋望海上諸嶼尋臺山來脈處放歌	由港口放洋望海上諸嶼	卷四頁 61
9. 前從軍行倣杜前出塞體九首	前從軍行	卷六頁 81
10. 後從軍行倣杜後出塞體五首	後從軍行	卷六頁 83
11. 北投埔義士林錫爵招同林文翰舍人邱石莊簡榮卿孝廉洪玉崑明經及各巨姓頭人宴集倚南軒計議防亂事宜即席賦贈	北投埔計議防亂事宜	卷七頁 87
12. 三月十六日奉憲命往南北投聯莊遇亂避居牛牯嶺即事述懷	奉憲命往南北投聯莊遇亂	卷七頁 90
13. 端午飲家與三茂才舍中聞大軍登岸口占示喜	端午飲家與三茂才舍中	卷七頁 96
14. 七月望後謀刺逆首不中幾罹飛禍口占記事	七月望後謀刺逆首不中	卷七頁 104
15. 自許厝寮避賊至集集內山次少陵「北征」韻	自許厝寮避賊至集集內山	卷七頁 105

16. 九月十七日聞斗六失陷總戎殉節感賦二十韻	斗六失陷總戎殉節	卷七頁112
17. 葭月二十六日喜晤石莊兼話大甲官軍捷信	喜晤石莊兼話官軍捷信	卷七頁116
18. 花朝喜聞官軍羅山大捷嘉圍以解	花朝喜聞官軍羅山大捷	卷八頁123
19. 祭旗後一日六保背約縱匪反噬煅陷義莊無數獨山頂一帶尚守前盟予一家四散幾遭闔門之禍在重圍中瀝血成詠	祭旗後一日六保背約	卷八頁124
20. 六月十八日大戰濁水擒賊帥一名斬首百級	大戰濁水	卷八頁128
21. 二十一日收復南投街連日大捷重圍以解	收復南投街	卷八頁128
22. 七月二十二日攻克集集斬首百餘級	攻克集集	卷八頁129
23. 再克集集俘斬二百餘級溪水為赤	再克集集	卷八頁131
24. 感事述懷五排百韻寄家雪洲兼鹿港香鄰諸友	感事述懷五排百韻	卷八頁132
25. 自水沙連由鯉魚尾穿山至斗六門	自水沙連穿山至斗六門	卷八頁135
26. 自林圯埔進師與官軍會約由溪州底攻克斗六逆巢越日襲取東埔蚋等處俘獲逆徒十三人作歌紀事	自林圯埔進師俘獲逆徒	卷八頁136

統計《陶村詩稿》全書題目字數超過十字以上者，共三十四首作品，佔全書將近三分之一的比例，比例頗高。並且絕大部分集中在卷七、卷八，這與詩人遭遇戴潮春事件後，詩風更加趨向寫實的表現，應有密切的關係。

無論詩或文，題目的功能在於能由精簡的文字中，顯現作品最精要的主旨。如果題目過長，則可能表示作者對於詩文內容性質的掌握有所欠缺。綜觀陳肇興諸長詩題，其實要將其文字精簡，皆非不可。陳肇興以其擅長詩歌寫作稱名，應當不可能不知。因此，其長題之作，就有可能是有意為之的了。例如：〈羅山聞警，間道斗六門入水沙連途中口占〉詩中已言「一箭路穿牛觸口，千盤身入水沙連」表示其路程行徑，雖未指出途經斗六門，然此詩主在寫景，是否特別說出間道斗六門，並不具有太大的影響。只是藉由題目中透露的路線，的確也能對讀者的欣賞與

聯想有所增益。

　　長詩題雖然在稱說上較為不便，然而卻能對書寫內容的背景，提供概括的瞭解，在某些程度上，有助於欣賞詩歌的內涵。《陶村詩稿》中的長詩題，事實上是具有著詩序說明、交代的作用。就另一個角度而言，這未嘗不是顯現出了詩人篤實不虛華的寫作特色。例如：〈北投埔義士林錫爵招同林文翰舍人、邱石莊、簡榮卿孝廉、洪玉崑明經，及各巨姓頭人宴集倚南軒，計議防亂事宜，即席賦贈〉一詩中所提及參與的人士名姓，便是以詩歌形式所不容易完全表達清楚的。此一詩題的主要作用，或許正是在補足詩歌的不足，以散行文體據實交代詩歌詩言志之外的背景事實。

　　雖然《陶村詩稿》書中之長題甚多，但若置諸其當時而言，則或許只是反映了詩人寫作的一般現象。即以與陳肇興同時代、一起參與抵抗戴潮春事件的竹塹才子林占梅（1821～1868）之《潛園琴餘草》而言，其詩題在 20 字以上者，比比皆是；多達 40 字以上者，屢見不鮮，如〈夏初以來，四境不靖，園中花事就蕪，屆殘臘始報安堵。爰修小園，招諸韻士雅集，各有佳作，予忝主位，乃強顏續成五排一首〉的 48 字；甚至有 60 字以上者，如〈廈門楊石松（元華）司馬，六藝、星數，無不淵精。頃遊嵌城耳余名，雅蒙愛慕，第欲之官嶺表，行期既促一見未由切，托鄭培之二尹致意，情詞殷渥，深足銘感，作詩寄懷〉七律一題即長達 63 字。較諸陶村，可謂有過之而無不及。

　　此外，較陳肇興稍早的竹塹鄭用錫（1788～1858），其《北郭園詩鈔》亦多長題，如〈司馬薛耘廬（志量）、李信齋（慎彝）、曹懷樸、曹馥堂四公遺愛在民，余捐金奉栗主與妻秋槎司馬（雲）同祀於書院敬業堂，詩以誌之〉即達 49 字；稍晚的霧峰林癡仙《無悶草堂詩存》也有〈頌臣謝丈留鬚，余戲贈兩絕，有「長鬚國裡如求婿，跨鳳乘龍屬此髯」之句。後余弟烈堂果贈一姬，喜拙詩竟成佳讖。因次前韻，再賦二章，以博妝臺雙笑〉一詩達 58 字；尤有甚者，府城施士洁更有詩題長達百字以上之

作三首，其中最長者多至165字，此即〈世宙陵夷，子衿佻達，抱道之士，怒然憂之。王子少濤秉資獨粹，績學彌劭，庸中佼佼，百不一遇。與予同里，夙不謀面。頃遊鷺門，恨相知晚。是固恂恂儒者，而又有志於為詩者也。鷺門旭瀛書院，學子薈焉，少濤實司訓導。暇輒文酒過從，出示「賞青廬」、「泊寄樓」諸吟草，予釐定。邇復自署「曾經滄海」一圖，廣徵海內外名流鉅子題詠，兼及書畫，仿為百衲之製。予維少濤年少美才，應求之雅，環球咫尺；斯圖特嚆矢耳。爰志四絕，為異日券〉一詩。其詩題之長，已宛若一篇短文。

清代中晚期諸如此類之作家作品相當多，故而放在大時代的環境中來看，陳肇興詩歌中所表現的長詩題，則可說是詩壇寫作習尚的一種表徵了。

B、七言律詩及長篇歌行佔多數

就律詩、絕句相比較，依據統計，《陶村詩稿》全書之中的絕句作品共有80首，其餘則若非律詩即為歌行，篇幅都比絕句長，是絕句作品的四倍弱，比例相差甚大。若以五言、七言相比較，五言作品共119首，七言作品則有257首，差距亦達二倍強。總體而言，《陶村詩稿》中以五言絕句的使用次數最少，總計只有〈村館雜興〉、〈蔡杏垣山水畫冊〉二題共八首。可見七言、長篇歌行是陳肇興表現的主要形式，而這也同樣是一般文人創作詩歌所常見的趨向。

一般而言，絕句之作貴在凝練，而較長的篇幅則常能容納更多的發揮，不論是敘事、抒情、言志，往往能將內容說得更詳盡，其意旨也較能發揮得淋漓盡致，是作者才氣暢旺的表徵。陳肇興善於運用長篇，更有助於其揮灑旺盛的氣勢，以及事件的觀察，亦足見其才學之豐沛。

舉例而言，陳肇興以絕句的形式歌詠鄭克塽之妻陳烈婦，作〈陳烈婦鄭氏輓詩〉三首。透過精練的詞語，簡潔地集中表現其夫妻情深，對於歷史背景的諸般細節，盡與割捨不論，節奏明快，淒美愁絕。而同

樣是歌頌殉夫之烈婦，陳肇興在其軼詩〈題烈婦張沈氏殉節事（古體九解）〉[7]中，即以古體歌行的形式詠讚烈婦張沈氏悲酸感人的事蹟。在長篇歌詩中由三言、五言以至七言，再至十三言一句的變化，其往復起伏之節奏、抑揚頓挫之音韻，將主人翁曲折纏綿、生死相許的情懷表現得淋漓盡致，十分動人心弦。絕句與歌行體所呈現出來的內容多寡不同，效果各有其趣。而《陶村詩稿》中頗為多見的歌行體，也正表現了陳肇興奔放而豐足的寫作情愫。

C、聯章組詩數量多

陳肇興以長篇歌行為詩，十足表現其酣暢才情。此外亦喜用聯章組詩，在看似首首獨立的作品中，分別以不同角度來觀察事物，而內在卻又關關相連，能夠呈現較為全面的關懷與體會，這其實也可說是另外一種型式的長篇歌行。聯章組詩在《陶村詩稿》中所佔的份量十分可觀，在全書 208 題 464 首作品中，聯章組詩合計達 79 題 328 首，佔總數的 70.69%，聯章組詩實可說是陳肇興詩歌寫作的主力形式。

《陶村詩稿》諸聯章組詩中以 2 首為一聯章的型態最多，而最大型的聯章詩則首推〈感事述懷集杜二十首（并序）〉。藉由杜詩的摘句綴集，表現遭逢喪亂的感慨與哀痛。二十首五言律詩的貫串而下，將古今同怨、家國憤恨的心情，無可抑止地宣洩而出；尤有甚者，是作者對於杜甫詩歌作品的熟悉，及其摘句運用的靈巧，更加令人讚嘆。再有作於咸豐九年（1859）的〈赤嵌竹枝詞〉十五首，記錄陳肇興當年南下府城時的見聞。其筆下記述此地特有的風土、民情，既緬懷先人的文風，也歌詠男女之間的情懷，從十五個角度，多方面地描寫赤嵌一地的特有風貌。在質樸不失雅致的筆觸中，透顯出臺灣本土風情的可愛。〈消夏雜詩〉則以七言絕句創作，十四首形式短小的詩歌彷彿十四張攝影佳作般，將亂世中偷閒的山居生活，呈現不同切面的觀察與體會。

7　見倪贊元《雲林采訪冊》，《臺灣文獻叢刊》第三十七種。

（二）、題材上

《陶村詩稿》中展現了多樣化的題材，歸納之約有以下諸端：

A、民生關懷

陳肇興作品中，民生觀察是題材上的一大主體。他對時人時事的敘述，呈現了對時代人群特性的體會。他以其詩筆記錄了當時的經歷與省思，也表述了清代咸、同年間中臺灣為主的百姓所共同經驗的生活內容。他抱持著「先人之憂後人樂，我輩所存本如此」（〈玉潭莊與黃實卿明經夜話〉）的理念，以儒家精神保持著對庶民百姓的高度關注。民眾喜樂哀怒的經驗，在陳肇興筆下得到了側面的描寫。

《陶村詩稿》中詠時人時事的詩歌遠多於詠古人古事，顯現其留意於周遭人事的取向。〈大水行〉、〈磺溪三高士詩〉、〈殉難三烈詩〉、〈題烈婦張沈氏殉節事〉等，皆以詠賢的角度，推崇的口吻，雕塑出臺灣人民的高尚形象；〈遊龍目井感賦百韻〉、〈揀中感事〉、〈械鬥竹枝詞〉則為臺地民眾所遭遇的悲苦經歷，提出悲憤與控訴；自己親身經驗的社會不安，則在〈羅山聞警〉、〈感事〉、〈與韋鏡秋上舍話舊〉中如實地寫下；至於曾被清人讚譽的臺勇，則在其〈前從軍行〉、〈後從軍行〉筆下，悲憫地長篇著墨於參與弭平太平天國眾士卒的勞苦。在《陶村詩稿》中，陳肇興平實而關懷的態度，體貼而令人感動的心靈，使民生關懷成為其詩歌寫作的重要主題。

B、農村觀察

詩人民生關懷中獨出一幟的殆屬農村詩歌一類。清代臺灣以農墾為百姓主要生活型態，陳肇興亦屬耕讀之家的子弟，《陶村詩稿》中便有許多的篇幅以農家生活片段為題材，集中地表現詩人對土地及民間情態的具體觀察。〈春田四詠〉、〈秋田四詠〉二組詩最足以為其代表作品，詩歌中細膩地描繪出農家四時勤耕的辛勞，潔淨的文筆中顯露出農家儉樸明朗的篤實生活；在〈揀中大風雨歌〉中表達同情農民飽受颱風摧殘，

卻仍要面對惡吏催租的不忍與不滿；〈肚山道中即景〉、〈初夏郊行〉、〈稻花〉則輕快地彩繪出農鄉田野的怡人風光；〈齋前觀穫〉、〈賴氏莊〉也同樣寫下中臺灣農村鄉居生活的閒雅風情；〈王田〉則在書寫鄉野清冷生活的形貌下，含蓄地指控亂世的擾民、他歌詠名物，〈檳榔〉刻畫其曼妙形貌，也同時展現原住民猱採的景象，〈人面竹〉、〈佛手柑〉、〈釋迦頭〉極寫果實與眾不同的外型，展現臺灣特產的豐富多樣……諸如此類的作品很多，高度呈現出清代彰化農村的生活實景、鄉野風光、名物特產、農民悲喜、耕讀體會。陳肇興允稱為是一位傑出的農村詩人。

C、風土紀遊

他記遊，在詩中歌詠了臺地許多美好山川的風光景物。陳肇興家居八卦山下，八卦山之歌詠因此最多，〈待人坑〉、〈冬日慢興〉、〈清明同友人由八卦山〉、〈亂後初歸里中〉……等皆是，八卦山的四季風情都與詩人的歡喜悲愁緊緊相繫；他參觀名勝，在〈登赤嵌城〉、〈法華寺〉中緬懷前人，在〈虎山巖〉、〈鰲栖觀音院〉、〈清水巖〉中發古剎幽情；他翻山渡水，寫下〈牛相觸〉、〈烏日渡〉、〈濁水溪〉、〈水沙連紀遊〉、〈登洪家天玉樓望火炎山諸峰〉描繪當日風光，以百年後的今日觀之，益發感慨滄海桑田之變化……陳肇興雖不以寫景為重，然而卻能以平實的態度擷取樸實的觀察，展揚蓬萊仙島之美，表現本土在地子民的有情眼光。

他更藉著四處遊訪，觀察臺灣各地的風土民情。如：在臺南赤嵌，〈赤嵌逐枝詞〉中一一觀察南臺灣的景致、物產、民俗、歷史、民情；在彰化半線，〈番社過年歌〉中難得地記錄下番社過年時奔放歌飲的盛況，對逐漸淒涼衰退的弱勢，寄予深沈的同情；在南投名間，〈虎子山歌〉中聽聞陳氏豪族的興衰史，從而警悟世人引以為戒；在嘉義諸羅，〈西螺曉發〉、〈諸羅道中〉、〈茅港尾〉等詩中點顯臺地不同區域的獨特風物；在海邊，〈海中捕魚歌〉生動描寫漁夫捕魚販賣的歷程；在鹿港，〈到鹿津觀水陸清醮普度〉不僅寫下普度競富的豪奢盛況，更針對奢靡

浪費的不良習俗，痛下批評與建議；在龍井，〈遊龍目井感賦百韻〉回溯此地漳泉械鬥的歷史發展，慷慨歌詩，寄語有司；在臺中，〈葫蘆墩〉、〈肚山漫興〉呈現械鬥民變所帶來的流離失所……凡此種種，都足以見出陳肇興心繫黎民的悲憫情懷，汩汩流現。

D、戴案記實

《陶村詩稿》中最具整體性的詩篇，首推《咄咄吟》。詩人以其敏銳的眼光，切中時代的脈動。詩集中的作品則與時推移，記錄下中臺灣民變歷程中點點滴滴的感動與見聞。〈奉憲命往南北投聯莊〉、〈自許厝寮避賊至集集內山〉、〈感事述懷五排百韻〉等詩娓娓道來逃難的艱困，讀之令人感同身受；在〈大戰濁水〉、〈攻克集集〉、〈再克集集〉中屍橫遍野的景象，戰爭的恐怖使人心悸；在〈秋雁臣司馬殉節大墩〉、〈斗八失陷總戎殉節〉、〈殉難三烈詩〉、〈羅山兩男子行〉等詩中，標榜官兵百姓的忠孝節義，具體塑造了臺灣人堅毅高貴的精神形象；〈北投埔計議防亂事宜〉、〈七月望後謀刺逆首不中〉、〈祭旗日示諸同志〉、〈自水沙連由鯉魚尾穿山至斗六門〉等詩忠實載記著詩人投筆從戎的艱困歷程。戴潮春事件引起的動盪，是當時代許多臺灣人共同的經驗，《咄咄吟》二卷便彷彿是一部戴案興衰簡史。

E、題畫賦詩

陳肇興工詩善畫，曾自言「點墨研朱手不停，小窗閒坐讀黃庭」（〈春興〉之二），詩畫一家的文人形象已然鮮活托出。而詩人對於繪畫，也自有其獨到的見解，〈書齋偶興〉之二最可為其代表：

> 舐筆和鉛學點鴉，年年塗抹作生涯。揮毫直掃千人陣，握管俄開五色花。漫道時文非載道，須知小技亦名家。諸君莫但貪坊樣，平淡由來爛似霞。

陳肇興雖未以繪畫稱名，然其經年作畫賞畫，已可由詩中得知。詩集中的題畫詩數量雖不多，亦可自成一格。《陶村詩稿》中所作題畫詩計有：〈謝太傅東山士女圖〉、〈陶彭澤東籬采菊圖〉、〈白司馬潯陽送客圖〉、

〈蘇學士南海笠屐圖〉、〈題楊妃出浴圖〉、〈線社煙雨圖〉、〈蔡杏垣山水畫冊〉、〈沈南蘋雙鳧蓮花畫〉，共 8 題 18 首詩。

有趣的是，前四題俱以古詩出之，後四題俱以絕句出之；且唯有〈蔡杏垣山水畫冊〉以五言，其餘皆以七言寫作。在這些詩作中，陳肇興或詠賢寄興，如〈謝太傅東山士女圖〉、〈陶彭澤東籬采菊圖〉、〈白司馬潯陽送客圖〉、〈蘇學士南海笠屐圖〉四作，直可謂為心懷別寄之成套詩歌，既題詩以顯揚畫中旨趣，更藉詩言一灑胸腹逸興；或歌詠山水，如〈線社煙雨圖〉、〈蔡杏垣山水畫冊〉、〈沈南蘋雙鳧蓮花畫〉之作，小小絕句中，淡筆掃出畫境，讀詩如見其畫，樸實中不失清靈；或描摹鋪敘，如〈題楊妃出浴圖〉極寫楊貴妃嬌媚專寵，對其在安史亂中的香消玉殞，既憫且諷。

從各個題畫詩作品中也似乎可以與「平淡由來爛似霞」一語相互呼應，顯現詩人欣賞畫作主要以其內涵與意境為取向，而不以色彩或技巧為勝。這樣的欣賞角度，與其詩歌作品中所展現的寫實手法及富於想像，其實是相接近的。

（三）風格上

詩人陳肇興著重關切社會現實，詩歌中所呈現出來的風格因而也以寫實色彩為基調，所謂「貴寫實，尚平易」[8]者也。此外，櫟社詩人林耀亭曾讚賞陳肇興的詩歌道：

> 讀其遺著數篇，愛其質不過樸，麗不傷雅，洵足以光揚緝熙，昭章元妙。[9]

林耀亭之言便指出了陶村詩歌質樸、雅麗的風格特色，實具卓見。

唯其四百多首詩作之風格並不限於一端，若加以細究，則可見詩集中因著書寫主題的不同，其風格也往往隨之變化。甚至以戴潮春事件的

8　見楊珠浦〈陶村詩稿・楊記〉，載《臺灣文獻叢刊》本《陶村詩稿》第 5 頁。
9　見林耀亭〈林序〉，載《臺灣文獻叢刊》本《陶村詩稿》第 1 頁。

發生對詩人產生的巨大影響而言，可據以區分為前期與後期：前期作品風格多樣，時而壯闊，時而奇譎，時而雅麗；後期作品則轉而趨向寫實沈鬱，質樸簡重，生活經歷的衝擊，在作品中留下了最清晰的軌跡。茲分述如下：

A、壯闊豪邁

陳肇興擅長運用長篇律詩歌行創作，不僅提供詩人馳騁才情的有利體式，作品壯闊豪邁的氣勢也往往油然而生。〈登赤嵌城〉雖僅是八句的律詩，卻也寫得雄邁昂然：

> 崢嶸山勢接蒼穹，俯瞰茫茫大海中。此日萬家登版籍，當年三度據梟雄。雲生蜃氣連城白，日照龍鱗滿郭紅。目極中原天萬里，乘槎我欲借長風。（之一）

詩中極目遠眺，含藏山海，歷貫古今，天地人我往復鉤連，既瞻望龍山來脈伏沒於長海，又遠思鄭氏叱吒風雲的當年，壯闊的景象、豪邁的氣勢，自破題而直貫全詩。

〈由港口放洋，望海上諸嶼〉是陳肇興自福建返臺時所見臺海諸山的景象，詩人寫來尤其令人驚嘆，他如此描寫道：

> 鼓山如龍忽昂首，兜之不住復東走。走到滄海路已窮，翻身跳入馮夷宮。之而鱗爪藏不得，散作海上青芙蓉。……
> 掀砈轉柁飛如龍，倏時已過山千重。回頭卻顧船來處，天半屹立千高峰。鸞鳳遨翔以下瞰，龍虎龐莊而上衝。黃牛白犬距其左，龜形鱉狀肩相從。既連復斷橫復縱，為獅為象為孩童。紛紛到眼不暇給，誰復一一比擬工形容。我疑大海中有巨鱉足，首戴作山嶽；又疑巨靈伸左手，下捉蛟螭露筋肘。

臺境山海在陳肇興的筆下，宛若巨龍伏竄滄冥，神物奔飛六合一般，竟顯得如此雄奇豪邁！陳肇興藉由豐富的想像、生動的比喻、大膽的構思，讓東瀛山海的險絕蒼茫，格外地富有瀟灑的氣勢。略顯參差的句型變化，更適度地增添節奏上頓挫跌宕的美感。

B、想像奇譎

陳肇興之富於想像，堪稱其特色。〈米元章墨蹟歌，為張明經作〉以七言詩句描繪米芾真跡：

> 盈箋滿幅勢槎枒，字字精神何抖擻！鋒鋩微露姿致生，出入二王變歐、柳。譬如老將練奇兵，長戈短弩屹相受。又如獅子搏狐兔，毛爪森張聲怒吼。

雄勁的筆觸，誇張的形容，將米芾真跡的抖擻精神，銳利而張揚地傾洩而出，氣勢非凡；並且同時也將陳肇興初見真跡的無比讚嘆與推崇，在豐沛的氣勢中表露無遺。

〈火炎行〉則描繪祝融肆虐的恐怖：

> 戎粧文武帶兵來，奔前直與火鬥刀。鏖戰祝融夜合圍，火鴉一出軍皆北。蚩尤天霧昏蔽天，咫尺人面不相識。光焰萬丈射星斗，頃刻半空飛霹靂。

這段文字為大火蔓延，眾人搶救的情景，作出了形象化的描寫。有如天兵天將齊來，展開了一場刀光劍影繽紛的戰役一般。詩中文字透過詩人的合理想像，迸發了力與美的雙重藝術色彩。

除了對具體事物能活潑聯想外，對於無狀可言者，陳肇興也能予以超乎想像的形容，這尤其能彰顯詩人敏銳活絡的心思。例如〈赤嵌懷古歌〉如此描寫鄭成功出生時的氣勢：

> 夜半天風吹海立，鯨魚上岸蛟魚泣。金鼓千聲動地來，戈船百道乘潮入。將軍落地便驚人，救火奔波走四鄰。

從起始驚天動地的異象，襯托出鄭成功的巨人形象，為英雄人物塑造了符合其身份與眾人期待的氣勢。

〈董逃行〉則以樂府歌行的體式，極寫戴案帶來的恐怖，並力書殺敵報國的悲憤：

> 我欲問天天不語，妖星十丈橫牛女。天狗墮地夜叉舞，昔日龍虎

今魚鼠。走上空山泣風雨，大叫雷公來作主。豐隆不應奈何許，
前頭熊羆後狻鬼。白晝磨牙嚼行旅，誰其殺之吾與汝，上書九重
報天子。

全詩瀰漫著〈離騷〉式的、上天入地的詭譎想像，奔放的氣息中但見神
鬼妖魅亂舞，異靈猛獸狂肆，詩人堆壘了眾多奇詭的意象，將心中抽象
的感受具體而直接地呈現。濃厚的魔域氣氛，使讀者彷彿親歷了危險肅
殺的時空。

C、清雅質樸

在書寫民家生活方面，陶村之詩筆則顯出純真樂賞，誠樸悲憫的風
範。以一個農村詩人而言，陳肇興運用以律詩、絕句為多的體式，很適
切地傳達了農村恬靜的氣息與勞動的勤奮，展現清代咸、同年間中臺灣
農耕生活的情味。〈齋前觀穫〉實可為其顯著代表：

幾番煙雨一朝晴，破曉連耞粟有聲。天與書生知稼穡，日看野叟
擁坻京。提籠稚子拾餘穗，持帚村嫗曬濕粳。好繪豳風圖一幅，
他年留待答昇平。

這昇平豐收的歡愉，和樂勤勞的欣慰，在清雅的文字中從容流現，別具
一番情趣，恰是臺灣農村景觀的縮影，也是令人嚮往珍惜的太平時光。

同樣的桃源之美，詩人於〈賴氏莊〉中再度好生描畫一番，且看其
詩曰：

摘果穿花徑，隨流到稻阡。鳥衝雲外路，魚樂水中天。撫養皆佳趣，
行藏愧少年。隔籬有野叟，呼飲夕陽邊。（之二）
雨過仍雷電，風來半晦明。金瓜供客饌，銀鯽入廚羹。酒後偏工睡，
人前欲息爭。狂吟聊過日，安坐待時平。（之五）

組詩中透過金瓜銀鯽、鳥衝魚樂的用心對偶，將農家繽紛天然的多
采多姿，跳現在讀者眼前；藉由工睡息爭、野叟夕陽的人事比襯，趣味
地點顯農家樸實無機的純樸可喜。林耀亭所謂「質不過樸，麗不傷雅」，
於此得到了最佳印證。

　　即使在戴案烽火蔓延，陳肇興避居山野的時候，大自然動人的美景
與戰時平靜的山居生活，也令詩人不禁在苦中得閒時，賦詩寫下雅靜賞
心的一面。〈消夏雜詩〉可說是此一時期最典型的作品：

> 門前溪水綠漫漫，小坐垂綸意自寬。靜寂不知魚餌上，一雙蝴蝶
> 立漁竿。（之四）
> 排闥山光四望青，登臨只隔一漁汀。偶攜鴉嘴鋤雲去，斸得千年
> 老伏苓。（之五）
> 山田青綠水田黃，看慣人家刈稻忙。鳥雀也知禾黍熟，讙呼飛下
> 野人場。（之九）
> 蒼籐碧樹綠交加，乳燕雙飛日影斜。一陣晚風香不斷，檳榔破孕
> 欲開花。（之十四）

諸如此類質樸自然的文字，從容閒雅的氣態，若不深究，委實聞不著一
絲硝煙味。民變的殺戮、詩人生活的艱辛，已完全摒除在詩歌清麗愜意
的情致之外了。陳肇興樸實地書寫著山野獨有的秀麗風光，歡喜地品味
著夏日活躍的事物，形成香甜雅麗的氛圍，引人遐思，好不羨慕。這樣
清麗質樸的風格，與陳肇興長篇歌行的奇詭奔放，實在是迥異其趣。

　　D、真情寫實

　　民眾生活的如實描寫，是陶村詩的精彩處之一。他寫農家生活傳真
寫景，使人歷歷在，〈春田四詠〉、〈秋田四詠〉允為代表之作。陳肇
興擅長以繽紛的地方名物，具體呈現真實的觀察，例如：

> 落花又滿東西路，流水無分上下田。轆轆蔗車連夜響，丁東秧鼓
> 接畦喧。（〈暮春書懷〉之一）
> 幾番煙雨一朝晴，破曉連枷粟有聲。……提籠稚子拾餘穗，持帚
> 村嫗曬濕秔。（〈齋前觀穫〉）

詩中的「蔗車」、「秧鼓」、「拾穗」、「曬秔」無一不是臺灣農家熟
悉的景象，令人讀來倍感親切。

　　寫械鬥之烈，亦以寫實的風格傳達兇暴粗野的情景，生動如在目前，
格外駭人聽聞，〈遊龍目井感賦百韻〉一詩最為可觀：

點吏若狨鬼，健役如虎貔。道逢剽劫賊，搖手謝不知。肩輿下部屋，凜凜生威儀。從行六七人，沿路索朱提。……一人搆其釁，千百持械隨。甥舅為仇敵，鄉里相爛麋。村莊縱燎火，田園罷耘籽。

戴潮春事件發生之後，陳肇興「日則奮練民番，援官軍、誅叛逆；夜則秉筆賦詩，追悼陣亡將士，語多忠誠壯烈」[10]，以此勉力而為的精神，一筆一筆地為爭戰見聞留下最及時而真確的紀錄，其寫實主義的風格也在此時發揮得最淋漓盡致。寫實風格著重寫「真」，真實的遭遇、真實的事件、真實的人物、真實的情感、真實的環境……，沒有憑空臆想，也沒有虛幻捏造。〈城破，喜二弟挈家眷至〉寫下戴潮春黨攻破彰化城時，骨肉至親散而復合的驚惶與歡喜：

出郭才三日，思家抵一年。無人問消息，何處脫烽煙。握手驚初定，聞言淚未漣。聯床對燈火，破屋話纏綿。（之二）

全詩無甚雕琢，字字敲自心坎，著急、擔憂、驚喜、珍惜的心境變化，牽動著讀者的情緒也隨同起伏。喜樂哀愁，毫不矯造，自然流露，無所掩飾，這最真的感情，不是非常純粹可愛嗎？感情以如此寫實的作風來表現，格外動人心弦。

再如〈感事述懷五排百韻〉，全文除稱美雪洲及香鄰諸友，並對未來寄予希望之外，尤其是陳肇興於詩中回顧了戴案期間流離顛沛的情形，他說：

此際萑苻盛，全家子女驚。出門長惘惘，挈眷復怦怦。路逐羊腸轉，裝教馬革盛。提攜數書卷，跋涉萬山程。母老呼輿載，兒啼掩口繃。燒空烽焰亂，裂石火雷轟。似狗家初破，如魚鼎欲烹。命真微比虱，用幸免為牲。避近詢宗族，蒼黃就父兄。卸肩行李寄，入夢鼓鼙縈。……冷淡山蔬飯，鹹酸藜藿羹。米餐紅粒稻，瓜摘綠匏棚。打熟鄰貽棗，嘗新野送櫻。……日日防追捕，村村布網絃。憂來頻祝死，逃去慣藏名。乍過東西武（原註：地名），旋登大小坪（原註：山名）。角中鬥蠻觸，意外值蛟鯨（原註：去歲許厝寮大水，全家幾抱陽侯之厄）。八口悲為鱉，三春怕聽鶯。

<hr>

10　見楊珠浦〈陳肇興先生略傳〉，載《臺灣文獻叢刊》本《陶村詩稿》第3頁。

關於妻母子女的驚恐、逃難的歷程、衣食的粗簡、生活的艱辛等，都詳實的敘述，宛如一部濃縮的家族逃難史，使人讀之感到深切真實，歷歷在目，這便是寫實的作風了。

戴案期間的諸多戰役，陳肇興藉由寫實的筆，記錄切身的經驗，六堡合約舉事、攻克集集、自林圯埔進師……等都在詩集中再一次活生生地上演，例如：

> 坦臂呼來近萬人，誰知一敗等灰塵。爭功不少熊羆將，懸賞偏求蟻虱臣。且喜妻賢能誓死，卻緣母在未捐身。潸然獨步空山裡，無食無眠已浹旬。（〈祭旗後一日〉之三）
>
> 昨朝攻濁水，此日入蠻鄉。俗自分番漢，山猶踞虎狼。驚呼千戶亂，殺戮一時忙。語及蒼生際，前溪鬼泣瘡。（〈攻克集集〉）
>
> 夜半椎牛召鄉里，雞鳴蓐食千人起。搖旗撞鼓入蠻鄉，伐竹編橋渡濁水。長驅轉戰若無人，逐北追亡若捕豕。殺氣朝橫獅子頭，降旛夜豎鯉魚尾。（〈自林圯埔進師俘獲逆徒〉）

詩人的遭遇、經歷的見聞、進行的路徑……在淺顯明瞭，樸素無華的文字中，一一道來，塑造了穩重厚實的風格，無形中也增加了作品強大的說服力。真情的告白，寫實的筆觸，陳肇興以樸拙的白描震撼了後代讀者的心靈。

《陶村詩稿》中描述的景象，其實也是當時多數民眾的生活經歷，陳肇興無疑地真實反映出了時代的風貌，讓他的詩篇與社會大眾的共同經驗結合在一起，而賦予作品更強烈的時代氣息。

三、詩史之譽

（一）「咄咄」釋名

《陶村詩稿》原刊本於卷七、卷八特獨立名之曰《咄咄吟》。卷七、卷八所錄乃同治元年至二年間詩作，亦為戴潮春事件期間之記錄。將此二卷加之以別名，顯然獨具深義。

「咄咄」一詞有感嘆、呵叱之意，陳肇興於卷七、卷八中皆言其於戴案期間身家經歷諸事，「咄咄」一詞乃是對戴潮春事件所引起的紛擾表示強烈憤慨，而有呵叱感嘆之慨，故特為標立《咄咄吟》名目，以凸顯深意。這也是卷七、卷八有別於《陶村詩稿》卷一至卷六之獨特處。

此外，「咄咄」一詞在《陶村詩稿》諸詩中也曾多次出現，包括：「書空咄咄只心知」（〈揀中感事〉）、「咄咄西河叟」（〈雜詩〉）、「咄咄緣何事」（〈春日有感〉）、「問天咄咄首頻搔」（〈種菜〉）、「咄咄書殷浩」（〈感事述懷五排百韻〉）等詩句。

另外，「愁坐正書空」（〈感事述懷，集杜二十首（並序）〉之十）、「書空不問天」（〈臘月〉），其中「書空」一詞，當可視為「書空咄咄」一語之簡縮，其內在亦含有「咄咄」感嘆呵叱之意味，或可一併同視。

「咄咄」一詞在《陶村詩稿》中出現共五次，若與「書空」出現二次合併計算，便共有七次。其中卷七出現次數最多，共達三次，卷六二次，而卷一至卷五皆無。這樣的統計似乎粗略，然而或許也可由此可見出：當世局愈顯混亂黯淡之時，詩人內心的慨嘆愈加頻繁，激憤也愈加強烈，故而感事之時，有感之作，便不自覺地使用同一詞彙，流露其內在憂國憂民的情懷。戴潮春事件帶給詩人的生活體驗與內心衝擊，恐怕是前所未有的遭遇。因此而發之於文字，則成就詩作的情感與內涵之深沉，已絕非咸豐年間事件發生之前諸作所可互相比擬。那麼其別立一目，題名曰《咄咄吟》，無非是詩人一種自覺性的表現，對此一時代寄予深切的感慨。尤其《咄咄吟》第一首詩〈春日有感〉的首句即是「咄咄緣何事，傷心獨倚欄」，詩人對「咄咄」一詞，當具深意才是。

（二）、戴案詩史

《陶村詩稿》之作為清代臺灣戴潮春事件寫下一頁史詩，陳肇興也贏得了「戴案詩史」的美譽。

　　首先提出類似「詩史」之譽者，當屬清代分巡臺澎兵備道陳懋烈[11]。陳懋烈為《陶村詩稿》作〈題詞〉三首：

　　　　一卷新詩百感生，經年避寇賦長征。壯懷不作偷安計，又向桃源
　　　　起義兵。（之一）
　　　　數載書生戎馬間，杜陵史筆紀瀛寰。采風若選「東征集」，咄咄
　　　　吟中見一斑。（之二）
　　　　浣花溪畔少陵祠，絕代詩才赴亂離。誰料千年才更出，有人繼和
　　　　「北征詩」。（之三）

　　從〈題詞〉中可以明顯見出陳懋烈十分讚賞陳肇興書生戎馬的行動，並能化之為詩，為離亂時代紀實。尤其《咄咄吟》寫下了陳肇興在戴潮春事件期間的親身見聞，陳懋烈認為足可媲美「杜陵史筆」為唐代安史之亂所記下的點滴感受，兩者皆為詩人當時代之見證。千年前杜甫於顛沛之中寫下的〈北征〉詩，千年之後的陳肇興也在流離之間次韻譜下〈自許厝寮避賊至集集內山次少陵北征韻〉之作。兩人在時代背景、心路歷程上十分近似，詩歌作品上也有意相承，將陳肇興比擬為上追唐代杜甫的後繼者，陳懋烈實在是已直接指出《陶村詩稿》的重要價值之所在，也同時藉此表達了對陳肇興志行與作品的無比推崇。

　　杜甫史詩之作，冠絕古今，號稱「詩史」，陳懋烈雖未直接冠以「詩史」之名，然而言下之意亦無非類此。後世言及陳肇興及其作品者，亦往往認同陳懋烈的看法。

　　再次，為陳肇興之門人吳德功。吳德功〈陶村詩稿序〉有言：「其詩胎息於少陵。蓋少陵因安、史之亂避地西蜀，以時事賦詩，寫其忠愛之慨，人稱『詩史』；陶村之作，類此者極多。」吳德功之文與陳懋烈

11　陳懋烈，號芍亭，湖北蘄州人，道光十四年甲午（1834）舉人，同治二年六月任分巡臺澎兵
　　備道，臺灣地區存其匾額有四，分別為：
a.　同治三年嘉平月（即12月）臺南市中區大天后宮「海天福曜」匾額一方。
b.　同治三年嘉平月（即12月）臺南市北區興濟宮「大德日生」匾額一方。
c.　同治三年嘉平月臺南市北區觀音亭「慈雲普蔭」匾額一方。
d.　同治五年榴月（即五月）彰化縣鹿港鎮城隍廟「民具爾瞻」匾額一方。
見《臺灣省通志稿》卷七〈人物志〉，第15526頁；另鄭喜夫、莊世宗編：《光復以前臺灣匾額
　　輯錄》，第428、429、443頁。

之詞，二人意見頗有所見略同之妙。唯吳德功更進一步地指出陶村詩作胎承於子美的關係，明白地指出兩者在文學寫作上的脈絡。

再後，民國賴熾昌等主修編纂之《彰化縣志稿》〈文化志‧藝文篇〉介紹陳肇興事蹟、作品，言其「中多述海濱山隰間忠義之事蹟，可歌可泣，亦可稱為戴案之詩史」[12]，在陳懋烈與吳德功詩文中尚以「繼和『北征』詩、類此者極多」之語，將陳肇興比擬為杜陵詩史，在此則直以「戴案之詩史」稱之，這是文獻中第一次出現以「戴案詩史」稱譽之記錄。則陳肇興為臺灣戴潮春事件寫下一頁「詩史」之譽至此可謂明確。《彰化市志》〈人物〉篇言其「可稱為戴萬生之詩史」，則當是沿襲自《彰化縣志稿》之說[13]。

《陶村詩稿》最大的特色，正是以陳肇興的「絕代詩才」賦詩寫下「亂離」的時代側影，透過親身的體驗，見證長年飽受械鬥民亂之苦的清代咸豐、同治年間的中臺灣。而《咄咄吟》的完成，為臺灣民變史留下了彌足珍貴的史料文學。陳懋烈將此數年間「書生戎馬」的陳肇興譽為「杜陵史筆」，且將其所作《咄咄吟》擬之為《東征集》。《東征集》乃清康熙晚期藍鼎元之作，內中記朱一貴事件時親與運籌之軍旅文書，藍氏雖謙言：「讀《東征記》一集……未知果有小補於臺灣否也？」[14]實則正如王者輔〈序〉中所言：

> 是書成於戎馬倥傯，事機呼吸之餘，而整暇從容，有古人誓令遺意；且能使東寧山川形勢瞭如指掌，不必身親其地，而歷歷如在目前；又言皆有用，非徒為無益之虛談也。[15]

陳肇興與《咄咄吟》之作，雖不必盡如《東征集》，然而其書「成於戎馬倥傯」之際，文字生動使人「歷歷如在目前」；尤其記人述事，大利後人察考，俾留青史，「非徒無益之虛談」，凡此數項，皆不遑多

12　見賴熾昌等主修《彰化縣志稿》卷九〈文化志藝文篇〉，第1444頁。另，該傳文中所稱「著有《陶村詩稿》八卷及《咄咄吟》一卷」有誤。當修正為「著有《陶村詩稿》八卷，內含《咄咄吟》二卷」才是。

13　見《彰化市志》下冊764頁。

14　見藍鼎元：《東征集‧自序》，第5頁。

15　見藍鼎元：《東征集》王者輔〈序〉，第2頁。

讓。莫怪乎其門人吳德功為〈陶村詩稿序〉時直言其詩集「名曰《東征集》」[16]，則《陶村詩稿》為戴潮春事件留下一頁詩史，實在是一項重大貢獻。

四、結語

陳肇興的文學成就是多方面的，一部《陶村詩稿》的詩作數量雖不可謂多，然其表現深刻雋永，擲地有聲，具體展露了作者的詩學造詣與社會關懷的成果。這是清代中葉彰化本土詩人崛起的最佳例證。

陳肇興《陶村詩稿》的文學成就光彩而煥發。陶村詩歌以其對鄉土民人與家國之鍾愛為內在基底，發之於外，而能有細膩的觀察、悲憫的體會，所以山水因之有情，黎民因之可敬，俯仰皆可入詩，悲喜俱顯血肉。飽滿的胸廓使詩人習於運用律體與長篇，以充分抒發所思所見；深沈的體驗凝斂了詩歌著筆的題材內涵，濃縮了詩人小我與時代大我於一爐；活潑的感動幻化出詩歌多變而動人的風格，表露出陶村天縱的才情，也使讀者品味再三，不能掩卷；以詩記史的努力，尤其使其作品價值超越於文學之外，而兼具有史學文獻的功能，為陶村博得「戴案詩史」之譽，稱美詩壇。

在明鄭（1662～1683）先民屢歷艱辛，渡臺移墾近二百年後；在彰化自雍正元年（1723）設縣，普施文教約百多年後，陳肇興《陶村詩稿》的成熟出現，無疑地顯示了本土文人開花結果的璀璨成就。臺灣詩壇逐漸不再為遊宦詩人專美，即使是被清廷視為邊陲的臺灣，也已慢慢地走出屬於自我的風範。陳肇興以在地人的感情書寫在地的鄉土生活，便顯得格外地具有深遠而令人驕傲的意義了。

【本文原載《東海大學文學院學報》第 41 卷，2000 年 7 月。】

16　原刊《臺灣詩薈》第二號，見連橫：《臺灣詩薈雜文鈔》第 2 頁。

彰化威惠宮　陳肇興　祿位

清代白沙書院在今彰化孔廟右側

臺中市四張犁文昌廟

臺中市四張犁合福祠

臺中四張犁合福祠戴潮春夫婦神像

林翠鳳《陳肇興及其《陶村詩稿》之研究》

田中蘭社百年史－－
一個區域文學史的史料建構實例

提要

　　本文嘗試在區域文學史的概念下，以彰化縣田中鎮的古典詩社－－蘭社為探索對象，透過一步一腳印的田野調查，採集隱藏於民間的珍貴文物，兼以檢閱日治時期以來報刊雜誌等文獻，試圖以文學史的四大要點：地點、時間、人物、作品，建立其史料架構，而逐步拼綴出蘭社百年歷史中，文學發展的脈絡、成果與意義。以目前所知，蘭社的創立時間至少在明治36年（1903）左右或之前，初期成員多為田中地區的仕紳名流，對地方政治、文教等建設多有影響。蘭社活動以擊缽、課題為多，社員熱中參與臺灣各地詩社活動。蘭社曾歷經二度復社，延續至光復之後仍然活躍，現仍存一脈相續。百年來已集結的詩集有首任社長陳紹年的《壽山堂詩稿》與末任社長呂碧銓的《碧銓吟草》五集。蘭社的存在實證了田中地區詩歌人文的悠久歷史，也具體擴充了在地文化的豐富內涵。

　　再者，藉由田中地區蘭社的深入探查，實際反映著老凋零、文物流失的急速，具體突顯現階段搶救臺灣傳統文學史料的迫切性，以及整理基礎文獻的必要性，包括集刊、文稿、報紙、雜誌……，特別是重要文獻的數位化，必將對擴大研究有絕對性的助益。

關鍵詞：蘭社、田中、傳統詩、區域文學史

一、臺灣區域文學史的撰寫

近十數年來隨著臺灣文學研究的蓬勃發展與可觀成果，書寫臺灣文學史的呼聲不斷提高。從 1918 年連橫《臺灣通史‧藝文志》、到 1987年葉石濤《臺灣文學史綱》、再到 1991 年劉登翰等《臺灣文學史》[1]的出版，近乎一世紀以來逐步擴充內容的臺灣文學史，都一步步推展出臺灣文學研究的獨立性，而同時也提示著許多既存的侷限與等待努力的空間。其中，臺灣各地的區域文學史仍嫌不足，是其中一項必須積極填補的空缺。

區域文學史是以時間為經，以空間為緯，劃定地理區域為範圍，論述其時空交集之間文學發展的歷程與成果。關於臺灣區域文學史的討論，有 1992 年中國古典文學研究會主辦的「區域特性與文學傳統」研討會、2000 年 4 月《文訊》雜誌所推出的「花開遍地—區域文學史的撰寫」專題，以及 2002 年 11 月 22 ～ 24 日成功大學臺灣文學系主辦的「臺灣文學史書寫」國際學術研討會，在前後十年的發展中，臺灣地區文學史書寫之深度與廣度的要求是日益受到了注重。

區域文學史的內容理應將界內許多較小區域文學進行淬取與綜合，然而，區域愈小，文學史料的質量差距往往就愈參差，特別在臺灣歷史長年動盪不安、政治歧異相迫的背景下，書面文獻的毀損流失十分嚴重，因此，區域文學史的掌握就分外依賴田野採集。臺灣各地現有的區域文學史的完成，大多建立在這樣的基底上。由施懿琳、許俊雅、楊翠合著《臺中縣文學史》，尚有《臺中縣文學史田野調查報告書》[2]的推出，最能體現臺灣區域文學史對田野採集調查的依賴性。長年以來，在縣市政府文化中心（現已改稱文化局）的積極推動下所建立的縣市「作家作品集」、「民間文學集」等系列的出版，都實際進行了基礎史料的收集工作，

1　劉登翰、莊明萱、黃重添、林承璜主編《臺灣文學史（上、下卷）》，福建：海峽文藝，1991 年、1993 年。

2　施懿琳、許俊雅、楊翠合著《臺中縣文學史田野調查報告書》，臺中：臺中縣立文化中心，1993 年。

成果豐碩。這些區域性的作家作品，具體反映了當地文學發展的實質內容，深入地區人文，最能「呈現當地人經驗中的喜怒哀樂和恩怨情仇」[3]，是區域文化發展中最可貴的心靈記錄，區域文學史的書寫因此顯得更富有時代記憶的價值。

區域文學史需要仰賴史料建構的完備，屬於文學史料學的範疇，文學史料學是一種輔助文藝學科，研究文學史和文學理論的史料以及尋找、整理，運用這些史料的方法。文學史料的寬廣充分是文學史研究的基礎，區域文學史尤其要將更小區域的文學史料加以在地化的深入爬梳，方才能呈現真實有力的具體內容。

以彰化縣為例，雖然《彰化縣文學發展史》[4]早已出版，然而彰化縣境內許多鄉鎮各自的文學發展歷程，仍有極大的填補與修正的空間。即如筆者生長的彰化縣田中鎮而言，一個看來平凡平靜的小鎮，卻擁有一個歷史已達百年的傳統詩社－－蘭社，百年間臺灣走過戰爭洗禮、歷經政權遞變的動盪，人事有多少滄桑，而一隅小鎮卻持續地發散文學的幽光，在苦悶的時代尋求生命的神髓。這是小鎮歷史中溫馨動人的篇章，是區域文化中親切可貴的一頁。只是在縣文學史中，篇幅有限，敘述疏漏，實在無法滿足一位當地後輩的好奇心。因而「身為田中人，不能不知田中事」的使命感，促使筆者勇於去探索小鎮的文學與文化。「在地人整理在地文史」，就算是敝帚自珍，也都是倍感溫馨，彌足珍貴。當我們回歸母體文化深層挖掘的時候，文學就不再只是案上欣賞的詩體小品，而是可以與靈魂交感共鳴的文字載體了。因此當我們期待區域文學史更完善呈現的時候，其實也同時是督促所有臺灣人省視腳下土地、踏實走回原鄉人文的時候了。

3　「大家來寫村史」計畫主持人吳密察，文建會中部辦公室補助。參陳板主編《大家來寫村史－民眾參與式社區史操作手冊》第 10 頁，臺北：唐山、中華民國社區營造學會。1998 年 12 月初版/2001 年 6 月修訂再版。

4　施懿琳、楊翠《彰化縣文學發展史》，彰化：彰化縣立文化中心。1997 年 5 月。

二、田中鎮的人文發展

田中鎮位於彰化縣東南隅，面積 34.6056 平方公里，人口大約 40,717 人[5]。東倚八卦山臺地南端西麓，毗鄰南投縣名間鄉；側接二水鄉，瀕臨濁水溪，與雲林縣遙遙相望；西部平原則與北斗鎮、田尾鄉、溪州鄉等相鄰。氣候溫和，水源充沛，適合農耕，以濁水米名聞各地，也栽植大量各色玫瑰花，產量稱冠全省[6]，農業面積廣大，是一個以農為主、以工商為輔的典型臺灣小鎮。

田中鎮的漢人開發史最早可以追溯自明清之際[7]，福建漳泉人氏沿著濁水溪進入東螺（今溪洲、北斗一帶），輾轉定居今悅興街（今北斗鎮大新國小東南方永興畜牧場內）一帶，漸而拓墾於各區；至清道光 18 年（1838）6 月由於傾盆大雨，濁水溪洪水氾濫，幾乎完全沖毀了悅興街的聚落，大部分民眾不得已遷居沙仔崙，由於人口眾多，形成了熱鬧的沙仔崙街（今沙崙路，俗稱舊街），現在屹立在當地的一棵樹齡 150 年以上的木棉老樹，便成為最佳的見證者了[8]。到了明治 31～32 年間（1898～1899），沙仔崙街兩年三災，連續發生多起水災、火災，居民人心惶惶，陸續有人遷出，許多人都來到了十五庄圳（今稱八堡一圳）以東、施厝

5　人口計至民國 109 年 12 月止。見田中鎮戶政事務所統計，官網：
　　https://house.chcg.gov.tw/tienchun/03search/sea_b2_01.asp?yearly=109&monthly=0&button2=%E9%80%81%E5%87%BA。查閱日期：2021 年 1 月 23 日

6　田中鎮玫瑰花的種植主要集中於沙崙里，面積廣達三十公頃以上，顏色多樣，全年均可採收，產量超過田尾鄉，因此有「田中花都」之稱。見《彰化縣田中鎮全鎮性休閒農業整體規劃研究報告》第 2～41 頁，田中：田中鎮農會。又見劉金志《故鄉田中》第 39、102 頁，彰化：財團法人彰化縣賴許柔文教基金會，2001 年 8 月。

7　田中鎮三安里讚天宮（位於同安路上）奉祀玄天上帝，相傳為隨明鄭來臺（約 1661 年）時的一位林將軍背負神尊同來，先抵悅興街，再輾轉來到此地，居民於是興建竹管廟供奉之，今殿宇乃民國 62 年改建，素來香火鼎盛。林將軍墓塚大約位於今三安里第五公墓納骨塔西側附近，其墓碑上尚有日治時期地方槍戰時為子彈撞擊的清晰痕跡，但相傳於同安第五公墓興建時被剷除，今已不存。今三安里、大崙里一帶仍居住著部分林姓人家，據傳即為明鄭林將軍後裔，自始即以其反清復明之強烈意識，長期以來祭祖不作清明節，而作三日節。據 2003 年 8 月 24 日訪問記錄。受訪者林昭祥、林昭仁兄弟表示即為林將軍第二十一代子孫。
　　又順天宮（位於平和里山腳路上）俗稱帝爺廟，宮內懸有康熙元年（1662）所立「北極英靈」木匾一方。

8　老木棉樹位於沙崙路上，大約是在原沙仔崙街的入口處。距今十多年前曾遭雷殛，今日猶存 3 公尺高的粗大樹幹，極為醒目。

圳（今稱八堡二圳）以西的這一區平地，此地因為正位於放眼四周盡是
肥沃油綠的農田中央，因此而被稱名為「田中央」。到了明治38年（1905）
田中央設置火車站後，人口更大量遷移到火車站附近，形成新的市街，
由於交通便利，人口稠密，至今仍為田中鎮的中心地帶。一般因稱此為
新街（今中州路、南北街為中心的區域），而稱沙仔崙街為舊街，以為
區隔。[9]

　　區域文學不僅是一種文學作品的呈現，更是區域住民生命史的紀錄。
這一種深刻結合土地與住民、凸顯地區表現的文學，格外多情有味，這
是另一種的鄉土拓本，也是撰寫區域文學史最重要的意義。相對於民間
文學的另一面，是作家文學。如果說民間文學反映著地區文學的樸素性
與普及性，那麼作家文學所反映的則是較多的典雅性與階級性。以田中
小鎮為例，雖然目前對於大部分清代時期科舉社群人物或文人的認知尚
且付之闕如，但是自古以來以農業為主要經濟活動、居民中以務農從工
者為多數的社會型態中，受過詩文寫作訓練、具有文書知識能力者從事
文職，往往生活較一般人為優渥，或是比較受到尊重。到了清代末期，
田中地區仕紳文人曾經聯合組織詩社，取名曰「蘭社」，並實際運作。
詩社不僅是同好切磋詩藝的好地方，也同時是區域內頭人交誼的中心。

　　對小區域而言，詩社的發展史甚至可以是小鎮文學史的主要脈絡。
蘭社是田中第一個，也至唯一的一個古典詩社，可貴的是，自清末至今
綿延不息，並參與現時各地的詩會活動。如果要建立小鎮文學志，則除
了民間文學之外，在古典文學的部分，蘭社發展歷程是不可或缺的。

　　然而對於蘭社歷史的紀錄是相當少見的。以目前所知，僅有三處：
其一為賴子清〈古今臺灣詩文社〉[10]；其二為田中耆老葉茂杞私人獨力編
著的《田中鎮誌（節錄本）二》其中第一篇「田中第一個文人結社 --- 蘭
社」；其三為施懿琳、楊翠合撰《彰化縣文學發展史》第三篇第六章第

9　見劉金志《故鄉田中》第94頁。
10　見《臺灣文獻》11卷3期第84頁，1960年9月。

三節「日治中、晚期彰化地區的傳統文學活動」[11]。這三份資料以賴子清為最早，然全文敘述僅約百字，頗嫌過簡；葉茂杞以在地人的優勢收集材料，以四個小單元，分別簡介蘭社沿革，及蘭社詩人吳半樵、陳景崧、呂碧銓，內容可貴；施懿琳以綜觀全縣文學的便利，抄錄《詩報》中部分的蘭社運作概況。在文獻有限的情況下，這三份資料都非常可貴。然證諸後來所得相關文獻，公開流通較廣的賴作與施作中，內容都頗有誤植之處，二者皆以統理大局作書面資料彙整，容有錯謬，實不忍苛責；而葉作涓滴成篇，其心可感，然淺嘗即止令人意猶未盡。

蘭社的文獻紀錄不足，顯然已是事實，它的湮沒不彰實在令人心疼。可喜的是，現任社長呂碧銓雖然已是 73 歲高齡，但體魄十分健朗，是瞭解蘭社的最佳管道。應當早日著手整理，方免日後感慨耆老無徵而徒增遺憾。雖然蘭社僅是清末以來臺灣各地 300 多個詩社[12]中的　個小型文學社團，但它是臺灣詩社發展歷史中的一部分，更是田中鎮此一小區域文學發展中最重要的表徵，理應受到應有的重視。

三、蘭社的創立與運作

（一）蘭社成立時間

田中蘭社的成立時間，以目前所見記錄，有四種說法：

（1）民國十九年（1930）創

賴子清〈古今臺灣詩文社（二）〉[13]中介紹道：「彰化縣田中鎮田中，於民國十九年創立蘭社，社長魏國楨。」民國十九年即昭和 5 年（1930），此說法最為常見，廖雪蘭《臺灣詩史》與施懿琳《彰化縣文學發展史》[14]

11　見《彰化縣文學發展史（上）》第 261 頁。

12　據筆者〈臺灣傳統詩歌及詩社〉一文中「臺灣傳統詩社彙編」統計。見「暑期臺灣史研習營」《講義彙編》第 99 頁，南投：國史館臺灣文獻館，2002 年 7 月。

13　賴子清〈古今臺灣詩文社（二）〉見《臺灣文獻》第 11 卷 3 期第 84 頁，1960 年 9 月 27 日。

14　見廖雪蘭《臺灣詩史》，臺北：武陵，1989 年 8 月，又施懿琳、楊翠合撰《彰化縣文學史》第 101、261 頁。

等皆沿用此說。

但這個說法顯然是錯誤的，因為在昭和 5 年（1930）之前有關田中蘭社的消息早已屢屢見報。至少在明治 44 年（1911）起漢文版《臺灣日日新報》上已經不止一次地刊登出蘭社社友的活動訊息或作品，包括：明治 44 年（1911）4 月 28 日刊登蘭社詩壇，詩題〈花朝〉；同年 5 月 1 日刊登蘭社擊缽吟作品，有〈午夢〉、〈田中央竹枝詞〉等數個詩題；大正元年（1912）刊登 11 月 26 日魏國楨以蘭社代表身份寄書辭赴瀛社大會；昭和 2 年（1927）8 月 16 日報導蘭社重開消息時亦言「**員林郡田中庄裏設有蘭社詩社……**」等等[15]，報端屢次披露的訊息在在顯示著蘭社具體的詩會動態；並且在明治 45 年（1912）櫟社創立十週年的紀念大會上，陳紹年、魏國楨、黃溥造三人也是以蘭社社員的身份應邀參加霧峰萊園的盛會，陳紹年也以社長身份發表祝詞，並且洋洋灑灑地寫下了數篇詩文共襄盛舉[16]。

很明顯的，在昭和 5 年（1930）之前，田中蘭社已經是一個為詩界所認知的獨立性社團，它的存在是早已既成的事實。

再者，蘭社的創社社長亦非魏國楨。魏國楨擔任社長的過程，可從昭和 4 年（1929）《臺灣日日新報》上獲知，該報報導 3 月 11 日蘭社召開春季吟會推舉社長云：「**諸社友以舊社長逝後，新社長未定，公推魏國楨氏為本社社長**」，此可確定魏國楨絕非創社社長。

而所謂「舊社長」指的是田中富紳陳紹年，陳紹年向來被認為是蘭社創社社長，擔任社長一職直到去世為止。陳紹年已於大正 4 年（1915）4 月去世，因此，蘭社又如何能由他出面成立於昭和 5 年（1930）年呢？則「**一九三〇年田中地區陳紹年邀集地方人士……共同創立蘭社**」[17]之語，恐怕是大大背離了事實！

15　見《臺灣日日新報》第 3925、3928、4485、9807 號。

16　見傅錫祺《櫟社沿革志略》第 8 頁，臺灣文獻叢刊第 170 種。又臺灣大學館藏〈櫟社十週年大會擊缽吟稿〉原稿影本，此由廖振富教授熱心提供，特此致謝。

17　見施懿琳、楊翠合撰《彰化縣文學發展史》第 261 頁，又第 101 頁亦同此說。

（2）明治 45 年（1912）

《瀛海詩集》介紹員林郡田中詩人吳望雲〈略歷〉時寫道：「……（吳望雲）明治 45 年（1912）創設蘭社，為社員。」[18] 同樣地，以明治 44 年（1911）起漢文版《臺灣日日新報》上的蘭社消息對比，則此說亦顯然有誤。

（3）明治 36 年（1903）

《臺南新報》大正 12 年（1923）12 月 13 日第 7831 號刊出一則題為「蘭社雅集」的文壇訊息，內容寫道：「**臺中州員林郡田中央，有詩社一，雅號蘭社，係二十年前創設者，社友甚夥，繼續至今，猶傳大雅遺響。**」此一說法載於當年報紙，最接近活動發生時代，可信度自當很高。文中所謂「二十年」或為確切數字，或為概約估計，至少以大正 12 年（1923）逆推二十年計，即為明治 36 年（清光緒 29 年，1903），則蘭社創始之年，大約在距離乙未日軍入臺八年之時，至 2003 年恰好屆滿百年。這份資料最早由高雄胡巨川發現[19]。

查明治 36 年（1903）時田中地區的發展規模已經建立，日本政府的武裝統治漸趨平緩，加上臺灣總督府舉辦揚文會等活動，對漢文化採取監督與包容兼具的態度，陳紹年等地方有力人士在個人地位也已然鞏固的同時[20]，挺身而出在地方上成立詩社。在這樣的時代氛圍中成立詩社，是很有可能的。

（4）光緒年間（1885）

《田中鎮誌》（節錄本）記錄蘭社歷史時寫道：「**田中蘭社成立於光緒年間（1885），由秀才陳紹年及諸先輩所創立。**」[21] 此說大約採錄自對時任社長呂碧銓的訪問。證諸呂社長，他也表示：蘭社成立於日治之

18　見黃洪炎編《瀛海詩集》第 247 頁，臺北：臺灣詩人名鑑刊行會，昭和 15 年（1940）12 月。
19　胡巨川〈蘭社創立時間〉，見《中華詩壇》第 3 期第 122 頁，2002 年 5 月。
20　參見附錄一、田中蘭社記事年表。
21　見葉茂杞著《田中鎮誌》（節錄本）第 4 頁，太陽出版社。未載出版日期。

前、清代光緒年間。[22]此說將蘭社的成立時間推向更早的年代，非常寶貴。根據耆老們的說法，蘭社是陳紹年以秀才身份，提倡風雅，結合地方仕紳，以詩會友，於是倡立蘭社。若此，則蘭社是清代臺灣少數的詩社之一。只是，此說最大的遺憾在於早期文物今日皆已無存，無法以具體文件作直接有效的證明。

綜合以上各條，則蘭社創立的年代至少在明治 36 年（1903）左右或之前。因此，田中蘭社的歷史距今至少一百年。自日治時期始，臺灣境內詩壇成立年代在蘭社之前者，可能包括有嘉義茗香吟社、鹿港與苑裡聯合的鹿苑吟社、臺北玉山吟社、霧峰櫟社[23]等少數詩社，蘭社因此可說是臺灣詩社蜂起的前鋒之一。在臺灣擁有百年以上歷史，而至今仍然存在的詩社，已不多見，蘭社歷史值得一書。

（二）蘭社活動分期

基本上，在蘭社百年的發展史中，直接印證了文學的發展受到了外在時局與詩人創作力的雙重影響。依照社團活動的運作起伏情形而言，蘭社大約可分為如下三個活動期：

1、活潑期

自日治初期創立（明治 36 年，1903）至社長陳紹年過世（大正 4 年，1915）止，期間大約 12 年。這一個階段由於年代久遠，文獻十分有限。但詩社對內、對外均有活動。對內舉辦吟會，僅於明治 44 年（1911）《臺灣日日新報》上得見兩次，其一為 4 月 28 日刊登蘭社詩壇，詩題〈花朝〉；其二為 5 月 1 日蘭社擊缽，詩題〈午夢〉、〈晚釣〉、〈晚粧〉、〈田中央竹枝詞〉等，以報載所見人數均在十人左右，且多為地方人士，推測當年聚會規模不算太大，是帶著開放性的地方詩會。對外也與其他詩社往來，包括社員個別參加鄰近區域的詩歌吟會，例如魏國楨、林建中

22　據 2003 年 7 月 13 日呂碧銓訪問記錄。

23　以目前所知，嘉義茗香吟社創於明治 29 年（1896）、鹿港與苑裡聯合的鹿苑吟社創於明治 30 年（1897）、臺北玉山吟社創於明治 31 年（1898）、霧峰櫟社創於明治 35 年（1902）。

等曾參加鹿港鹿江詩會的課題、櫟社全臺徵詩；再者也以整體蘭社名義往來大型詩會，包括臺中櫟社十週年吟會、臺北瀛社大會。另外，在陳紹年《壽山堂詩稿》中有〈答南社雲石書〉，也顯示出曾與臺南南社社長趙雲石往來討論詩社聯吟諸事。則可見當時蘭社活潑地參與三臺各地許多詩社的各項活動。

以目前所見文獻推斷，陳紹年在蘭社發展時期具有重要的領導地位。他個人與日本當局一直保有著良善的關係，這對於成立詩社與推動社務都具有正面的意義；但他也與臺地許多詩社保持往來，其中包括櫟社等富於民族意識的詩社。陳紹年領導蘭社融入於整體臺灣傳統詩壇的脈絡中，使得整體蘭社呈現出旺盛的活動力。

2、穩定期

自蘭社首次復社（昭和2年，1927），直至太平洋戰爭爆發（昭和16年，1941）為止，期間大約14年。這一個階段主要是魏國楨任事的時期。魏國楨自陳紹年時代起，便一直以總幹事的身份直接處理蘭社的諸多事務，他的擔任社長看來應是實至名歸。雖然目前的資料仍嫌不足，但復社之後的蘭社，除了社員之間的交誼吟詠，例如，為社員黃其文赴大陸商務考察之行，而舉行餞別與洗塵吟會；此外，初期似乎勤於對外推動社際聯誼，拓廣社務。包括：組團出訪二林地區詩社、參加興賢吟社例會、集體參賽贊天宮徵聯等。尤其可以看到昭和4年（1929）蘭社曾頻繁地與北斗螺溪吟社、員林興賢吟社之間密集地舉辦三社聯吟，各社輪流值東，並廣邀中彰各地吟友與會。這一年魏國楨正式擔任社長，似乎一時之間活動力特別旺盛。然而昭和4年（1929）之後，蘭社活動目前一無所知，這一段空白還有待資料出土。到了日治後期，蘭社則以課題為主，《詩報》中登載的社員獲選之作，顯示出蘭社的活動是持續的，參加的社員也是穩定的。

這一階段整體蘭社的內在活動力似乎是暢旺的，而這也呼應了臺灣傳統詩壇在一九二〇年代之後達到發展高峰的大趨勢。只是前期趨向動

態的活潑，到了後期則偏向靜態的平穩了。這與臺灣社會局勢的由平穩漸趨動盪，卻恰好是相對的。

　　3、漸衰期

　　臺灣光復之後，民國 38 年（1949）蘭社二度復社，自此至今已超過半世紀以上。詩人們因為戰爭沈寂多時的詩筆，在光復後重振，是令人欣慰的。《詩文之友》中可以看見蘭社頻繁地活動著，包括課題、徵詩、聯吟……等相關訊息。一直到民國 50 年代，隨著詩星的逐一殞落，新進社員的有限，蘭社因而漸形寂寞。雖然如此，民國 63 年（1974）蘭社假田中民眾服務社，擴大主辦中部四縣市聯吟，廣邀全臺各地詩社吟友共襄盛舉，省主席謝東閔、縣長吳榮興等政府官員多有蒞臨[24]，大會圓滿落幕，可說是蘭社在漸衰趨勢中的一次大高潮。然而，由於老成凋零，在整體客觀環境瀰漫著新學強勢、經濟掛帥的氣息中，傳統詩歌的寫作人口銳減，古典詩社無法力挽狂瀾，蘭社終究很難自免於潮流之外，最後僅存社長獨撐大局，秉持個人對詩歌的愛好，只好走出社內困境，單刀縱橫於各地吟會了。

　　蘭社百年三個主要活動期之間，曾有兩次中斷與復社的紀錄：

　　第一次，大約在陳紹年大正四年（1915）過世之後，一直到昭和 2 年（1927）魏國楨被推為社長之前，長達十年左右。此一期間舊社長已逝，新社長未就，社長始終懸缺。何以遲遲未能推選新社長？究其原因，可能有二：其一，緣於社友忙碌無暇與會有關。《臺灣日日新報》昭和 2 年（1927）第 9807 號「翰墨因緣」報導：「**員林郡田中庄，曩設有蘭社詩社。後來因諸社友多忙於商務，不得繼續。**」[25]以當時社員多值青壯，或經商，或從政，事務繁忙，難於聚首；其二，或許眾人多以不及前任社長之德高望重而謙辭不就，致社長一職懸缺許久。這一次的中斷當以社內因素為主。這段時期可見的活動確實很少，僅見大正 12 年（1923）

24　據 2003 年 7 月 13 日呂碧銓訪問記錄。
25　見《臺灣日日新報》昭和 2 年 8 月 16 日第 9807 號。其中「林建中」誤作「忠」，逕改之。

的擊缽吟會，然而此次吟會參加人數眾多，並邀請多位文壇知名詩人參加，似乎是擴大舉辦，規模不小。顯見當時雖無名義上的社長，但仍然深具動員力量，總幹事魏國楨是主事人物。

第二次，太平洋戰爭爆發之後，蘭社活動隨著戰事的升高而幾乎完全停止。當時國際局勢風起雲湧，臺灣也隨著日本政府的號召總動員，成為南進基地，進入全面應戰的階段，臺灣各地詩文社都同時受到巨大衝擊。隨後臺灣光復、國民政府播遷來臺等一連串的重大變化，造成社會的劇烈震盪與混亂，加上社長魏國楨也已於光復前去世，蘭社活動因而幾近於停擺。一直等到整體局勢稍稍緩和，在暫停了將近八年之後，才又再度復社。這一次的中斷全繫於戰爭白熱化的動盪，正是所謂「巢之將覆，卵焉生之」？

此外，臺灣傳統詩壇上以蘭社為名的詩社至少有二，即：宜蘭蘭社與田中蘭社。宜蘭古稱噶瑪蘭，所在地為蘭陽平原，其詩社以「蘭」為名，乃緣於地方名稱的沿用。然而位於彰化平原的田中蘭社，何以取「蘭」為社名？則費人理解亦未見紀錄。觀察臺灣詩社的命名方式，大體上常見下列幾種原則：

（1）以地方名稱命名，如臺南南社、花蓮奇萊吟社、苗栗栗社、嘉義羅山吟社、新店碧潭吟社等。

（2）以當地書院取名：如宜蘭仰山吟社、員林興賢吟社、和美道東書院吟社、高雄屏山吟社等。

（3）以交誼揚芬為義：如中壢以文吟社、臺北聚奎吟社、臺中華僑同鄉吟社等。

（4）以心志砥礪訴求：如屏東礪社、東港研社、鹿港淬礪吟社等。

（5）以詩壇初學互勉：如桃園新鶯吟社、新港轂音吟社、基隆小鳴吟社等。

（6）別具意旨：如霧峰櫟社、臺中檸社，均以劣木喻指無用之用；澎湖蓮社之意指閨閣詩社、鹿港鐘樓吟社之專作詩鐘等。

蘭社的創立宗旨，目前並未見直接的文件記載。但早期社員吳半樵的詩歌題材中，以「蘭」為題者卻特別多見。這或許是作者個人對蘭花的偏好，但也可能因此借題發揮，寄託寓意。如其〈題春蘭〉一詩云：

> 漫天霜雪冷山葩，簾外春風日影斜。莫說時艱難著筆，放懷猶自寫蘭花。[26]

作者在詩歌中直言時局艱難，難以著筆，正在用以形容日治時期異族入主、臺人多受侷限的困境。惡劣的環境猶如漫天霜雪般冷冽，然而簾外依然春風日影可人。身為漢人，詩人將內心的情志比喻為高尚雅傲的顛崖蘭花，不以環境險惡為藉口，而仍然是要繼續放懷吐露、堅持綻放。一種溫柔而堅毅的情感，汨汨流現於字裡行間。回顧昭和2年（1927）蘭社計畫復社時的理由正是「為欲復興漢詩起見」[27]，則蘭社之以「蘭」名社，其用意或正是砥礪社員堅持漢學，希望在艱困的環境下依然能傳唱詩歌，以闡揚漢學如蘭花般的高雅芬芳。這樣身從心不從的作法，恰是日治時期以傳承漢學堅持傳統的另一具體例證。

四、蘭社成員及其小傳

蘭社發展已有百年，其間詩人代有更替，傑人輩出。回顧日治時期社員，瀏覽報載歷次詩會人員多有重複，亦可知其概況。最早的創社社員有誰？目前無法得知，但明治44年（1911）蘭社以〈花朝〉為題競詩，《臺灣日日新報》登載吟會獲選作品，披露12人如下：

> 湘讀評選，獲選者有黃溥造、林水盛、張四周、陳乃青、苗勁甫、魏國楨、林建中、張玉璇、吳望雲、陳鴻苗、謝若能。

這是目前所知最早的蘭社人員名單，其中或為社員、或為社友，尚

26　吳半樵遺稿，吳鳳旗藏。見筆者拙編《吳半樵詩書畫作品集》（未刊稿）。（凡本文引詩為「半樵遺稿」者，均已收於此拙編，以下不另再註。）

27　見《臺灣日日新報》昭和2年第9807號。

不得而知。其中近半數皆已可知為田中當地人士。

　　到了日治中期，人員有所進出。其中大正 12 年（1923）12 月 8 日蘭社邀集臺中王竹修等吟侶暨社員共廿餘人於魏國楨別業開擊鉢吟會，《臺南新報》報導中將當年與會社員列名報端，是一次比較明白的社員名單，共列名 12 人如下：

> 社員魏國楨、蕭敦仁、許屋、黃其文、陳坤輝、陳芳輝、謝若能、吳望雲、郭涵光、蘇子聰、林建中、陳景崧。

這份名單中已經不見創社早期的部分元老，如陳鴻苗，而年輕一代也已加入，如陳景崧。

　　至於光復之後蘭社社員名單，經社長呂碧銓整理，共得 17 人如下：

> 社長陳緝銘，副社長吳半樵，社員陳景崧、許精軒（屋）、陳能致、陳希孟、陳雲鵬、曾炳元、許再益、蕭清源、蕭泗川、許再枝、施炎城、周卿場、呂碧銓、魏紅柑、蕭山河。

這份名單包括了日治初期即已入社的老社員，如吳望雲，也包括了日治中期才出生的新生代，如呂碧銓。光復後的蘭社逐步進入世代完全交替的新階段了。

　　以上三份名單恰好可以具體呈現蘭社前、中、後三階段的社員概況，但這是不足的。因為還有許多社員恰好不在以上三份名單上，應予補上（見【附錄一】、田中蘭社年表）；而各人生平的經歷也引人好奇。只是時至今日，蘭社詩人皆已物故，許多鄉賢生平也已無從尋知，要完全呈現蘭社詩人們的樣貌神采，存在著極大的困難。不過，雖然斯人已杳，文獻多毀，難窺全貌，但他們的吉光片羽都曾經是蘭社的一份記憶，值得田中子弟點滴收存，予以載錄，以傳後世。以下試述蘭社詩人生平小傳，僅就所知者說明如下：

（一）蘭社詩人小傳

1、陳紹年

創社社長陳紹年無疑的是蘭社最具知名度的人物。清咸豐2年（1852）出生於南投名間鄉，卒於大正4年（1915）4月，享年63歲。幼年隨父陳貞元[28]長居竹山[29]，稍長，以沙仔崙仍頻受水患之苦，遂領家遷居田中央新街（今南北街一帶），並鼓吹鄉里同往，於是定居至今。陳氏本為地方大族，陳紹年為前清秀才，曾任彰化縣儒學訓導[30]；迨日本登臺，最初曾返回大陸，後受命擔任東螺東堡保良局長、雲林紳董公議總局局長等職，而雲林鐵國山柯鐵事件（1896）發生後，陳紹年因與柯鐵為結拜兄弟，被邀請協助招撫有功，因而受到天皇召見褒揚，敘勳六等授瑞寶章、授紳章，從此奠定與日本政府的良好關係。因此他既是前清的遺老，也是日本政權下的新貴，成為地方上最具代表性的有力人士，此後陸續擔任首任田中央庄長、臺中廳參事、彰化銀行監察役……等職務，一生可謂富貴榮顯。[31]其嫡孫陳景崧為地方名醫，曾孫陳時英曾任彰化縣長、監察委員等職，數代以來陳家一直是屬於上層仕紳家庭，與田中地方的發展歷程有著密切的關係。

在地方文教方面，陳紹年早年曾與田中內灣名士陳鴻苗等人，共同集資合力聘請宿儒設塾講學，嘉惠地方學子，詩書兼善的吳望雲便是當年禮聘的西席之一。[32]此外，陳紹年結合地方先賢共同創立詩社――蘭

28　陳貞元，廩生，田中央沙仔崙人（今田中鎮沙崙里）。在水沙連教讀，曾在今竹山地區購置田產。清同治元年（1862）戴潮春事件時參與南投鹿谷林鳳池號召成立之保全局，同心護衛鄉里。同治2年（1863）六堡舉義時陳貞元在沙仔崙領導鄉民力抗群敵，致「家宅樓閣連雲，亦為賊所燬」。今日陳氏家祠壽山堂內祖先牌位上可見陳貞元名氏。參蔡青筠《戴案紀略》第46頁，臺灣文獻叢刊第206種；倪贊元《雲林采訪冊沙連堡》第165頁，臺灣文獻叢刊第37種。

29　陳紹年〈水沙堂記〉：「臺灣中部林圯埔有水沙堂―則僕少時與眾友讀書處。」見陳氏遺稿《壽山堂詩稿》。

30　見《彰化縣文學發展史》第100頁。又，陳紹年〈翰林西和廣文〉：「少小納交六十年，同鄉何幸又同寅」自註：「前清君任教官，改隸，君任參事，僕均步後塵。」見《壽山堂詩稿》。

31　參見《臺灣列紳傳》第180頁、《臺灣實業家名鑑》第330頁。並2003年7月19日陳時杰訪問紀錄。

32　陳紹年曾孫陳時杰先生、吳望雲嗣孫吳鳳旗先生均有此說。

社，並擔任首任社長。陳紹年生前曾集錄作品，題為《壽山堂詩稿》，毛筆稿本，未刊行。[33] 這也是蘭社過往詩人當中，目前所知傳世的唯一一本詩集。陳紹年在蘭社期間的活動，如前所述，此不再贅。

2、陳鴻苗

陳鴻苗，田中內灣宿儒，曾任田中庄協議會員，與陳紹年合設私塾育才，可能為創社社員。詩作今僅見其明治 44 年（1911）所作〈花朝〉一首。

3、魏國楨

清光緒 7 年（1881）10 月 27 日生於田中庄田中，臺北國語學校（後改師範學校）畢業，任職彰化廳通譯五年後，執教彰化、田中等公學校十數年，並任代書。魏氏漢學造詣深厚，積極參與蘭社活動，於陳紹年社長任內擔任總幹事，至昭和 4 年（1929）由社員公推繼任為社長，擔任蘭社社長至去世為止，期間大約 16 年[34]。魏國楨曾於大正 9 年（1920）地方自治改正後擔任田中庄助役，大正 10 年（1921）任田中信用組合監事，大正 13 年（1924）任田中庄協議會員，在地方上頗有令譽。[35]

魏國楨參與蘭社活動的時間很早，也很活躍。明治 44 年（1911）的社員作品中就有他的詩作。曾隨陳紹年參加櫟社活動；蘭社詩會時經常擔任詞宗，而昭和 9 年（1934）中部聯吟大會春季擊缽吟次唱時，也與鹿港施梅樵分任左右詞宗[36]。《東寧擊缽吟前集》、《後集》、《臺灣文藝月刊》等多能見其詩歌作品。比較特別的是，也有少數詞作傳世，茲舉其〈武陵春－－客中喜晤雪滄櫻航香國諸君子並謝招飲〉[37] 以見，其詞曰：

33　《壽山堂詩稿》稿本今為陳時杰先生珍藏。
34　魏國楨故居在今田中鎮斗中路上九如中藥行巷內，然其後人已難尋得。據呂碧銓先生表示：魏氏大約在臺灣光復前不久去世。據 2003 年 7 月 13 日訪問記錄。
35　見林進發編著《臺灣官紳年鑑》第 56 頁。臺北：民眾公論社，1934 年 10 月四版。
36　見《詩報》昭和 9 年 6 月 1 日第 82 號 12 頁。
37　見《臺灣文藝月刊》〈詞苑〉第 4 頁。版權頁已脫漏，未詳出版資料。影本為筆者所藏。

　　客舍正無聊賴處，忽報故人臨。一榻清風喜對吟，散盡暮雲心。

　　多事累君頻作主，款曲覺情深。盡醉何妨次第斟，共剪燭，話鳴琴。

又，大正 12 年（1923）12 月臺中黃爾旋、黃爾竹、陳雪滄、邱石莊、王
竹修等十餘人，曾聯袂受邀來到魏國楨別業開蘭社擊鉢吟會，擬題〈曝
書〉、〈看劍〉，曾是一度盛況。後來興賢、螺溪、蘭社聯吟，臺中詩
友亦常有與會，魏國楨與臺中等地詩友往來交誼可見一斑。

　　4、吳半樵

　　吳半樵本名飛龍，字望雲，號半樵、綠陰居士、粿村。詩文最常署
名「半樵」，晚年自八十一歲起則以年歲冠居士自號。生於清光緒 7 年
（1881），卒於民國 54 年（1965），享年 85 歲。祖籍安溪，原居埤頭一
帶，不幸九歲失怙，於是率弟妹來田中央依親，從此定居。稍長，從學
於鹿港唐山宿儒李霞、黃紹周門下。弱冠學成返回田中央，鬻字教讀，
並開店經營裝裱字畫業，兼營錦逢活版所，地方人稱「阿龍師」。筆者
老家位於田中大崙里，父親告訴我：林氏公媽廳曾聘請阿龍師進行彩繪
整修[38]。再有鹿谷初鄉柯姓人家公廳靖山堂也是當年詩人遠赴彩繪之後的
題壁之作，其詩曰：

　　竹山來遠客，索我揮翰墨。蝌蚪前朝字，龍蛇塗粉壁。文章啟先賢，
　　蘭桂承祖澤。大廈好圖書，華堂留真跡。[39]

　　大正 4 年（1915）參與建設田中驛前市街地，今田中火車站前方
仁和醫院對面（今中州路上），即為當年半樵宅邸「半樵居」[40]的所在

38　父親林昭仁先生。據 2000 年 4 月 7 日口述記錄。

39　見林文龍《南投文獻叢輯》第 25 輯〈文學篇〉第 70 頁。南投：南投縣政府，1979 年 6 月。
　　又見《南投縣學藝志稿文學篇》第 3912 頁。

40　《臺灣日日新報》昭和 4 年 7 月 29 日第 10517 號「翰墨因緣」報導：「蘭、螺、興三社聯
　　合吟例會，今當輪值田中蘭社主催。茲擇來七月二十七日，即古曆六月二十一日午後一時假
　　吳望雲氏之半樵居開會。」後之第 10523、10609 號之後續報導亦皆稱「半樵居」。又，《詩
　　報》昭和 6 年 1 月 1 日第 3 號 8 頁有〈田中訪半樵居吳望雲君〉一題，元亨、林等、林圖三
　　位詩人同作。可知「半樵居」為吳氏宅邸稱名。

地[41]。並曾任田中興業株式會社監察役、林內自動車株式會社重役等職。[42]

　　吳半樵為蘭社早期社員之一，生前長期參與蘭社的活動。日治時期事業經營有成，店號「彩雲軒」，面積廣達 200 多坪，布置宜人，交通便利，蘭社經常在此聚會；半樵樂於交遊，也常有各方文人雅士來訪。書畫名家曹秋圃、陳長庚都曾經是座中嘉賓[43]。蘭社於光復後復社，半樵更擔任副社長，至去世為止，總計他在蘭社的時間長達一甲子以上。

　　吳半樵受學於名師，以兼擅詩、書、畫而稱譽於當時，尤其自創以左手腕置杯水不傾，且能運筆自如之左書絕技，最受讚嘆。其書畫作品屢次在書畫會中入選，成績優異。現可知者包括：昭和 4 年（1929）新竹書畫益精會畫題入選、昭和 10 年（1935）臺中州美術展畫題特選、昭和 12 年（1937）臺灣中部書畫協會書畫二點入選、昭和 13、14 年（1938、1939）同上書畫數點入選[44]。可喜的是，昭和 10 年（1935）臺中州美術展會所贈送的銅製竹節獎盃，現仍妥善珍藏於吳家。

　　附帶一提的是，半樵次子吳自東，別字一漁，號白石山人，深得其父真傳，年未弱冠，即以書畫稱名。今存昭和 2 年（1927）「蝴蝶白菜圖」一幅，為當年全臺畫會亞軍之作，筆觸纖膩，佈局幽雅，顯見其畫藝之早發。只可惜天妒英才，年僅廿六而歿。使吳半樵痛遭喪子之悲。[45]

　　吳半樵生前並未將其作品結集，幸賴其曾孫吳鳳旗收集珍藏，而保存了超過數十幅的書畫稿，名之為《吳半樵書草》及《半樵吳望雲畫冊》。詩歌部分雖多散佚，然經筆者加以蒐補，綜合至今所能得者計約百首。數量雖有限，冀能略呈吳半樵詩歌文學之一斑。[46]可喜的是，吳鳳旗先生

41　見吳鳳旗〈吳望雲先生行述〉、吳半樵詩畫遺稿，均收在筆者拙編《吳半樵詩書畫作品集》（未刊稿）。並 2002 年 12 月 27 日訪問記錄。
42　見〈吳望雲略歷〉，黃洪炎編《瀛海詩集》第 247 頁。
43　昭和 2 年（1927）秋月陳長庚題「浩氣長存」橫幅、昭和 13 年（1938）7 月書法名家曹秋圃往訪吳半樵時曾親題「彩雲軒」字幅相贈，此二墨寶今仍為吳家所珍藏。可參見筆者拙作〈田中民間畫家詩人吳半樵〉，《臺灣文獻別冊 5》第 11 頁，2003 年 6 月。
44　見〈吳望雲略歷〉，黃洪炎編《瀛海詩集》第 247 頁。
45　見吳鳳旗〈吳望雲先生行述——附吳自東〉，並 2002 年 12 月 27 日訪問記錄。
46　詳見《吳半樵詩歌輯》、《吳半樵書草》、《半樵吳望雲畫冊》，均收錄於筆者拙編《吳半

彙編其多年收藏的先祖書畫作品，加之以筆者所贈《吳半樵詩歌輯》，終於在 2020 年 9 月編輯完成《綠陰居士半樵吳望雲詩書畫集》。一片孝心赤誠，令人感動。[47]

5、黃溥造

黃溥造，字鏡軒。明治年間即加入蘭社，期間的作品包括明治 44 年（1911）擊缽〈花朝〉、明治 45 年（1912）應邀參加霧峰萊園櫟社創立十週年紀念大會，作〈追懷劉壯肅〉1 篇、〈笨港進香詞〉10 首。黃溥造可說是蘭社社員中活動力最旺盛的詩人之一，他頻繁地參與許多詩文吟會，由於漢學造詣深受推崇，屢屢擔任詞宗。大正 15 年（1926）員林興賢吟社正式成立，黃溥造受聘為首任社長。就在興賢吟社正式成立之後的幾年之間，興賢、蘭社、螺溪三社曾經頻繁的舉辦聯合吟會，互動良好，一方面不僅是地緣接近的聯誼，也與興賢社長黃溥造曾是蘭社一員是有關係的。除了蘭社與興賢吟社之外，各地許多詩文雅會，多可見其文筆，是臺灣詩壇的著名詩人。

6、曾炳元

曾炳元，本名炳垣，字豐仁，由於從商，欲效陶朱公精神，故自號思陶，晚年又自號杖朝老人。清光緒 12 年（1886）12 月初五出生於田中內灣，民國 52 年（1963）農曆 11 月 30 日去世，享年 77 歲[48]。曾炳元為前清秀才之子，然家境清寒，未受正規教育，全憑父母家教，修書習禮，而能詩作對，擅於書法。曾任《詩文之友》社務委員。日治時期於田中街經營富山木材行，而為地方大富，然樂善好施，熱心地方公益。其次子曾天恩曾為田中鎮第四屆鎮長，政聲頗著。

曾炳元長年潛修一貫道，於民國 49 年（1960）受領法號「炳元」，成道後被尊奉為「誠化大仙」，後又晉封為「誠化真君」，其蓮位受祀

　　樵詩書畫作品集》（未刊稿）。

47　吳半樵著，吳鳳旗執行編輯，《綠陰居士半樵吳望雲詩書畫集》，田中：吳鳳旗，2020 年 9 月。

48　見《誠化大仙曾炳元老先生成道三十週年紀念專輯》第 1～4 頁。彰化：發一崇德彰化道場，1993 年。

於海內外諸多道場,其後學弟子曾隆重舉辦誠化大仙曾炳元成道三十、四十、五十週年紀念法會,並發行紀念專輯[49]。曾炳元未見詩集傳世,今能得見者乃部分蘭社課題之作,及其傳道詩聯墨寶[50]。其聯對頗受好評,茲舉例以見:

要上贊天從此路／欲登聖城[51]由斯途(田中贊天宮舊牌樓對聯)

不同於詩歌技巧的唱和,對聯中透露了曾炳元有別於吟會競詩的另一面情志。

7、許屋

許屋,字精軒。清光緒 16 年(1890)10 月 16 日生,臺灣醫學校(後改稱醫學專門學校)畢業,大正 6 年(1917)於田中街開設精軒醫院。[52]光復後擔任田中衛生所第一任所長,並曾擔任田中第一屆鎮民代表會主席[53],在地方上頗負名望。

許精軒在蘭社的時間很長,從大正 12 年(1923)社員大會到民國 43 年(1954)11 月《詩文之友》刊登蘭社課題〈春山〉,都可看到他的參與或作品。其現存作品亦以課題或擊缽為多。

8、陳坤輝

陳坤輝,清光緒 18 年(1892)5 月 23 日生於田中庄田中,曾任區長(地方制度實施前)、田中庄第一區委員、第十二保保正、田中信用組合監事、大正 8 年(1919)擔任保甲聯合會長,經營漢藥種商,是一名實業家,熱心地方事務。[54]陳坤輝曾經長期贊助《詩報》,亦可以由此側

---

49 《誠化大仙成道四十週年紀念》專輯影片,2003 年 12 月。
《誠化真君成道 50 周年紀念專輯》。彰化:發一崇德彰化道場,2014 年。又,《誠化真君成道 50 週年感恩紀念大會》專輯影片,2015 年 8 月。
50 見《誠化大仙曾炳元老先生成道三十週年紀念專輯》第 5 ～ 6 頁。
51 「城」字疑為「域」字之誤。
52 見林進發編著《臺灣官紳年鑑》第 51 頁。
53 見劉金志《故鄉田中》第 97 頁。
54 見林進發編著《臺灣官紳年鑑》第 56 頁。

面反映出他對於發揚漢詩的支持態度。[55]「嚴加選擇，披沙撿金」[56] 而成的《東寧擊缽吟前集》與《後集》收錄他的〈拜月〉、〈舞龍燈〉[57] 二首作品，應該是當時的擅詩者，可惜現今所能得見的作品十分稀少。

　　9、林建中 [58]

　　曾任田中庄協議會員。是蘭社最早期的詩人之一，其作品早在明治44 年（1911）蘭社〈花朝〉中已得見獲選，而後大正 2 年（1913）櫟社全臺徵詩、《詩報》82 號〈浚港謠〉、一直到昭和 16 年（1941）蘭社課題〈人影〉，都可見其佳作。陳紹年《壽山堂詩稿》中有〈贈建中〉讚其詩才，其詩云：

> 士林器重憶文之，曾否推敲似曩時。聞道技籌誇勝算，歸來少貯錦囊詩。

詩歌中透露林建中字號「文之」，更讚揚其詩才卓越，勤於推敲斟酌。林建中在蘭社的時間很長，也樂於推動社務。昭和 2 年（1927）倡議重開蘭社，8 月邀集諸吟友率團參觀二林詩社，共遊沙山海水浴場，都是由他出面完成。

　　10、黃其文

　　田中隆德漢藥行主人。《詩報》於昭和 5 年（1930）10 月 30 日創刊之後，田中地區的取次所便設在黃其文處。[59] 其作品現今可見者，包括大正 5 年（1916）黃其文參加彰化大城大成吟社慶賀施讓甫夫子結婚紀念徵詩，入選〈王睢鳥〉、〈藍田種玉〉；《東寧擊缽吟前集》亦收錄其〈久雨〉[60] 一詩。魏國楨任社長時，曾被指名擔任幹事。

55　例如見《詩報》第 39、54、57、62、68、95、310 號等，大約從昭和 7 ～ 19 年之間多往往可見其列名於「贊助員」或「入金報告」等名單當中。

56　見曾笑雲編《東寧擊缽吟前集》趙鍾麒〈序〉序一頁。臺北：陳鐵厚，昭和 9 年 3 月 30 日。

57　見曾笑雲編《東寧擊缽吟前集》二蕭第 187 頁、《後集》六麻第 262 頁。又〈拜月〉一題同時收林建中、許精軒之作。

58　林建中，或有作「忠」，皆誤。

59　自《詩報》第 2 號封面起均可見。

60　見曾笑雲編《東寧擊缽吟前集》一先第 178 頁。

11、翁汝登

翁汝登，大約生於清光緒 2 年（1876），彰化二林人，日治時期遷居田中，人稱「翁仔」，晚年復遷返二林。由於家族親戚尚有許多仍居二林，或者因此而促成田中蘭社與二林詩社之間的往來。昭和二年（1927）蘭社重開之初，蘭社主要幹部林建中、魏福、魏國楨、謝若能等人便率團往訪，由二林詩友翁廷泉、翁廷瑞等人招待，[61] 翁廷泉乃翁汝登姪兒。而後來經常參與蘭社活動的二林知名詩人蕭文樵亦為翁汝登女婿。

民國 45 年（1956）翁汝登八十大壽，8 月份《詩文之友》中曾刊登其子翁廷淼、其孫翁啟煊等多人賀詩。家族中老少均能詩，十分醒目。而翁汝登也有〈八十述懷〉記其心情，其詩曰：

> 光陰虛度杖朝年，歷劫紅羊幾度遷。雖有薄名居世上，怎能肖子返南邊。天公有蔭身猶健，老眼將花節益堅。繞膝兒孫齊舞綵，吟懷谿伴短燈眠。[62]

詩歌中，詩人身心健朗、兒孫繞膝，是正享受天倫歡樂的幸福老壽星。

12、謝清光

曾任田中商工會長、田中庄協議會員，經營青果販賣，是地方上重要實業家。今清光旅社（中州路上）初創時即以其名命名之。他積極支持蘭社各項活動，蘭社社員頗有在商界經營者，蘭社也有幾次與工商會之間的聯誼，都顯示二者之間曾有過密切的關係。

13、蕭敦仁

清光緒 16 年（1890）4 月 5 日生，田中卓乃潭人，臺灣總督府國語學校畢業。大正 4～9 年（1915～1920）任田中卓乃潭區長，大正 6 年（1917）依臺灣總督府紳章條例受紳章，大正 9 年（1920）地方自治制

61　察報導中所言「二林吟社」，應即為成立於大正 10 年（1921）的二林香草吟社。
62　見《詩文之友》6 卷 1 期（1956 年 8 月）第 10 頁。

度改正後任第一任田中庄長，大正 11 年～昭和 4 年（1922～1929）擔任
臺中州協議會員，歷任田中信用組合長、臺中州青果同業組合副會長、
臺灣製果株式會社取締役等職；臺灣光復後擔任田中首任鎮長，今日田
中最主要的道路——員集路便是其最重要的代表政績之一，是田中地方
繼陳紹年之後最重要的地方人物。他樂於參與蘭社的活動，社交十分活
躍。蘭社之於蕭氏，或許是兼具著詩文的愛好與社交的意義。

14、陳雲鵬

陳雲鵬，澎湖人，日治時期遷居田中，家境貧寒，而漢學造詣深厚。
設立私塾，教授漢學，人稱「澎湖仙」。為人誠篤，淡泊謙和。在詩壇
上雖不甚知名，但其人品與學養，卻深受地方人士敬重。蘭社陳希孟、
蕭山河、陳景崧、呂碧銓等人，皆紛紛投其帳下，拜為弟子。今日僅見
零星的擊鉢課題之作，如〈春山〉、〈初秋〉、〈冬日登山〉等。

15、陳雲龍

大約大正 2 年（1913）出生，號凌宵，原籍澎湖，幼時遷居田中。
髫齡從師，二十歲出彰化施梅峰門下，隨後從事教讀四年，於廿五歲轉
入商界服務。[63]陳雲龍詩作現可見者僅蘭社部分課題，如〈採茶女〉、〈初
夏〉、〈新柳〉等。

16、陳緝銘

陳緝銘青年時期曾於田中街設帳授讀，呂碧銓尊翁錦連公即於農餘
師事之。日治後期常見其參與蘭社課題，並多次擔任詞宗，逐漸顯露出
他在蘭社的地位。臺灣光復後蘭社重整旗鼓，陳緝銘就任第三任社長，
積極推動社員詩歌寫作，課題時常見其作品獲選。

17、陳芳輝

由於陳紹年為創始社長，其子陳芳輝、其孫陳景崧也都先後成為蘭

63　見黃洪炎著《瀛海詩集》第 275 頁。

社的社員。

　　大正 12 年（1923）蘭社召開擊缽吟會，陳芳輝為社員名單中之一，他與蘭社有關的紀錄僅此一條，亦未見其詩作。只是天不假年，陳芳輝以大約 42 歲的英年不幸早逝，但在公共事務上是還可以看到陳芳輝的參與，例如，從現今仍然屹立於清水巖寺前的大正九年（1920）「清水巖重修紀念碑」[64] 上可見到當年陳芳輝與田中庄長蕭敦仁、大庄庄長（今彰化大村）賴紹堯等地方名仕同任發起人，與魏國楨等人均捐金不等的紀錄。

　　18、陳景崧

　　陳景崧，明治 36 年（1903）1 月 16 日生於田中庄田中，民國 88 年（1999）12 月 22 日逝世，享年 98 歲。陳景崧乃陳紹年嫡孫，陳芳輝次子。臺灣總督府醫學專門學校畢業，負笈日本留學，返臺後回歸鄉里田中街開設景崧醫院（今員集路上），執業達 65 年，樂於濟世救貧，受人敬重。日治時期曾任田中庄協議會員。[65]《壽山堂詩稿》中尚可見陳紹年對其幼孫的訓誨，〈示景崧景華二孫〉云：

> 勤惰當由己，富貴不由天。天道雖難測，汝思豈不然。書詩宜苦讀，功業定無難。汝需求諸己，不必問於天。

祖父的苦心訓勉畢現於字裡行間。陳景崧出生地方望族，受到良好教育，享有崇高聲望，子孫各有所成，體健年高，可說是福祿壽俱全。

　　陳景崧參加蘭社活動今見最早的紀錄是大正 12 年（1923）在魏國楨別業舉辦的擊缽吟會，當時他年僅 20 歲，隨父親陳芳輝同往。昭和 14 年（1939）蘭社課題〈水仙花〉是其目前所見最早的作品。先生熱心地方事務，提倡文藝風雅，蘭社吟會即曾在其家宅活動，曾任《詩文之友》

64　清水巖寺於大正 7 年（1918）動工重修，大正九年完工，立「清水巖重修紀念碑」，此碑今存於彰化縣社頭鄉清水巖寺前庭南側。其旁同時另立「滴水清心」碑，碑文以行草書之，風格獨特，頗具藝術之美，值得欣賞。此地以「清水春光」的勝景，自古以來即名列彰化八景之一，時至今日也是參山國家風景區的重要休憩點。

65　見林進發編著《臺灣官紳年鑑》第 58 頁。

社務委員，此外，據其哲嗣陳時杰先生表示：陳景崧雅好藝文，也鼓吹棋藝，曾提供屋宅作為田中棋社的活動場地。今存陳景崧詩作均為蘭社課題[66]，數量不多。其中〈夏雨〉、〈春山〉[67]等皆為當年課題掄元之作。

19、陳能致

陳能致，原在景崧醫院服務，後獨立開設田中宏光診所（在舊果菜市場旁，今員集路上）。四子陳端謨先生表示：其先父於民國 50 幾年過世後，由於屢次遷居，相關文物今日皆已不存；但他幼時曾聽聞蘭社諸社友齊聚於陳家舉辦吟會的盛況[68]。陳能致作品現可見者除了課題之作以外，有〈長男英謨逝世悲感〉、〈次男嘉謨畢業開南工業學校賦此示之〉二詩頗為感人：

> 每憶形骸淚滿襟，從茲何處覓容音。明知痛哭皆無益，難捨廿年父子心。（〈長男英謨逝世悲感〉四首之四）
> 須知父老又無兄，十八年華責匪輕。望汝前途多奮發，好教偉業早成名。（〈次男嘉謨畢業開南工業學校賦此示之〉三首之二）[69]

這二首詩一則以至深的悲慟，一則以欣慰且鼓舞，都寫出了一位父親對孩子細膩深刻的情感。文字不假修飾，流暢明白，卻深情動人，誠摯真切，是天地間最可人的心思。

另外，陳婉貞為陳能致女公子，蘭社詩會時偶見其作。

20、陳希孟

陳希孟，本名傳義，一號建安。大正 6 年（1917）生，卒於民國 91年（2002），享年 86 歲。日治後期常見其參與蘭社課題，光復後設帳於田中乾德宮後殿授讀，為家鄉育才，蘭社社長呂碧銓即其高徒。晚年遷

66　據陳景崧哲嗣陳時杰先生表示：景崧詩作似曾抄錄匯集成稿，然尋檢至今尚未有得。據 2003年 7 月 19 日訪問紀錄。
67　見《詩文之友》二卷一期第 30 頁，民國 42 年 11 月；三卷二期第 43 頁，民國 43 年 11 月。
68　據 2003 年 8 月 7 日電訪表示。
69　見《詩報》昭和 19 年（1944）3 月 20 日第 312 號第 10 頁、昭和 19 年 4 月 9 日第 313 號第 9 頁。

居臺南新營,開設太乙軒中藥房。[70]

21、呂碧銓

呂碧銓,昭和 5 年（1930）出生於田中街農村,民國 105 年（2016）8 月去世,享年 87 歲。號碧峰山人。經營建築材料業與水泥加工業有成,相繼學詩於陳緝銘、陳雲鵬、蕭山河、陳希孟諸先生,18 歲開始作詩,20 歲擔任蘭社總幹事,陳緝銘社長過世後繼任為社長。雖是蘭社孤脈,但詩興隨齡俱增,勇闖國內外各地詩會,呂氏半世紀以來參加詩會次數,自言「已過五百次矣」,並曾經擔任《詩文之友》、《臺灣古典詩刊》等編輯委員;長期擔任中華民國傳統詩學會、彰化縣詩學研究會、彰化縣國學研究協會等理事、理事長[71]。

目前呂氏已將歷年詩作逐步整理,已出版者有:《六六書懷唱和集與碧銓吟草懷念篇》（1996 年）約 400 首、《碧銓吟草》（1999 年）1400 餘首、《碧銓吟草中集》（2000 年）1600 餘首、《碧銓吟草下集》（2002 年）1900 餘首、《碧銓吟草第五集》（2010 年）2300 餘首,共計五部詩集,這是蘭社百年中詩作出版數量最大者。收錄的時間涵蓋自 18 歲到 71 歲的 53 年之間,內容包括律詩、絕句、對聯、詩鐘等多種,合計詩歌總數達 7600 餘首。如此巨量,且均刊行者,誠非多見。

（二）蘭社成員之人際網絡

綜觀蘭社詩人的組成可概分為兩階段,日治時代為前期,成員多為地方仕紳,在地方上具有一定的社會名望,也多數具有文學素養,對蘭社的活動力產生積極正面的作用;光復之後為後期,成員普及多樣,基本上以詩會友,切磋聯誼為重。成員的組成也反映了時代環境變遷的影響。

蘭社初始社員多為地方上的名士碩儒,是本區域社會上階層人際網

70　見陳希孟〈碧銓吟草下集序〉,呂碧銓《碧銓吟草下集》第 2 頁。彰化:田中蘭社,2002 年 5 月。
71　參見呂碧銓《碧銓吟草下集》〈自序〉第 21 ～ 24 頁。

絡的交流機構之一，當時蘭社成員活動之人際網絡可分為三大類：

1、地域關係。

臺灣詩社大多是小規模的區域性組織，地緣關係是很直接的因素。依其遠近可分為二種：

（1）鎮內鄉親、地方名流。蘭社成員絕大多數都是田中地區人士，大家也因志同道合而就近聯誼。

（2）鄰近鄉鎮。蘭社的成立可謂較早，也一直維持著一定的知名度與文學活動，鄰近鄉鎮的詩友常常就近加入或是互有往來，例如員林黃溥造、北斗郭涵光、二林許存德、蕭文樵、社頭賴重謙、永靖詹作舟等均是。而蘭社與螺溪、興賢的三社聯誼、中部聯吟大會……等等，都促成社員大交流的機會。

2、師友關係。

師友之間互相提攜引薦是社團中常見的，蘭社亦然。可分為：

（1）師生關係。蘭社前輩陳紹年、陳鴻苗、吳望雲、魏國楨、陳緝銘、陳雲鵬、陳希孟、蕭山河等人皆曾先後執過教鞭，彼此間本有師生之誼；而蘭社晚輩中也頗有師事前賢者，如陳景崧受學於陳雲鵬、呂碧銓學詩於陳緝銘、陳雲鵬、陳希孟、蕭山河等師長。在詩社中亦師亦友，相互切磋。

（2）詩友關係。隨著詩社活動的持續，詩壇文友的往來是愈加拓展，在蘭社詩會中可以看到許多來自外縣市的詩友們，例如：臺中黃爾旋、陳雪滄、王了庵、彰化楊笑儂、鹿港蔡子昭、施梅樵、南投吳步初、高雄許成章、吳紉秋等等。

3、家族關係。

這是詩社中最親密的關係，也最見得世代傳承的可喜。可分為：

（1）親子關係。父子相承的例子以陳紹年家最為典型，紹年子陳芳輝、孫陳景崧祖孫三代都在蘭社，允為佳話；再有陳能致、陳婉貞父女亦偶有所作。

（2）宗族關係。例如翁汝登一家，兄弟、父子、叔姪、翁婿多能詩，為最佳代表。或參與蘭社課題寫作、或彼此聯誼往來，別有一份親切。

蘭社社員之間的關係是開放的，他們的結社大體上保守而安分。縱向的傳承以光復為界有一次大換血，但同時更加單純地趨向了以詩會友。特別一提的是，社長呂碧銓當年積極參與許多傳統詩歌寫作社團，他個人與現存許多詩社的互動仍然是活躍的。然而正如呂社長所言：「**蘭社現在是對內沒有活動，對外活動很多。**」呂社長當年年高七十餘，而活動力仍如此旺盛，誠然令人欽佩，但缺乏社員的共同參與，卻也是既存的事實。而這也其實是臺灣諸多傳統詩社所面臨的共同窘境，彷彿炫日之即將沒入山背，徒嘆無奈而已。

五、蘭社詩人作品述介

統觀目前所見百年蘭社諸社員的作品，以課題或擊缽之作最多，書寫個人心志的作品，恐因文獻散佚的緣故，大多不能得見，且因耆老幾盡凋零，又難以徵求。而傳世作品中數量最多的前三位，就以年代先後言，依次是陳紹年、吳半樵、呂碧銓。這三位先生，前者約當日治前期，中者跨越光復前後，後者則主要在光復之後至今，恰好分別活躍於蘭社百年發展史的早、中、晚三期；三者都曾經是蘭社的重要幹部，積極參與過許多活動。茲簡述如下：

（一）陳紹年

陳紹年生前遺有《壽山堂詩稿》稿本一部。書名「壽山堂」，乃是沿用自陳氏家族的堂號。「詩稿」之名為廣義，因其內實際收錄有詩、詞、賦、文、聯對、書信等多種體裁。從有紀錄時間的作品看來，多屬1910

年之後晚年的作品。

　　《壽山堂詩稿》首度被披露於《彰化縣文學發展史》[72]，該書同時就陳紹年與日本當局的關係進行了剖析，可以參閱。至於陳紹年在詩社方面的活動，其詩稿有「櫟社十週年詩會擊缽吟題目」最受矚目。明治45年（1912）6月中旬櫟社召開十週年紀念詩會，傅錫祺《櫟社沿革志略》摘記當年的情況時寫道：

> 本社創立至是十年，折柬廣招南北各地吟友以開十年紀念大會。六月十五日（古曆五月初一日），假霧峰萊園為會場。社友至者悔之、基六……等十有八人；客則寓臺北魏潤菴……田中央陳紹年、魏國楨、黃溥造……等十有五氏。嘉義以南，阻雨不得來。開會後，大雨傾盆，連綿數日；溪水暴漲，溪橋為斷。主客勾留數日，乃散。詩題有「新蟬」、「暴雨」、「夏木」、「晚山煙雨」、「斷橋」等。[73]

可見當時由陳紹年率領魏國楨、黃溥造等，一同代表蘭社親赴霧峰共襄盛舉。鈔存在《壽山堂詩稿》中的詩題有〈新蟬〉庚韻、〈暑雨〉歌韻、〈夏木〉支韻，陳紹年於各題均有二至三首的作品。這一部分與傅錫祺《櫟社沿革志略》中所記是相印證的，而傅氏文中所記的「暴雨」一題，比對《壽山堂詩稿》「暑雨」諸詩，應為形近誤排，此又可再添一證。[74]

　　此外，當年櫟社十週年紀念詩會在原訂活動結束之後，六月十八日因受到大雨困阻，許多人不得歸家，只得仍留在五桂樓唱和並戲作詩聯。午後，詩友們互相題扇相贈，以作紀念。[75]《壽山堂詩稿》中也保留了滯留萊園時相關作品，包括有〈端午雨〉、〈癡竹〉二題的詩聯，以及當時陳紹年致贈林癡仙的題扇詞〈臺中旅次夜雨和癡仙題扇原調〉一闋：

72　見《彰化縣文學發展史》（上冊）第 100 頁。

73　見傅錫祺《櫟社沿革志略》第 8 頁。

74　廖振富〈臺大圖書館藏櫟社詩稿初探──外緣問題的考察〉第 5 頁已指出：林癡仙《無悶草堂詩存》、《太岳詩草補遺》均作「暑雨」。林、莊二人之作，在擊缽吟詩稿中都可看到。本文發表於雲林科技大學漢學資料整理研究所主辦之「漢學研究國際學術研討會」，2002 年 11 月 29 日。

75　見張麗俊《水竹居主人日記》第三冊，頁 211～229，臺北：中研院近史所。

清漏永，滴滴幾時殘。夜雨瀟瀟香夢渺，誰憐孤枕與衾寒，花事憶闌珊。

數句短語之間，字字散發出為雨所困、歸家不得的幽寂心情，在百無聊賴的清夜中，彷彿顯得特別的惱人！

　　《壽山堂詩稿》「櫟社十週年詩會擊缽吟題目」之前有〈追懷劉壯肅〉七古一篇、〈笨港進香詞〉四首，除題目外未做任何標記，幸得廖振富教授惠告，並影印原稿相示，方才確定此二題乃櫟社十週年紀念大會召開之前，櫟社預先公告此二題，向全臺各地詩友廣邀賦詩之作，收錄在臺大圖書館藏《櫟社十週年大會詩稿》精裝本中。比對二者文字，僅有數句出入[76]。陳紹年〈追懷劉壯肅〉一文是其詩稿中較為少見的七言古詩：

> 既不能為聖為賢，又不能鼎湖飛仙。亦必當蒼生是望，流芳青史幾萬年。……久著邊功酬聖主，恨無玉液駐朱顏。回憶劉公巡撫日，鞠躬盡瘁慮無遺。而今已付東流水，鯤島新翻一局棋。倘尚雄飛雌伏未，臺灣時事獲維持。想無失鹿貽譏早，詎至亡羊始悔遲。百代江山百代主，牛山流涕亦何為。撫番拓殖遺風在，鐵道猶存作口碑。

詩中追懷劉銘傳治臺保臺之功，也藉以感慨故國割別之傷，表現出江山易主的複雜心境，全篇悲沈而雄鬱。再有〈笨港進香詞〉，陳紹年彷彿藉此要特別指陳迷信的不當，且看其詩云：

> 香火爭參笨港濱，是誰敬遠聖言遵。諫迎佛骨防微遠，早見今朝迷信人。（其一）
> 祈禱萬端來去頻，騷壇無計醒吾民。紙灰盡日飛蝴蝶，聖母有知應笑人。（其四）

作者反對迷信的心意是鮮明的，韓愈諫迎佛骨望能杜絕迷信，但千年之

76　〈追懷劉壯肅〉於《壽山堂詩稿》（後簡稱「《壽稿》」）與臺灣大學圖書館藏《櫟社十週年大會詩稿》（後簡稱「《櫟稿》」）在文字上有二處出入：其一，《壽稿》作「流芳青史幾萬年」，《櫟稿》作「青史流芳幾萬年」；其二，《壽稿》作「戰功平髮逆空前」，《櫟稿》作「平髮逆戰功空前」。
　　又，〈笨港進香詞〉四首則二稿均無異。

後似乎此風仍在，實在可笑可憫。陳紹年認為士子能詩擅文，卻對於使民風從善無以為計，對此顯出了憂民的情懷。

這一次的櫟社詩會令人印象深刻，在萊園大會後，陳紹年還曾經寄書黃溥造，懷念前番同赴盛會的美好回憶，〈寄溥造〉云：

> 記否萊園雅會時，綺筵幾度注傾卮。無才悔作騷壇客，笑殺參軍蠻語詩。

雖是謙稱自己不才，卻也回味萊園席上杯觥交錯的雅宴時光。總觀這次吟會的會前徵詩、會上擊缽、會後酬贈，均完整地收錄在《壽山堂詩稿》中，這在整本詩稿中是絕無僅有的一次，亦可見陳紹年對於參加櫟社十週年詩會的重視。

《壽山堂詩稿》中另有〈濁水谿歌〉五言古詩一首，是陳紹年為舊東螺百姓請命所作，意義不凡，詩曰：

> 滔滔乎濁水，奔流天上來。翻浪如推岳，狂濤吼怒雷。臺中與嘉義，接攘互為災。哀哉兩地民，萬命等塵埃。……憶昔舊東螺，民居幾萬戶。舉目皆田疇，千里均沃土。市街頗繁盛，百貨聚商賈。一水決隄來，閭閻失安堵。曩為安樂窩，今成黃沙浦。前清二縣令，築隄暫綏撫。村上舊知事，愛民仍步武。有口盡皆碑，問民先疾苦。幸逢賢總督，施恩謀生聚。派員寔地查，善政天功補。築岸工事興，南北分兩部。去年南濁水，狂流來砥柱。巍巍總督功，萬民目共睹。嗟我北岸地，蠢蠢民無數。頻年水害逢，生命輕一羽。不逢賢總督，吾儕將何怙。一視念同仁，北岸感恩普。工事願早興，鴻功繼神禹。

字裡行間描寫著雨季來臨時，濁水溪滔滔濁浪排空而來，水沖沙壓，毀屋奪命的恐怖，百多年來由於河道屢遷，人民不堪其擾。曾受惠於濁水谿灌溉的舊東螺，沃土繁盛的榮景今已不再，特別是居地水患頻年，民眾感懷前清德政，也肯定當時的治水努力。但也更寄望當今主政者能體恤民情，一視同仁南北兼修，早做工事濟溺抒困。使濁水溪兩岸居民均能早日解除洪汛的惡夢。詩歌中詞語無多修飾，愈顯情意懇摯，而以節奏短促的五言形式，意欲凸顯出救水如救火的迫切感。陳紹年曾任沙仔

崙街街長，也在居民遷村的過程中扮演過主導的角色，詩歌中所指頻受水害的「北岸」，就是包括田中沙仔崙、二水香員腳等在內、靠近溪岸地低堤頹的區域。〈濁水谿歌〉不僅是一首動人的詩歌，同時也為田中沙仔崙舊街居民遷居田中央新街的過程，提供了一頁寶貴的歷史文獻。它的精神直可媲美清道光年間蔡廷蘭為澎湖請命的〈請急賑歌〉[77]，式垂後世。

《壽山堂詩稿》中未見特別標記與蘭社有關的紀錄，但有數首與蘭社詩人往來酬贈的作品，包括〈贈若龍〉、〈贈建中〉、〈贈元圭〉、〈贈國楨〉等，詩歌中多以詩藝相推崇，是以文友相待之情。

陳紹年的詩歌往往文飾無多，疏淡有味。他曾表示為詩喜讀李太白與白居易；生活唯好詩酒之樂，其〈消閒〉一詩說得明白：

> 詩愛青蓮與樂天，敢將衰朽學前賢。唯詩酒外非吾願，遑計餘生有幾年。（之二）

這其實正是詩人晚年淡雅胸懷的寫照。

（2）吳半樵

吳半樵為蘭社早期社員，一生好於文藝，家人回憶其在世時，總常說「隨時看到他，總是讀書的時候最多」[78]。吳半樵詩歌雖未於生前結集，但以筆者蒐羅至今之所得而言，凡是蘭社課題或擊缽，大多可以看見其作品，有時亦擔任詞宗，可見吳半樵對於蘭社活動的積極參與。作品年代最早從明治 44 年（1911）的〈花朝〉，最晚到民國 52 年（1963）〈賀文忠君新婚〉。

從吳半樵遺稿中，可以看到許多未曾發表的詩歌。這類作品，卻反而比較鮮明地表現出詩人自我的觀察及其內心的情感。例如在遺稿中有相連的八首詩，描寫八類民間人物的形象，作者雖然並未另立標目，但

---

77 道光 12 年（1832）澎湖風災，造成嚴重飢荒。蔡廷蘭（1802～1859）力書〈請急賑歌〉四首上呈來澎湖賑災的興泉永道周凱，要求「加賑一萬斛」。獲周凱賞識，鄉民亦得相助。

78 訪吳半樵次孫媳吳賴翠華女士，據 2002 年 12 月 21 日訪問記錄。

各詩題目整齊，題旨相近，可說是一套組詩，且均為七言絕句，十分引人注目。試抄錄如下：

> 山田十畝傍柴關，護綠全憑水一灣。唱罷午雞農就食，不勞婦子餉田間。（〈農者〉）
>
> 山窗四面總玲瓏，綠野青疇一望中。縱使課農心力盡，何曾妨卻讀書工。（〈農士〉）
>
> 不蓑不笠不乘舫，日坐東軒學釣鰲。客欲相過常載酒，徐投香餌出輕鰷。（〈釣者〉）
>
> 築成小圃近方塘，果易生成菜易長。抱甕太痴機太巧，從中酌取灌園方。（〈灌園〉）
>
> 古井山廚止隔牆，竹梢一段引流長。偶烹苦茗供佳客，猶帶源頭活水香。（〈汲者〉）
>
> 洗塵不用遶溪竹，門裡潺湲分外清。非是幽人偏愛潔，滄浪迫我濯冠纓。（〈浣者〉）
>
> 減婢秋來總不閒，拾枝拂葉滿林間。拋書往課樵□事，步出柴屏便是山。（〈樵者〉）
>
> 寒素人家冷村落，祇憑沁水護衡門。抽橋斷卻黃昏路，山犬高眠古樹根。（〈夜防〉）

詩歌中描寫的八類人物，既非偉人也非名流，顯然用意不在詠史緬懷或奉承應酬。這八類人物均生活在鄉野村莊之間，且看八首詩中雖有三首詩中未見「山」字，實際上卻是每一首詩都鋪陳著濃濃的山野鄉林的情趣，詩人在詞語間著力點染出山村景致，將青山、綠水、竹樹、魚犬、柴關、村屋……，密密地灑落在詩語之間，使得詩味散發出自然鄉野的氣息。在幽靜的山野間，作者筆下的〈農者〉一作比《詩經》的〈豳風・七月〉多了些閒散自得；而農士躬耕山田雖勞，尚勉讀書最佳；至於山前冷村則實在無須夜防了。雖然此八首詩並未註明背景為何，但作者吳半樵之居地──田中，便正是倚臥八卦山、側近濁水溪、自古以農為主的小村鎮，青疇綠野是田中的本色，耕山涉溪是民眾的生活，這八首詩也可說是小鎮山川的註記。

　　而這八類人物之所為，也都只是日常平凡之事，詩人卻將眼光投注

在他們身上，凸顯了他們清逸閒適的幽情，也寄寓了遺世獨立的傲然。這可以是日治時期小鎮百姓生活形象的速寫，也可以是對生不逢時的民間隱逸高士的側錄。請看詩人筆下的釣者豈不是效法離水三寸釣魚以待聖主出的姜太公？而引水的汲者難道不是深諳源頭活水之道的智者？濯冠纓的浣者恐怕也是看透了塵世清濁而能明哲保身的高人？真是亂世多隱者，鄉間有高人啊。

在作者透過心眼觀察人情世態的同時，其實也反映出了其內心溫雅清逸的性情，以及隱居山野的嚮往。吳半樵執業市井，一生未曾擔任官職，「人品清於花上露，宦情淡似水邊鷗」[79]，或許就是他對自我情志的寫照。而望雲先生取號為「半樵」、「槑村」、「綠陰居士」，自是其內在淡泊心志的表徵。吳半樵雖是事業經營有成，詩歌中則往往以隱者自居。昭和5年（1930）隨秋風而開啟心緒的〈遣懷〉詩中瀟灑云道：

> 洗耳人間事不聞，青松為友鹿為群。莫言隱者無功果，早晚山中管白雲。

吳半樵大隱隱於市，詩中管山管雲的隱者生活，或許是身處異族殖民時期，現實與理想衝突下，詩人內心應世的態度。

吳半樵已發表作品中除了課題擊缽之外，以記遊詩較為多見。這些詩歌為作者的生命經歷提示了很好的紀錄。例如：〈甲戌題於藥定湖〉應該是一次昭和9年（1934）3月23日媽祖生日時舉行的詩會；〈春暮林內訪友〉可說呼應了吳半樵曾任職林內的經歷；民國48年的一次臺北之旅則遊賞了北投、圓山、木柵指南宮等處[80]……。而在其記遊詩中比較

79　昭和5年（1930）〈庚午吟荷〉：「芰荷花放水高秋，末座欣陪長者遊。人品清於花上露，宦情淡似水邊鷗。一編市到香山集，九畹吟成楚客愁。幸得君家還故里，好將書畫載歸舟。」見半樵遺稿。

80　〈甲戌題於藥定湖題於藥定湖甲戌天妃聖誕之日〉：「瀟瀟風雨滿池塘，白髮清尊掃葉莊。不有忘形到原汝，那能舉座盡文章。軒窗遠度雲峰影，几席平分水竹光。最是葵榴好時節，醉吟相賞畫方長。」見半樵遺稿。

〈春暮林內訪友〉：「林內停車日已斜，浮沉雲影客途遮。久遺野老家何在，細認斑芝滿樹花。」見《中華詩苑》八卷一期第21頁，民國47年7月。

〈遊北投〉：「曳杖停車入北投，青山綠水豁吟眸。杜鵑艷放紅於血，錯認桃林半日遊。」見《中華詩苑》十卷三期第21頁，民國48年9月。以下〈遊圓山〉、〈三月十日遊指南宮〉亦同。

特別的是遊覽日月潭。《臺灣日日新報》昭和 2 年（1927）10 月 14 日有一則蘭社消息的報導，內容是：

> 既報員林郡下田中蘭社諸吟友，與當地商工會幹部，以去重九日，聯袂遊日月潭。受中寮魚池分宴。是晚憩於涵碧樓。晚餐後，遊興未盡，再載舟□□[81]。夜遊至鐘鳴十二，始盡興而休焉。

原來重陽節時蘭社與商工會聯誼出遊，訪山遊湖，十分盡興，應該是一次令人難忘的旅程。日月潭美好的山光水色，令詩人心曠神怡，吳半樵寫下了〈遊日月潭〉：

> 涵碧樓為貸賦場，風流載筆駐吟裝。輪龍雲散珠潭麗，伏虎風恬石印昂。遠樹遮迷司馬案，亂峰環繞臥牛岡。蓬萊島嶼推名勝，聞說霄深夜放光。（之四）
> 一望珠潭景色幽，二三連袂入芳洲。扶槎似訪桃源洞，載酒欣乘柳葉舟。雲鎖蠻村歌斷續，月明珠嶼雨初收。老天亦解騷人思，故放蟾光壯客遊。（之五）[82]

日月潭的美馳名中外，自古為臺灣勝景的代表。詩人滿懷雅興來此山間仙境，攀山覽群壑，放舟載酒行，又能吟詩涵碧樓，聽歌明潭邊，真是好不快活！詩中所見多有清暢的閒情與歡會的暢快，足見半樵當年的快樂之旅。

　　四十年後，詩人回憶當年美好的經驗，再度執筆寫下〈四十年前遊日月潭道經頭社銃櫃〉：

> 青山環抱如城郭，萬頃高低盡插田。此地清幽塵不到，綠痕長鎖

〈遊圓山〉：「圓山鳥獸鎖樊籠，善惡分明集此中。大象訓餘高舉鼻，吼聲威震壓群雄。」

〈三月十日遊指南宮〉：「指南宮裡把香焚，受吃清齋口尚芬。為愛老僧重聚首，幾多離思寄浮雲。」（其一）、「驅車輅眷上山門，樹色嵐光幻綠雲。一片仙源風景好，漫遊勝地絕塵氛。」（其二）

81　《臺灣日日新報》影本文字漫滅難辨。

82　首見昭和 15 年 12 月編《瀛海詩集》第 247 頁錄〈遊日月潭〉一首。又《瀛海吟草》人集（民國 42 年 2 月）第 18 頁錄〈遊日月潭〉五首，《瀛海詩集》所錄者為其之五，文字有二異：第五句《瀛集》之「壺」字，《瀛草》作「蠻」字；第六句《瀛集》之「江畔」字，《瀛草》作「珠嶼」字。以二者所錄該詩題目無異、內容大同，且《瀛集》所收多為摘錄，故暫擬將《瀛草》所錄五首詩視若早年所作原詩，一併論述。

一湖天。（之一）

攬登山路認羊腸，夾背征衣汗一場。歸思不辭千里遠，強扶藜杖
望家鄉。（之二）[83]

詩人歷經四十年之後依舊念念不忘的，似乎仍是日月潭出塵清綠的
山水美景，以及跋山涉水的辛勞體驗。說日月潭令詩人驚豔，應該不為
過吧！

如果走訪他鄉尋勝是一種探險，那麼親訪故鄉古剎，應該會多一些
溫馨柔美的感覺。吳半樵有〈春日遊普興寺〉一首，所寫正是其在地的
勝景：

普興寺外駐吟軀，放眼青山似畫圖。芳徑草迷裙展綠，桃林花襯
馬蹄朱。梵經聽罷塵心靜，鬥酒頻傾俗慮無。為愛老僧同嘯傲，
共敲佳句玉成珠。[84]

位於八卦山麓的普興寺（今仍在田中山腳路上）幽靜地座落於絕塵的山
林間，青燈古佛悠悠世，暮鼓晨鐘渺渺音。多少鄉親或旅人至此，彷彿
都能感受到它無聲的洗禮，滌濾俗務。詩歌中以寺外清光瀰漫的的春景，
映襯了詩人心中的歡喜愉悅，享有如此的良辰與美景，而後的聽經、鬥
酒、吟句……，也就無一不成賞心樂事了。

吳半樵的詩歌大體上風格清雅，韻味閒逸，在蘭社詩人當中別具一
番清韻。雖然他以書畫技藝營生，然而他淡泊自適的心志，使他在匠師
的外表下，尚能保有一些內在可貴的文人情懷。即使遭遇生活的磨難，
依然如此。

（三）呂碧銓[85]

碧峰山人呂碧銓生於日治憂患之時，長於臺島板蕩之世，既目見漢
學興衰之遞變，又親體文化傳承之艱難。一生之志趣以詩為首，一身之

83　見《中華詩苑》三卷五期　第 18 頁，民國 45 年 5 月。

84　見《詩文之友》六卷四期第 5 頁，民國 45 年 12 月。

85　詳林翠鳳〈呂碧銓詩學淺探〉，《東海大學圖書館館訊》新 106 期，頁 42-55。2010 年 7 月。

遊歷以詩為最。縱然世音滔滔，仍才貫筆端華藻，奪金不落人後；即今年耄力遲，而詩篇蜂出依舊，毀譽無擾其心。詩人之執著處，亦詩人之可愛可敬處。

碧峰山人屹立詩壇數十年，素以「捷才」著稱[86]，「當吾等尚在為作出一首詩而意窮詞枯之際，碧銓兄即有可能已作好十幾首」[87]，作詩既速且工，成為碧峰山人留給詩壇最具特色的印象。其金牌獎狀紛至若探囊，早已「超乎千面」，擊缽詩壇幾乎無人不識其盛名，紛以「魔才、巨擘、強打者」稱譽之[88]。其五大冊集合計達7600餘首詩歌，可以說：古典詩是碧峰山人的生命語言。而如此巨量，且均刊行者，是蘭社百年歷史中詩作出版數量最大者。

呂碧銓歷年詩作主題，可謂包羅萬象，而以詩壇紀盛、唱酬擊缽、社會時事、記遊攬勝等最為顯著。閱其詩集反映出的寫作意義，可概括為四項：

1、臺灣詩壇發展的見證文獻

碧峰山人親身參與臺灣詩壇一甲子以上，常隨詩壇事務而作，或誌慶、或述事，此類雖不免應酬之意，亦乃臺灣詩界的見證。如：〈中縣詩學研究會週年紀慶〉、〈基隆市詩學研究會成立誌盛〉、〈彰化縣國學研究會成立〉、〈臺南縣國學研究會成立〉[89]……等，一時之間似乎古典詩蔚然成風。實則：《碧銓吟草》收錄作者1962～1986年間作品，此時正是大陸文化大革命年代，臺灣政府因此提倡中華文化復興運動以挽狂瀾，並禁止人民團體以「社」為名。臺灣原有的許多詩社紛紛另起「會」名或改組。《碧銓吟草》正是此一時期的見證。

86　如：陳木川〈碧銓吟草下集序〉謂其「作詩敏捷」、黃宏介〈碧銓吟草下集序〉讚其「向有捷才七步之譽」、吳登神〈碧銓吟草序〉嘆其「詩才敏」、魏嘉亨〈碧銓吟草第五集序〉稱其「手具八叉、才高七步」等。

87　吳錦順〈序〉，《碧銓吟草第五集》頁3。

88　以《碧銓吟草下集》為例，陳木川〈序〉讚為「魔才」、許漢卿〈序〉稱「巨擘」、魏嘉亨〈跋〉稱「強打者」。見頁4、5、312。

89　見《碧銓吟草》53、176、208、200。

　　1987 年 7 月 15 日臺灣解嚴之後，正名運動掀起狂潮，詩壇也興起了復社正名行動。解嚴後出版的《碧銓吟草下集》與《碧銓吟草第五集》中清楚地寫下〈中國詩人文化會正名〉、〈香草吟社成立〉、〈詩吟 祝文開詩社復社〉[90] 諸作，反映出詩社變遷史。

　　2、一題多作的奇構彙編

　　碧峰山人嫻熟於擊缽、課題、徵詩等，戰果輝煌，興賢吟社社長陳木川曾譽為「金牌儲滿屋，獎狀掛三間，字畫疊數堆」[91]。筆者親訪其家宅時，亦正是探臂所及，櫃櫥滿是金獎；觸目所見，門壁無非龍鳳。而《臺灣新生報》也曾報導：「一小時能作十五、六首絕句，或八、九首律詩，於全國詩人聯吟大會依次恒奪十餘面金牌。」[92] 一題多作之捷巧，是呂碧銓讓人印象深刻的一大特長。

　　五巨冊詩集中收錄一題多作的詩歌聯對，佔整體比例頗高，以一題2-9 首詩作為最常見，而一題高達三十作以上者也頗多見。如：〈憂勞興國〉、〈北安宮濟世三二〇年〉一題卅四作；〈麗澤吟社創立滿六十週年誌慶〉一題卅三作；〈日月潭文武廟攬勝〉、〈宣平宮醒覺堂開堂五十週年喜賦〉一題卅作等。凡此連篇，遣詞多平易，用典適切。用韻多為寬韻，然亦可見險韻（江韻）[93]，而此竟是一題卅四作的〈憂勞興國〉，展現其過人的詩才。

　　3、社會變遷的歷史見證

　　《碧銓吟草》的出版，正是臺灣解嚴前一年，詩集中處處仍可見戒嚴時期的特色主題，如：〈恭祝蔣總統八六華誕〉、〈響應十大建設〉、〈鼓吹中興〉[94] 諸作，是具有濃厚時代氛圍的題材。

90　見《碧銓吟草第五集》頁 33、63、84。

91　轉引自賴憲平〈序〉，《碧銓吟草》頁 1。

92　見吳錦順〈碧銓吟草序〉，《碧銓吟草》頁 3。

93　平聲韻依寬窄可分為四類：1. 寬韻：支先陽庚尤東真虞。2. 中韻：元寒魚蕭侵冬灰齊歌麻豪。3. 窄韻：微文刪青蒸覃鹽。4. 險韻：江佳肴咸。參張夢機《古典詩的形式結構》，板橋：駱駝出版社，1997，頁 54。

94　見《碧銓吟草》頁 104、54、150。

　　此外，社會大事亦常入詩，如〈核能四廠興建爭議〉、〈六輕與雲林〉、〈產業外移〉[95]等，呈現了經濟與環保拉鋸的爭議年代；〈哀空難〉是天災人禍的痛苦記憶；〈三月雪〉具體報導了地球氣候變異的憂慮；〈八卦山隧道〉、〈資源分類回收〉[96]是重要的政策與建設，凡此都是臺灣社會變遷的歷史見證。

　　4、生活經歷的遊歷筆記

　　碧峰山人喜遊歷，海內外記遊詩作甚多。如：〈東南亞紀遊〉系列23題28詩[97]、〈巴里島紀遊〉系列21題31詩、〈桂林澳門紀遊〉系列17題21詩[98]，凡此連章紀行，首尾有序，依次相連，能完整呈現旅遊內容與心境。

　　特別是詩人伉儷情深，所至皆儷影雙雙。夫人魏女士賢淑溫良，每每陪同出席各地吟會，一直是令人稱羨的騷壇吟侶。而詩人旅遊海內外，夫人隨侍相伴，恰似比翼齊飛之仙眷，〈偕妻行〉一首最顯其偕妻同行的歡喜，詩曰：「東南之旅喜妻偕，問俗觀光樂靡涯。日日起居憑照顧，伴遊山水爽吟懷。」[99]平實懇切中透露出濃厚深摯的夫妻真情，歡喜中心懷感謝，足以動人心弦。

　　呂碧銓接受筆者訪問時，曾一再謙稱己作多草草，難登大雅。然引其師長對他的教誨，曰：「讀詩千首，不作自有。」強調作詩之法無他，唯有「多讀多作而已！」他以自己為例，除熟讀四書經典之外，需多涉獵「外冊」，即不同學門、不同領域的書籍。其意在擴大常識，增加見聞，為詩方能旁徵博引，迭出創意。而一題多作的基本要訣，在於深入掌握題意內涵，條疏幽微。[100]此肺腑之言，經驗之談，足為後輩珍視學習之。

95　見《碧銓吟草下集》頁83、97、82。
96　見《碧銓吟草第五集》頁68、70、83、76。
97　見《碧銓吟草》頁76-79。
98　見《碧銓吟草下集》，〈巴里島紀遊〉頁60-64、〈桂林澳門紀遊〉頁76-78。
99　見《碧銓吟草》頁77。
100　呂碧銓先生接受筆者訪問紀錄，2010年5月24日。

六、結論

蘭社是一個百年老詩社，它的存在凸顯了田中地區詩歌人文環境的悠久性，也擴充了在地文化的豐富性。田中蘭社詩人群展現出對漢文學自發性的文化行動力，在臺灣一隅鋪陳出在地的文學結盟，藉此默默傳承著傳統文學的火種，而呈現出動人的文化光環。臺灣文學並不是只有連橫、賴和……等菁英作家，真正讓臺灣地區展現出驚人文化活潑性的，是根源於普遍存在於各鄉鎮村里的市井文人們。以詩歌作為交流主體，編織出區域文學火花，也成為開拓區域文化中最重要角色。詩歌文化的關懷成為地區文人組織的窗口，也是團結民族情感的共同依據。

蘭社以課題、擊缽為最常見的活動，此雖常被視為小道，但日治時期小鎮士人藉此以傳承漢文化於不墜，其功大矣；藉此抵抗大和民族強勢的同化政權，其效果可觀；即使藉此雅會聯誼，其促進地方和諧亦功不可沒。在臺灣社會的文化抗日大業中，田中地區文人勇於作為，不落人後。蘭社甚至在割臺後的第八年即早已成立，可謂是詩社成立風潮中的一員前鋒，誠屬難得。這是田中小鎮歷史中精彩的一頁。

雖然蘭社歷史悠久，社課活動不少，可惜卻始終未曾結集成冊。曾經是蘭社一員的黃溥造在主持興賢吟社後，有計畫地選錄社員優秀作品，於昭和9年（1934）屆滿百期後，輯編為《興賢吟社百期詩集》，類似如此珍貴的資料，在蘭社本身是未見的。因此現今所能見到蘭社社課活動的作品或相關資料，除了尋訪耆老，搜求文物，大多也就只能求之於當時期刊報紙等的刊載。但除非詩人個人有另行結編或收存，否則大多數已知社員的作品也必須從各類期刊雜誌中搜尋。這樣的情形在許多傳統詩社上，恐怕也是相當常見的現象。臺灣早期文學的缺乏與零散，顯然是整理地區文學史的一大挑戰。而這也凸顯了臺灣文學在地史料基礎研究不足的缺點，以及文史田野調查的必要與迫切了。

至於日治時期及光復後初期各式期刊報紙等刊物，前者緣於殖民政府高壓的新聞與出版管制政策，當時代的經營本已不易，受制於敏感的

政治，也難以完整保存；國府遷臺初期時局動盪不安，二二八事件、白色恐怖等事件株連甚廣，致使民心惶惶，人人唯恐惹禍上身，噤若寒蟬；連帶的經濟衰退，市井百姓困於生活艱難，無力顧及文化保護，臺灣文獻在此綿長的時間裡，始終無法得到的妥善保存，常有缺漏不全。再者，已經公開或存世的期刊報紙常不易查閱，也減低其使用效率。雖然政府部門已經有不少檔案資料數位化的成果，而如果能擴及日治時期期刊報紙全面數位化的進行，公開提供各界使用，仿效日本《讀賣新聞》將明治、大正以來所有已出版的新聞內容製作製成光碟，提供線上查閱 [101]，勢將大大裨益於資料的搜察。期刊報紙數位化對於反映早期各區域文學活動的內容，特別是小區域的文學，將可以具有一日千里的巨大貢獻，而整體臺灣文學史的建構也必將能因此得到更完整的充實。尤其在臺灣文學研究者經常慨嘆文獻不足、臺灣區域文學史寫作呼聲漸高、訴求臺灣文學認知普及化的現在，早期重要期刊文獻數位化的工作，是益發顯得具有積極性的需要了。

　　近年來臺灣文學系所相繼成立，這是可喜之事，而今國立臺灣文學館亦已成立，更是可賀。在此同時，其實更凸顯了建構臺灣文學史料學的迫切需要。文學史料的充分掌握，也才能提供文學研究的可能性，而透過文學文獻的及早整理，文學史的建立也才能確立高度可信的基礎。如果缺乏在地本體文獻寬廣而紮實的彙整，僅以少數已知菁英與世界接軌，其內涵恐怕顯得空虛，其基礎也將是薄弱的。因此，透過大學院校當中臺灣相關系所的資源，強化文學文獻整理的基礎探討，建構未來高深研究的廣博基礎，其內在肌理將可更加綿密有力，則曾被視為邊陲文學的臺灣文學，也將更加獨立發光發熱，可長可久。

【本文原載《東海中文學報》第 16 期，2004 年 7 月。】

101　見「讀賣新聞網」，網址 :http://www.yomiuri.co.jp/cdrom/index.htm。

附錄一、田中蘭社年表

明治 28 年（1895）

【田中記事】

陳紹年任東螺東堡保良局長。

【社會記事】

6 月 7 日日軍攻佔臺北城。

6 月 17 日臺灣總督府舉行始政典禮。

明治 29 年（1896）

【田中記事】

陳紹年任雲林紳董公議總局局長，扈從臺中旅團長，伐柯鐵有功。

【社會記事】

6 月 14 日雲林柯鐵舉兵抗日。

12 月 5 日簡義歸順。

嘉義茗香吟社成立。

明治 30 年（1897）

【田中記事】

陳紹年受勳六等瑞寶章、5 月受紳章，並任北斗辦務署參事。

【社會記事】

鹿港、苑裡鹿苑吟社成立。

明治 31 年（1898）

【田中記事】

沙仔崙水災、火災紛至。

【社會記事】

6 月臺北舉行饗老典。

臺北玉山吟社成立。

章太炎來臺主編《臺日報》漢文欄。

明治 32 年（1899）

【田中記事】

沙仔崙水火災續至。

【社會記事】

3 月、10 月兒玉總督舉行揚文會、饗老會，並親臨。

明治 33 年（1900）

【田中記事】

設置彰化支廳沙仔崙支署（今田中舊街），為田中建鎮之始。

臺灣鐵路通車，設置田中央站。

【社會記事】

3 月 15 日兒玉總督在淡水舉行揚文會。

12 月兒玉總督在鳳山舉行饗老典。

明治 35 年（1902）

【田中記事】

陳紹年薦任彰化廳沙子崙區街庄長、彰化廳參事。

【社會記事】

霧峰櫟社成立。

明治 36 年（1903）

【蘭社記事】

彰化田中蘭社創社。（暫定）

【田中記事】

陳景崧生。

明治 37 年（1904）

【田中記事】

陳紹年任彰化廳田中央區庄長。

【社會記事】

鹿港拔社成立。

澎湖澎湖吟社成立。

明治 39 年（1906）

【田中記事】

二八水公學校田中央分教場成立授課。

【社會記事】

臺南南社成立。

明治 42 年（1909）

【田中記事】

陳紹年任彰化銀行監察役、北斗製糖公司監察役、田中央區長。

【社會記事】

10 月 25 日變更地方制度，原 20 廳減為 12 廳。

臺北瀛社成立。

嘉義羅山吟社成立。

明治 44 年（1911）

【蘭社記事】

4 月 28 日《臺日報》刊登蘭社詩壇，詩題〈花朝〉。湘讀評選，獲選者黃溥造、林水盛、張四周、陳乃青，苗勁甫、魏國楨、林建中、張玉璇、吳望雲、陳鴻苗、謝若能。

5 月 1 日《臺日報》刊登蘭社擊缽吟作品，詩題〈午夢〉〈晚釣〉〈晚粧〉〈□烟〉〈□窗〉〈剪刀風〉〈曹操〉〈悟空〉〈田中央竹枝詞〉。湘讀、黃溥造評選。

【田中記事】

陳紹年任彰化銀行監察役、北斗製糖公司監察役、田中央區長。

【社會記事】

3 月 3 日梁啟超受櫟社邀請訪臺。

10 月 10 日辛亥革命成功。

10 月 25 日變更地方制度，原 20 廳減為 12 廳。

乃木希典逝世。

明治 45 年（1912）

【蘭社記事】

6 月 15 日陳紹年、魏國楨、黃溥造應邀參加霧峰萊園櫟社創立十週年紀念大會。

【社會記事】

1 月 1 日中華民國成立。

7 月 30 日明治天皇崩。

北斗螺溪吟社成立。

大正元年（1912）

【蘭社記事】

《臺日報》刊登：11 月 26 日魏國楨寄書言蘭社詩人皆有事，無法赴瀛社大會，寄書一首祝顏雲年新屋落成。

大正 2 年（1913）

【蘭社記事】

櫟社舉辦全臺徵詩競賽活動，田中央陳紹年、魏國楨、林建中均獲選。

大正 3 年（1914）

【蘭社記事】

陳紹年參加鹿江詩會甲寅第 11 期課題〈寒鴉〉。

【田中記事】

分教場獨立，更名為田中央公學校。

【社會記事】

鹿港鹿江詩會成立。

臺中南屯犁江吟社成立。

宜蘭仰山吟社成立。

大正 4 年（1915）

【蘭社記事】

陳紹年、魏國楨參加鹿江詩會乙卯第 1 期課題〈春燕〉。

【田中記事】

4 月陳紹年卒，享年 63 歲。

吳望雲參與建設田中驛前市街地。

【社會記事】

2 月 3 日公立臺中中學校核准成立。

8 月 3 日余清芳事件。

大正 5 年（1916）

【蘭社記事】

黃其文參加大城鄉大成吟社慶賀施讓甫夫子結婚紀念徵詩入選，詩題〈王雎鳥〉、〈藍田種玉〉。

【社會記事】

屏東礪社成立。

大正 6 年（1917）

【田中記事】

許屋開設精軒醫院。

蕭敦仁受紳章褒揚。

吳望雲任田中興業株式會社監察役。

【社會記事】

鹿港大冶吟社成立。

苗栗天香吟社成立。

彰化古月吟社成立。

彰化新滑稽詩社成立。

南投南陔吟社成立。

彰化崇文社成立。

大正 7 年（1918）

【田中記事】

清水巖重修，地方人士紛紛贊助，包括：蕭敦仁、魏國楨、陳芳輝等。

【社會記事】

連橫完成《臺灣通史》。

清水鰲西吟社成立。

第一次世界大戰結束。

大正 8 年（1919）

【田中記事】

陳坤輝任保甲聯合會長。

【社會記事】

5 月 4 日中國發起五四運動。

西螺芸社成立。

大正 9 年（1920）

【田中記事】

蕭敦仁任田中庄長。

魏國楨任田中庄助役。

清水岩重修完工，立「清水巖重修紀念碑」。今存。

【社會記事】

7 月《臺灣青年》創刊。

7 月 27 日地方行政重劃為五州二廳。

西螺葵社成立。

高雄旗津吟社成立。

大正 10 年（1921）

【田中記事】

魏國楨任田中信用組合監事。

田中央公學校更名為田中公學校。

【社會記事】

彰化二林香草吟社成立。

臺東寶桑吟社成立。

10 月 17 日臺灣文化協會成立。

大正 11 年（1922）

【田中記事】

蕭敦仁始任臺中州協議會員（至昭和 4 年）。

【社會記事】

4 月 1 日開始實施臺日共學制。

臺北天籟吟社成立。

鳳山鳳岡吟社成立。

彰化大城鄉大城吟社成立。

大正 12 年（1923）

【蘭社記事】

《臺南新報》報導 12 月 8 日（土曜日）下午二時頃邀臺中王竹修等吟侶暨社員共廿餘人於魏國楨別業開擊鉢吟會，首擬題〈曝書〉，限魚韻；次擬題〈看劍〉，限寒韻。參加人士有臺中市黃爾旋、黃爾竹、陳雪滄、邱石莊、王竹修、王了庵等十餘人。社員魏國楨、蕭敦仁、許屋、黃其文、陳坤輝、陳芳輝、謝若能、吳望雲、郭涵光、蘇子聰、林建中、陳景崧。

【社會記事】

2 月 9 日顏雲年去世。

3 月 10 日總督府任命臺中州楊吉臣、新竹州鄭拱辰為府評議委員。

4 月 13 日日本太子抵臺視察。

4月15日《臺灣民報》在東京發刊。

彰化白沙吟社成立。

大正13年甲子（1924）

【蘭社記事】

《臺南新報》報導元月上旬召開庄協議會。

【田中記事】

魏國楨任田中庄協議會員。

乾德宮重修完成。

【社會記事】

4月21日張我軍發表〈致臺灣青年的一封信〉。

3月1日治警事件。

大正15年（1926）

【田中記事】

田中糖廠設立。

陳時英出生。

【社會記事】

彰化員林興賢吟社成立。

臺中怡社成立。

昭和2年（1927）

【蘭社記事】

8月16日《臺日報》報導：蘭社林建中、魏福等邀集謝清光、魏國楨、吳望雲、謝若能、許屋、陳坤輝、黃其文等人共議重開蘭社活動，並正準備中。

《臺日報》報導：8月28日田中林建中邀集魏福、魏國楨、謝若能諸吟友參觀二林詩社，二林詩友米商翁廷泉、公醫翁廷瑞、許秦熱情接待，並遊沙山海水浴場。

8 月陳長庚訪吳半樵。

《臺日報》報導：9 月 9 日蘭社吟友與商工會幹部聯袂遊日月潭，憩於涵碧樓。

《臺日報》報導：10 月 8 日興賢吟社假永靖生春醫院樓上召開例行擊鉢吟會，蘭社等諸社友數十名與會。

《臺日報》報導：12 月 15 日黃其文、魏國楨北上。

【田中記事】

《臺日報》報導：8 月 28 日田中庄市街完工。

《臺日報》報導：10 月 10 日僑民休業祝雙十節，華僑代表蔡及第、田中商工會長謝清光、庄長蕭敦仁等先後致詞，並聚餐於田中樓。

《臺日報》報導：10 月 1 日起田中庄役場分區輪流實行大清潔日。

吳望雲任林內自動車株式會社重役。

【社會記事】

8 月 10 日《臺灣民報》在臺灣發行。

鹿港聚鷗吟社成立。

苗栗栗社成立。

昭和 3 年（1928）

【蘭社記事】

《臺日報》報導：隆德漢藥行主人黃其文擬於中旬為商務遊大陸，蘭社擬於半樵居送別吟筵。

《臺日報》報導：6 月 23 日黃其文歸梓，吟友在集英樓為開洗塵宴。

5 月 9 日《臺日報》報導：贊天宮徵聯評選結果揭曉。評選者羅蕉麓氏。紀念品寄附者蕭敦仁、謝清光、曾炳垣、黃其文。獲選者竹塘蘭隱、北斗郭涵光、新竹葉啟聰、臺中江烈文、臺中王竹險、田中陳坤輝、竹塘許稼秋、臺中王竹修、內灣曾炳垣、田中許精軒、田中吳望雲、田中謝若龍、新化王則險、基隆李石鯨、北斗郭涵光、田中翁汝登、新竹張息六、臺南謝紹楷、新竹吳蔭培。

【田中記事】

《臺日報》報導：3 月 30 日田中商工協會代表蕭敦仁、謝清光、陳坤輝、翁廷泉、黃其文等出席屏東全島實業大會。後赴鵝鑾鼻方面視察。

【社會記事】

3 月 17 日臺北帝國大學創校。

昭和 4 年（1929）

【蘭社記事】

《臺日報》報導：3 月 11 日開春季吟會於仁安堂樓上，公推魏國楨任社長，並由魏氏指名林建中、吳望雲、許精軒、黃其文、陳坤輝諸氏為幹事。並擊缽，擬題〈春燕〉。詞宗許存德、郭涵光。社員陳坤輝、黃其文等多人。左右元皆魏國楨。

《臺日報》報導：6 月 23 日興賢吟社、蘭社、螺溪吟社三社聯合吟會，本月由興賢值東。三社社員暨彰化施梅樵、臺中兩三吟友共襄盛舉。

《臺日報》報導：7 月 27 日午後一時至九時興賢、蘭社、螺溪三社聯吟，本次由蘭社主催，假吳望雲半樵居開會，擬題〈水車〉。詞宗蔡子昭、吳步初。社長魏國楨、社員吳望雲等共吟友計 36 人。

《臺日報》報導：10 月 27 日興賢、蘭社、螺溪聯吟，本次由蘭社主催，假吳望雲半樵居開會。

【田中記事】

3 月 27 日《臺日報》報導；田中南投間乘合車株，傳為謝清光、陳恆仁分配不均風波，將開庄民大會。

4 月 8 日《臺日報》報導：田中、南投間車路擬於近日開通。

10 月 31 日《臺日報》報導：田中驛長小方鳳作倡設共同詰所，並將改建鐵道倉庫。

10 月 31 日《臺日報》報導：謝清光倡辦全臺謝姓宗親會並籌建謝氏祠堂。吳半樵書畫新竹書畫精益會入選。

【社會記事】

3 月 29 日《臺灣民報》更名《臺灣新民報》。

4 月 2 日《臺日報》報導中國畫家李霞來北。

臺中東墩吟社成立。

鹿港鐘樓吟社、芸香室吟社立。

昭和 5 年（1930）

【田中記事】

建神社於東邊山腰，即鼓山寺前身。

呂碧銓出生。

昭和 9 年（1934）

【蘭社記事】

中部聯吟大會春季擊缽吟次唱，魏國楨與鹿港施梅樵分任左右詞宗。

【社會記事】

曾笑雲編《東寧擊缽吟前集》出版。

臺中中州敦風吟會、萍社成立。

昭和 10 年（1935）

【蘭社記事】

2 月 10、11 日中部聯合吟會主辦臺灣全島聯吟大會，蘭社三名社員出席。

《詩報》6、7 月刊登興賢吟社課題〈春望〉、〈詩囊〉，詞宗魏國楨。

【田中記事】

吳半樵於臺中州美術展覽會獲賞特賞。

【社會記事】

9 月 6 日《三六九小報》停刊。

4 月 21 日新竹、臺中「關刀山大地震」。

昭和 11 年（1936）

【蘭社記事】

《詩報》8 月刊登興賢吟社課題〈竹樓聽雨〉，魏國楨、吳半樵獲選。

【社會記事】

彰化和美道東吟社成立。

豐原富春吟社成立。

埔里櫻社成立。

昭和 12 年（1937）

【田中記事】

吳半樵書畫臺灣中部書畫協會入選。

【社會記事】

9 月 29 日《風月報》發行。

4 月漢文書房強制廢止。

昭和 13 年（1938 戊寅）

【蘭社記事】

2 月 1 日《詩報》刊登蘭社課題〈除夕〉作品。左右詞宗魏國楨、陳緝銘。獲選者有林建中、陳景崧、陳潔如、陳雲鵬、陳近鶴、陳志銘、賴再益、翁汝登、曾丙垣。

4 月 2 日《詩報》刊登蘭社課題〈春雨〉作品。左右詞宗魏國楨、陳緝銘。獲選者有陳雲龍、陳潔如、賴再益、蕭清源、吳半樵、高有忠、蕭南、陳雲鵬、陳傳義、許成章。

4 月 17 日《詩報》刊登蘭社課題〈採茶女〉作品。左右詞宗陳緝銘、魏國楨。獲選者有陳雲鵬、翁汝登、陳傳義、曾炳元、吳半樵、蕭清源、高有忠、陳雲龍、許成章、賴再益、陳潔如。

5 月 3 日《詩報》刊登蘭社課題〈花下美人〉作品。左右詞宗魏國楨、陳緝銘。獲選者有陳傳義、許成章、陳雲鵬、陳雲龍、曾丙垣、陳潔如、蕭清源、吳半樵。

5 月 22 日《詩報》刊登菱香社課題〈美人關〉作品。田中陳坤輝、陳雲龍、陳雲鵬、陳潔如、曾丙垣獲選。

6 月 1 日《詩報》刊登菱香社課題〈廣寒宮〉作品。左右詞宗魏國楨、陳緝銘。獲選者有陳雲龍、蕭南、呂錦連、賴再益、吳半樵、曾炳元、陳潔如、蕭泗川、蕭清源、陳傳義。

6月1日《詩報》刊登菱香社課題〈金錢關〉作品。陳坤輝二首分得左一附評、右一；陳雲龍得右六。

6月16日《詩報》刊登蘭社課題〈初夏〉作品。左右詞宗陳緝銘、林建中。獲選者有魏國楨、吳半樵、陳傳義、陳雲龍、賴再益、蕭清源、蕭南、曾炳元。

7月4日《詩報》刊登蘭社課題〈飛行機〉作品。左右詞宗魏國楨、陳緝銘。獲選者有耕雲、陳雲鵬、陳潔如、蕭清源、魏國楨、陳傳義、翁汝登、曾炳元、蕭南、蕭泗川、蕭清源、曾應州。

8月18日《詩報》刊登蘭社課題〈晚釣〉作品。左右詞宗魏國楨、陳緝銘。獲選者有翁汝登、陳雲鵬、陳潔如、陳傳義、林建中、蕭南、謝文慶、賴再益、翁啟勳、吳半樵、曾應州。

【田中記事】

吳半樵書畫臺灣中部書畫協會入選。

秋，曹秋圃訪吳半樵。

【社會記事】

5月3日總督府宣布臺灣實施國家總動員法。

昭和 14 年（1939）

【蘭社記事】

1月21日《詩報》刊登蘭社課題〈早梅〉作品。左右詞宗陳緝銘、魏國楨。獲選者有陳景崧、陳潔如、許精軒、陳雲鵬、林建中、曾炳元、陳志銘、曾炳元、陳傳義、翁汝登、陳近鶴、卓春生、陳武輝。

2月4日《詩報》刊登蘭社課題〈禦寒〉作品。左右詞宗陳緝銘，吳半樵。獲選者有翁汝登、陳潔如、吳半樵、謝文慶、賴再益、陳雲鵬、蕭清源、陳傳義。

3月18日《詩報》刊登蘭社課題〈水仙花〉作品。左右詞宗郭涵光、魏國楨。獲選者有許精軒、陳潔如、陳景崧、陳有齊、翁啟勳、陳雲鵬、陳婉貞、吳半樵、曾炳元、賴重謙、蕭清源、陳傳義。

4月1日《詩報》刊登蘭社課題〈春山〉作品。左右詞宗陳緝銘、魏國楨。

獲選者有陳景崧、許精軒、陳雲鵬、蕭清源、吳半樵、翁汝登、林建中、陳志銘、陳雲鵬、曾炳元。

7月4日《詩報》刊登蘭社課題〈新柳〉作品。左右詞宗郭涵光、右魏國楨。獲選者有曾炳元、吳半樵、陳潔如、翁啟勳、陳雲龍、陳傳義、陳雲鵬、賴重謙。

【社會記事】

彰化應社成立。

昭和 16 年（1941）

【蘭社記事】

《詩報》刊登蘭社課題〈人影〉作品。左右詞宗施梅樵、陳緝銘。獲選者有陳傳義（建安）、陳雲鵬、曾炳元、陳瀠志、林建中、陳飛龍、賴呈芳、黃氏春美。

4月2日《詩報》刊登歡迎春美女史擊缽錄，詩題〈女詩人〉作品。左右詞宗翁汝登、許精軒。獲選者有蕭氏春美、翁汝登、蕭南、許氏金鑾、曾炳元、許精軒、蕭清源、陳氏錦容、陳景崧、曾思陶、陳氏婉貞。

【社會記事】

12月7日太平洋戰爭爆發。

豐原敦山吟社成立。

民國 34 年（1945）

【田中記事】

蕭敦仁擔任首任鎮長。

許屋任田中衛生所首任主任。

【社會記事】

10月臺灣光復。

民國 38 年（1949）

【蘭社記事】

蘭社復社，推陳緝銘為社長，吳半樵為副社長，呂碧銓為總幹事。
【社會記事】
2 月 4 日實施三七五減租。
5 月 20 日省主席陳誠宣佈臺灣地區戒嚴。

民國 40 年（1951）

【田中記事】
首次實施鎮長民選，陳根當選第一屆鎮長。
許屋擔任第一屆鎮民代表會主席。

民國 41 年（1952）

【蘭社記事】
12 月田中央蘭社課題。
【社會記事】
10 月 31 日蔣經國成立救國團。

民國 42 年（1953）

【蘭社記事】
11 月《詩文之友》刊登復興第一期課題〈夏雨〉作品。左右詞宗陳緝銘、吳半樵。獲選者有陳景崧、蕭泗川、曾炳元、呂碧銓、許精軒、蕭清源。
【田中記事】
2 月陳能致宏光醫院開業。
【社會記事】
1 月 26 日「實施耕者有其田條例」公佈施行。
《詩文之友》創刊。
鹿港半閒吟社成立。

民國 43 年（1954）

【蘭社記事】
3 月《詩文之友》刊登蘭社課題〈中秋月〉作品。左右詞宗緝銘、半樵。

獲選者有曾炳元、陳緝銘、蕭清源、呂碧銓、許精軒、陳景崧。

5月《詩文之友》刊登蘭社課題〈冬日登山〉作品。左右詞宗黃鏡軒、楊笑儂。獲選者有陳景崧、陳能致、陳緝銘、曾炳元、呂碧銓、許精軒、陳雲鵬。

7月《詩文之友》刊登蘭社課題〈初秋〉作品。左右詞宗陳緝銘、吳半樵。獲選者有陳雲鵬、陳緝銘、曾炳元、蕭清源、陳景崧。

10月《詩文之友》刊登蘭社課題〈除夜〉作品。左右詞宗溥造、笑儂。獲選者有碧銓、玉衡、能致、炳元。

11月《詩文之友》刊登蘭社課題〈春山〉作品。左右詞宗溥造、笑儂。獲選者有景崧、精軒、玉衡、半樵、傳義、能致。

12月《詩文之友》刊登蘭社課題〈竹夫人〉作品。左右詞宗陳緝銘、吳半樵。獲選者有炳元、泗川、碧銓、半樵。

【社會記事】

12月3日簽署「中美共同防禦條約」。

本年度開始實施大專聯考。

民國 44 年（1955）

【蘭社記事】

2月《詩文之友》刊登蘭社課題〈初夏〉作品。左右詞宗黃溥造、吳半樵。獲選者有呂碧銓、蕭世雄、蕭四川、陳能致。

5月《詩文之友》刊登蘭社第16期徵詩。左詞宗張昭芹、右詞宗吳紉秋。

12月《詩文之友》刊登賀曾炳元新居暨逢七旬徵詩啟事。呂碧銓等

民國 45 年（1956）

【蘭社記事】

4月《詩文之友》刊登螺溪吟社主辦彰化縣聯吟大會，吳半樵獲選左八右廿三。

8月《詩文之友》刊翁汝登八十大壽賀詩多首。有翁道南、翁廷泉、翁廷淼、翁啟煊等親友之作。

10 月曾炳元新居落成暨七旬榮慶。

12 月蘭社曾炳元先生徵詩小集出版發送。

【蘭社記事】

12 月 1 日臺灣省政府遷往中興新村辦公。

林獻堂逝世。

民國 46 年（1957）

【蘭社記事】

2 月《詩文之友》刊登「宿望永昭錄」悼念林獻堂去世，有蘭社社員吳半樵、曾炳元、陳傳義、陳能致、曾思陶、呂碧銓等作。

同月彰化縣冬季詩人聯吟大會，陳傳義與之。

3 月《詩文之友》刊登蘭社第 31 期徵詩。

7 月《詩文之友》刊登丁酉詩人節自由中國詩人大會作品。有吳半樵等作。

民國 48 年（1959）

7 月《詩文之友》刊登春季北中部十一縣市聯吟大會。有呂碧銓等。

民國 52 年（1963）

曾炳元去世。

民國 54 年（1965）

吳半樵去世。

民國 63 年（1974）

【蘭社記事】

主辦中部四縣市詩人大會。社長呂碧銓暨蘭社社員等全力以赴。

民國 65 年（1976）

【社會記事】

中華民國傳統詩學會成立。

民國 85 年（1996）

【蘭社記事】

夏，呂碧銓《六六書懷唱和集與碧銓吟草懷念篇》出版。

民國 88 年（1999）

【蘭社記事】

呂碧銓《碧銓吟草》出版。

民國 89 年（2000）

【蘭社記事】

呂碧銓《碧銓吟草中集》出版。

民國 91 年（2002）

【蘭社記事】

5 月呂碧銓《碧銓吟草下集》出版。

民國 92 年（2003）

【社會記事】

9 月 29 日林翠鳳〈田中蘭社百年史－－一個區域文學史的史料建構〉於國史館臺灣文獻館主辦九十二年度臺灣史學術研討會發表，獲得與會人士熱烈的迴響與鼓舞。

民國 99 年（2010）

【蘭社記事】

5 月〈呂碧銓詩學淺探〉於《東海大學圖書館館訊》新 106 期刊登。

民國 100 年（2011）

【蘭社記事】

5 月 29 日呂碧銓文物館成立，舉開吟會慶祝。

民國 105 年（2016）

【蘭社記事】

8 月 26 日呂碧銓仙逝，此前之同年 7 月 28 日呂夫人去世。蘭社至此走入歷史。

「田中蘭社年表」主要參考書目

1.《臺灣日日新報》

2.《臺南新報》

3.《詩報》

4.《詩文之友》

5.《中華詩苑》

6. 林進發編著《臺灣官紳年鑑》，臺北：民眾公論社，1934 年 10 月四版

7. 施懿琳、楊翠《彰化縣文學發展史》，彰化：彰化縣立文化中心，
　　1997 年 5 月

8. 葉石濤《臺灣文學史綱》，高雄：春暉，2000 年 10 月再版

9. 吳密察監修《臺灣歷史年表》，臺北：遠流，2001 年 5 月初版二刷

10. 劉金志《故鄉田中》，彰化：財團法人彰化縣賴許柔文教基金會，
　　2001 年 8 月

11. 林翠鳳〈臺灣傳統詩歌及詩社〉，收在「暑期臺灣史研習營」《講義
　　彙編》，南投：國史館臺灣文獻館，2002 年 7 月

附錄二、蘭社相關文獻寫真

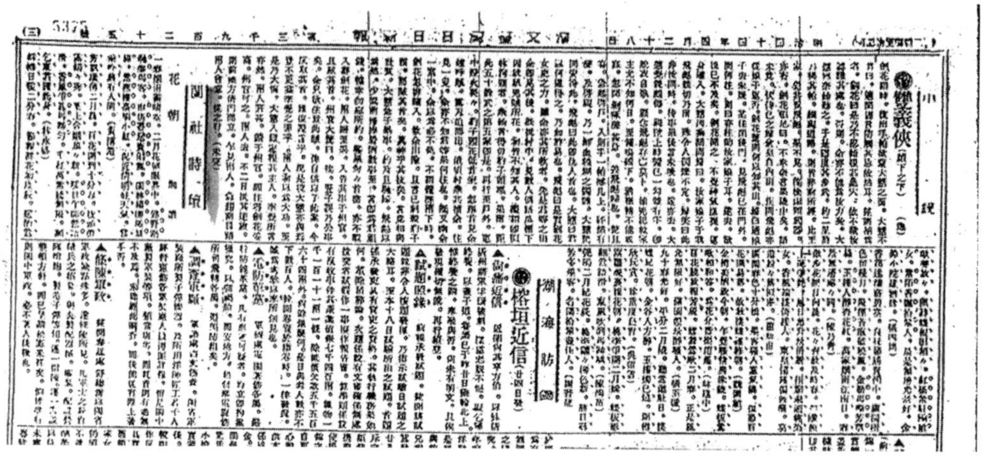

圖 1 明治 44 年《臺灣日日新報》「蘭社詩壇」

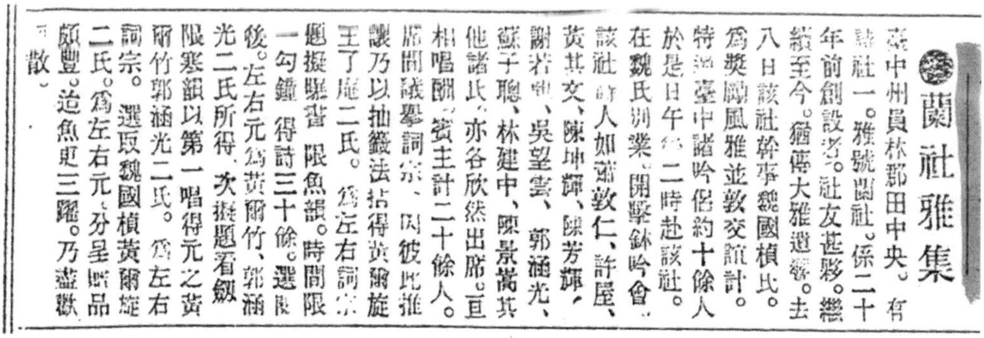

蘭社雅集

臺中州員林郡田中央。有詩社一。雅號蘭社。係二十年前創設者。社友甚夥。繼續至今。猶傳大雅遺響。去八日該社幹事魏國楨氏。為獎勵風雅並敦交誼計。特邀臺中諸吟侶約十餘人於是日午後二時赴該社。在魏氏別業。開擊鉢吟會。該社詩人如蕭敦仁、許屋、黃其文、陳坤輝、陳芳輝、謝若申、吳望雲、郭涵光、蘇子聰、林建中、陳景嵩其他諸氏。亦各欣然出席。互相唱酬。賓主計二十餘人。席間議舉詞宗。因彼此推讓乃以抽籤法拈得黃爾旋王了庵二氏。為左右詞宗。題擬驟雷 限魚韻。時間限一勾鐘 得詩三十餘。選後。左右元為黃爾竹、郭涵光二氏所得。次擬題看劍限寒韻以第一唱得元之黃爾竹郭涵光二氏。為左右詞宗。選取魏國楨黃爾旋二氏。為左右元。分呈贈品頗豐。迨魚更三躍。乃盡歡而散。

圖 2 大正 12 年《臺南新報》「蘭社雅集」

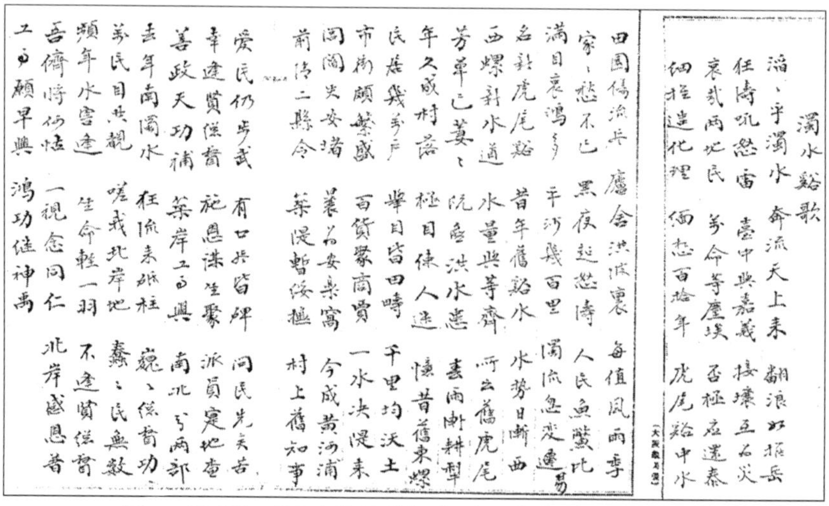

濁水谿歌

滔滔乎濁水 奔流天上來 翻浪如排岳
任時吼怒雷 臺中與嘉義 接壤互為災
哀哉兩地民 爭命等塵埃 否極應還泰
細推造化理 徊憶百餘年 虎尾谿中水
田園偏流失 廬舍洪波裏 每值風雨季
家家愁不已 黑夜起愁侍 人民魚鱉比
滿目哀鴻多 平沙幾百里 濁流急變遷
名稱虎尾谿 昔年舊谿水 水勢日漸西
西螺新水道 水量與等齊 所出舊虎尾
芳草已萋萋 既無洪水患 春雨牣耕犁
年久成村落 極目稠人迷 懷昔舊東螺
民居幾萬戶 舉目皆田疇 千里均沃土
市街頗繁盛 百貨聚商賈 一水決堤來
閭閻失安堵 兼為安樂窩 今成黃沙浦
前清二縣令 築堤暫綏撫 村上舊知事
愛民仍步武 有口無皆碑 同民先憂苦
幸逢賢保督 施恩洪生聚 派員定地查
善政天功補 築岸工方興 南北分兩部
去年南岸水 狂流來泓柱 巍巍保督功
萬民目共睹 嗟我北岸地 蠢蠢民無數
頻年水害逢 生命輕一羽 不逢賢保督
吾儕將何怙 一視念同仁 北岸感恩普
工事願早興 鴻功紀神禹

圖 3 陳紹年《壽山堂詩稿》之〈濁水谿歌〉手稿影本

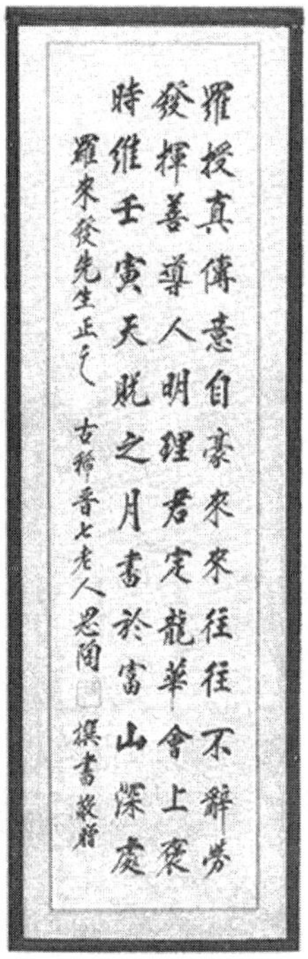

圖4　曾炳元〈贈羅來發〉墨寶

圖5　魏國禎長生祿位（田中鎮乾德宮立）

圖6　田中大崙里林氏公媽廳內彩繪壁畫

圖8　曾炳元題九如匾

圖7　吳半樵〈題春蘭〉詩稿墨寶

圖 9　碧銓文物館成立合影。呂碧銓伉儷（一排左三、四）、筆者（二排
　　　　左四）。2011 年 5 月 29 日

圖 10　吳半樵嫡孫吳鳳旗親贈筆者其主編《綠陰居士半樵吳望雲詩
　　　　書畫集》。2020 年 10 月 19 日

藍鼎元《東征集》的文學表現

提要

　　藍鼎元於清初隨軍來臺敉平朱一貴事件，期間參與帷幄，代擬文書，事平後輯為《東征集》一書，成為了解朱案的重要歷史文獻。《東征集》歷來多注重其文獻的歷史價值，本文嘗試另闢一徑，從文學表現的角度切入，分別就篇章意涵與文學美感兩大方向進行初步探索。《東征集》共收六十篇作品，內容絕大多數為說理性兼實用性散文，尤其以論辨體（政論）為主。文章偏屬於陽剛的風格，彰顯了征戰的背景氛圍；條理周密的結構，則運用辨證等方法，強化了見解的說服力。總體而言，《東征集》立意正而理脈通，理脈通而氣勢盛，兼具「意」、「理」、「氣」三體，是一部富於美感特質的文學佳構。

關鍵詞：藍鼎元、東征集、文學表現

一、前言

　　清康熙 22 年（1683）清廷領臺之後，對於臺灣的治理頗為消極。然而朱一貴事件的發生，使得清廷震驚，也進一步思考臺灣問題。其中，隨軍來臺的參謀藍鼎元事後編著有《東征集》、《平臺紀略》兩部著作，可說是最重要的紀錄和參考。兩書內容呈現了藍鼎元對敉平朱案的建議和相關軍中文書、事平後經理臺灣的種種議論，以及清軍征討朱案的歷程紀錄。大體上藍鼎元主張積極治臺，他的言論在當時與後來都成為清廷治臺措施的重要參考；在學術上，兩書也成為後世了解朱一貴事件的第一手官方史料，其文獻價值十分珍貴。

　　就《東征集》而言，自清代以來諸家研究，幾乎都是著眼於其反映歷史的文獻意義，透過這部書，回溯當年事件的真相或意義。然而《東征集》文章本身的書寫，或者說是文學美感的藝術表現，在吾人所見的前人研究中，似乎比較乏人關注。這其實是另一個應該探索的議題。

　　細讀《東征集》集中諸作，其寫作手法往往動之以理，說之以情，間之以威脅利誘，內容豐富，氣勢雄貫，令人感到一氣呵成，十分淋漓暢快。藍鼎元的文筆才情，令人激賞。如此名著，其文學成就必有可觀之處。而文學之美與文獻之真可以是一體的兩面，藍鼎元《東征集》應是一部兼具歷史真實與文學美感的難得佳作。

二、藍鼎元與《東征集》

　　藍鼎元，字玉霖[1]，別字任庵，號鹿洲，世居福建漳浦縣之莨黍[2]。生

1　據 1984 年福建省漳浦縣人民政府在湖西鄉藍鼎元墓旁所立之說明上書：「藍鼎元，字義霖」。此為他處所未曾見，不知其根據為何。或為音近筆誤所致也未可知，茲存之。見許雪姬訪問《藍敏先生訪問記錄》第 170 頁。臺北：中央研究院近代史研究所，1995 年 6 月初版。

2　莨黍應即長卿，藍姓開基祖所在地。在今漳浦縣莨黍鄉。清代康、雍年間，藍理（1649-1720）、藍廷珍（1663-1729）、藍鼎元（1680-1733）一門豪傑都對臺灣有相當的貢獻。據載「湖西鄉申請為少數民族（畬族）」、「藍廷珍是畬族人」，惟據聞藍鼎元在臺後裔藍敏並不認同。引文前者見《藍敏先生訪問記錄》第 173 頁，後者見《漢聲（中文版）》第 21 期《臺灣的漳州人專集》第 72 頁，1989 年 6 月。

於清康熙 19 年（明永曆 34 年，1680）8 月 27 日未時，卒於清雍正 11 年（1733）6 月 22 日辰時，享年 54 歲。[3]

　　父藍斌，縣諸生，學者稱文庵先生，早歿。母許氏，守節撫孤，恃女紅度日，茹苦含辛。藍鼎元感奮勵志，刻苦自立。康熙 43 年（1704）應童子試，拔得頭籌；同年冬天沈涵督學，復拔第一。曾召入使院，分校諸郡，沈涵讚為「國士無雙，人倫冰鑑」。康熙 46 年（1707）張伯行撫閩，建鰲峰書院，延請九郡一州之有學行者，纂訂先儒諸書，獨藍鼎元、蔡世遠[4]二人禮遇有加，曾謂：「藍生確然有守，毅然有為。良才，吾道之羽翼也。」康熙 49 年（1710）起，藍鼎元杜門讀書十一年。

　　藍鼎元著作豐富，包括有：《女學》六卷、《東征集》六卷、《平臺紀略》、《棉陽學準》五卷、《鹿洲公案》二卷、《鹿洲初集》二十卷、《修史試筆》六卷等。其作品多成於公務之餘，所謂「《女學》最先出，《平臺》、《東征》成於征臺幕府，《學準》、《公案》成於潮、普署中，《鹿洲初集》則分年而輯成之，《修史試筆》則在京與高安相國編定《歷代名臣傳》所成也。」[5]其中與臺灣關係最密切的，為《平臺紀略》、《東征集》兩書，內容是藍鼎元隨同藍廷珍（1663-1729）征臺平定朱一貴事件的真實紀錄。

　　康熙 60 年（1721）夏 4 月 19 日臺灣朱一貴等人起事於鳳山，當時「李勇、吳外、鄭定瑞、王玉全、陳印等五十二人，即黃殿莊中奉一貴焚表結盟，各招黨羽得數百人，立賊幟書『大元帥朱』[6]，夜出岡山襲劫塘汛」[7]，自此迅速蔓延全臺，並震動朝廷，急速大會舟師，由浙閩總督覺羅滿保坐鎮廈門，水師提督施世驃、南澳總兵藍廷珍[8]率軍前進臺灣，

3　據《平臺紀略》藍雲錦撰〈行述〉第 14 頁。臺灣銀行《臺灣文獻叢刊》第 14 種。1958 年 4 月。
4　蔡世遠（1682-1734），字聞之，世居漳浦梁山，人稱梁山先生，亦稱梁村先生。康熙 48 年（1709）進士，官禮部右侍郎。雍正 12 年（1734）卒，年 52，諡文勤。乾隆 4 年（1739）入祀賢良祠。見高雄師範大學 1988 年碩士論文藍國榮《藍鼎元研究》第 46-47 頁。
5　見《平臺紀略》藍雲錦〈行述〉，第 15 頁。
6　〈朱一貴供詞〉：「眾□□□□姓朱，聲揚我是明朝後代，順我者必□□□□定散了。」《明清史料》戊編第一本，第 107 頁。
7　見藍鼎元《平臺紀略》第 2 頁。
8　藍廷珍後官至福建水師提督，今漳浦湖西鄉頂雲村的「提督府」即其官宅，現已列入縣級保

終於在同年 6 月 16 日進抵鹿耳門，試圖撫定動盪。

當藍廷珍奉命總領水陸大軍兵員丁壯上萬人等準備出發平臺時，有感於之前族弟藍鼎元預言有證[9]，於是邀請同行。藍鼎元從此隨軍來臺，參贊幕僚，所有書檄、文告、露布幾乎皆出其手。

當官兵跨越海峽，登陸安平之後，竟一路攻城掠地，勢如破竹，所戰皆捷。僅僅七日之內，便收復早已為朱氏一黨所掌控的臺灣府治，再過十餘日並生擒朱一貴等人。在朱一貴集團內部分裂日益嚴重的基礎上，官兵七日平臺顯得更加順利。茲製「七日平臺大事記簡表」以明其概略。

七日平臺大事記簡表

年月	平臺大事記	備註
康熙 60 年辛丑夏 4 月 19 日	朱一貴等千餘人揭竿樹旗，夜出岡山襲劫塘汛。百姓有投順者，達二萬餘人。殺林富、馬定國，破鳳山，迫府治。全臺譁然大震。	朱一貴事件始
5 月朔日辛酉	雙方大戰春牛埔[10]，臺灣總兵歐陽凱殉，府治遂陷，官兵潰敗。臺廈道梁文煊、知府王珍等暨大小官兵千餘人，并戰船四十餘號、商漁艇艦無計，齊赴澎湖。	
5 月壬戌、癸亥	澎湖將弁亦各出家屬渡廈門。提督施世驃見難民到廈，方知臺變。	
5 月 27 日丁亥	南澳總兵藍廷珍到廈。	
6 月 10 日庚子	進會提督施世驃於澎湖。合計大小官兵 24000 餘人，船 600 餘號。	
6 月 13 日癸卯	官兵發澎湖。	
6 月 16 日丙午	官兵潰敵，入鹿耳門，進趨安平。	
6 月 17 日丁未	官兵乘潮入安平。	七日平臺始

護。見《平臺紀略》第 10 頁；又《漢聲（中文版）》第 21 期《臺灣的漳州人專集》第 72 頁。

9　見藍廷珍〈舊序〉：「予巡哨南洋，舟中起雷，甚不懌。玉霖為予解曰：『威震東方，聲聞四海之象，兄其建勳業于臺灣手？』越月，聞臺警（按，指朱一貴事件），始壯其言。」《東征集》第 4 頁。

10　春牛埔約在今臺南市勝利路東半段兩側，當清代府城大東門迤北一帶。見謝國興《官逼民反──清代臺灣三大民變》第 27 頁。臺北：自立，1993 年 3 月一版一刷。

6月18日戊申	大戰四鯤身、七鯤身。朱軍艦燬敗走。	
6月19日己酉	大戰安平、二鯤身。朱軍退府治。	
6月20日庚戌	施世驃以密報欲往西港仔[11]，藍廷珍急言進謀。	
6月21日辛亥	藍廷珍率5500餘人夜進西港仔。	
6月22日壬子	藍廷珍兵分八隊並進衝殺，大戰蘇厝甲[12]。朱軍大潰。施世驃傳令水陸官兵並進攻府治。	
6月23日癸丑	官兵俱會府治，赴廈報捷。	七日平臺告捷
6月25日乙卯	上諭至閩。	
閏6月朔日庚申	捷報至廈門。	
閏6月7日丙寅夜	楊雄詒朱一貴回溝尾莊[13]，潛以水灌其砲，夜五鼓，會官兵逐擒朱一貴等。縛置牛車赴八掌溪呈交提督。	
後記	朱一貴等後檻送廈門，解京正法，俱凌遲處死，家屬同坐。	

依據文獻：1.藍鼎元《平臺紀略》、《東征集》
2.〈朱一貴供詞〉[14]
3.連橫《臺灣通史》〈朱一貴列傳〉、〈歐陽凱列傳〉、〈藍廷珍列傳〉[15]

　　就清廷軍事成果而言，這實在是一場成功的戰役！其謀略果決、議事精到，令人讚賞，而原因則端賴於軍事上的周密統觀全局，指揮調度得宜，繼之以將士用命，終能成就豐偉功業。身居前線領軍的提督施世驃、總兵藍廷珍，與參贊擬文的幕僚藍鼎元、陳夢林，可謂居功最大。[16]劉家謀《海音詩》曾題詩詠讚藍鼎元道：

　　　戎馬書生氣浩然，軍中草檄筆如椽。功成不復論酬賞，大海歸來月滿船。

　　事件平息之後，藍鼎元彙整此一期間相關書信文件六十篇，刻為《東

11　西港仔在今臺南縣西港鄉。
12　蘇厝甲在今臺南縣安定鄉蘇厝村。
13　溝尾莊在今臺南縣佳里鎮附近。
14　見《明清史料》戊編第一本第107頁。臺北：中央研究院歷史語言研究所，1987年3月。
15　見連橫《臺灣通史》第740~756頁。臺北：黎明，1985年1月初版。
16　楊雲萍《臺灣史上的人物》〈藍廷珍〉亦認為：「藍廷珍和施世驃─似是頗有受到廷珍的族弟藍鼎元的影響。」第94頁。臺北：成文，1981。

征集》六卷[17]，以存文獻。藍廷珍〈東征集舊序〉曾言：

> 予胸中每有算畫，玉霖奮筆疾書，能達吾意。又深諳全臺地理情
> 形，調遣指揮，並中要害，決勝擒賊，手到成功。當羽檄交馳，
> 案牘山積，裁決如流，倚馬立辦。猶且篝火，連宵不寐，而籌民
> 瘼。海外軍中，風沙腥穢，兄弟相對，竟日念念地方，不自知其
> 苦也。予憂臺北空虛，玉霖議以半線以上，設縣添兵，與陳君少
> 林修志時所見吻合，而玉霖尤大聲疾呼，不啻舌敝穎禿，更欲於
> 竹塹、羅漢門[18]、郎嬌增置兵防。蓋於地方利病，無所不用其心如
> 此。……讀《東征》一集，可以觀弟之苦心。[19]

可見集中作品既是藍鼎元身為幕僚代總兵擬撰的文書，其間也多有藍鼎
元帷幄謀略、參議機宜的個人見解。因此〈四庫全書提要〉直言道：「《東
征集》六卷皆進討時公牘書檄，雖廷珍署名，而其文則皆鼎元作。」[20]

此外，藍鼎元歸閩之後，見市井群眾對臺灣朱一貴事件之始末經過，
訛傳錯謬，謠言紛紛，於雍正元年另編成《平臺紀略》一書，以自身「東
征逾載，躬歷行間」[21]的確切經歷，挺身釐清事實，還原真相。《平臺紀
略》依據編年次序詳述朱一貴事件始末，此書與《東征集》合為此次平
臺大役的史筆雙璧。歷來研究朱一貴事件者，無不以藍鼎元此兩部著作
為主要根據。雖然藍鼎元自謙為「稗官野史」[22]，然則藍鼎元親入行伍，
秉筆直書，完成第一手資料，以一家之言，深得後世史家的徵信，其文
獻價值卓然可觀。

藍鼎元雍正元年（1723）拔貢，後分修《大清一統志》，並受吏部
尚書授文華殿大學士朱軾賞識，於雍正五年（1727）春三月保舉引見，

17　據康熙六十一年（1722）冬藍廷珍〈舊序〉稱：原「擇其可存者百篇，付之剞劂」。後雍正
　　十年（1732）秋新刻本，經刪選後，存六十篇行世，今日通行者即為此。參見《東征集》〈舊
　　序〉、〈王序〉，第2、4頁。

18　今高雄縣內門鄉。

19　見《東征集》藍廷珍〈舊序〉第4頁。

20　見《景印四庫全書》〈平臺紀略　附東征集提要〉，第369-558頁。臺北：商務，1986年3
　　月初版。

21　見藍鼎元《平臺紀略》〈自序〉，第3頁。

22　見藍鼎元《平臺紀略》〈自序〉，第3頁。

拔擢為廣東普寧縣令。任內治劇盜、懲豪猾、斷疑獄，以其性亢直，數
與上官忤，至受誣成獄。後得昭雪，經再薦，署廣州知府。可惜，甫一
月而卒！竟未能一展長才[23]。雖然如此，藍鼎元以其一生事功與文章之卓
越，而名列《清史稿》中。[24]

　　藍鼎元為在臺藍姓宗親之嫡祖、其長子藍雲錦在朱一貴事件時曾隨
其父來臺[25]，「稍後即回大陸。雲錦公在鹿洲公過世後，帶族人來屏東里
港定居。……雲錦公選擇里港，乃因里港和漳浦風物相似，實基於原鄉
感情之故也。」[26]其第八世嫡孫藍高川之女藍敏小姐曾於1989年10月親
赴藍鼎元出生地謁祖，曾記述其當時所見曰：

> 離開種玉堂（按：種玉堂為藍氏家廟之所在，也是藍家在漳浦的
> 總祖祠），繼往鼎元公的出生地，只見屋宇破爛，中間有一簡單
> 的祖廳，兩邊廂房住了很多自稱是鼎元公的後裔，雖然鼎元公有
> 六個兒子，但他們都沒有族譜，所以我不知其是否確為鼎元公的
> 後裔。眼前所見的破瓦舊舍，竟是偉大的祖先鼎元公的出生地！
> 我遙想祖先小時生活的窘困，心中非常難過。
> 繼往湖西鄉祭拜鼎元公之墓。墓已二百五十六年，墓碑和墓桌仍
> 相當完好，但墓園已被墾過，在墓碑左邊，有後來漳浦人民政府
> 所鐫之說明：『藍鼎元，字義霖，號鹿洲，雍正年恩進士授中憲
> 大夫，曾任廣州知府，著書《鹿洲集》、《鹿洲公案》等書，具
> 有歷史研究價值，應予以保護。（保護範圍：周圍10米）』因此
> 我乃決心修葺墓園。[27]

藍鼎元身後尚且得以保存至今，足見其事功、文學之成就，在長久以來
一直受人景仰。則所謂「文章，經國之大業，不朽之盛事」（曹丕〈典
論論文〉語），在藍鼎元的身上，已經得到最佳的證明了！

23　參胡巨川《臺灣逸史附言》第99頁。高雄：春暉，2001年7月初版。

24　見趙爾巽等編《清史稿》列傳71〈藍廷珍列傳〉附，第2648頁。出版者不詳。

25　見《平臺紀略》藍雲錦〈後序〉，第35頁。

26　見《藍敏先生訪問記錄》，第180頁。又，藍雲錦墓在今高雄中寮山，見藍國榮《藍鼎元研
　　究》第309頁。

27　見《藍敏先生訪問記錄》，第170頁。又，據其所鐫知墓碑說明立於1984年。

三、《東征集》的文學表現

藍鼎元《東征集》在歷史文獻上的成就，歷來素有美響。他透過親身經歷觀察，所提出的平臺與治臺主張，大多切實可行，故常為當局所採納。這是由於他能「立足現實又不忘歷史」的綜觀能力所以致之。[28] 雖然他本身並未能擔任直接經理臺灣的要職，但他積極治臺的主張、著書立說的高見，卻能對清廷當局的治臺措施給予具體而深遠的影響。例如：康熙 60 年（1721）的實施保甲之制與團練之法；雍正元年（1723）的增設彰化縣；雍正 11 年（1733）淡水同知的移駐竹塹；雍正以後的設立官莊；乾隆八年（1743）的增加官吏養廉之費……等等[29]。

特別值得注意的是，在乾隆 51 年（1786）十一月林爽文事件發生之後，清高宗於 52 年（1787）閱覽藍鼎元《東征集》，對書中所論臺灣情勢及經理方略，深感認同，認為頗有可採，於 5 月 30 日諭閩浙總督宜詳加參酌採行以治臺灣；清高宗於數日後又讀《平臺紀略》，再度諭令參閱借鏡，朝廷因此而特重圍堵、招撫等方面的事務。可見乾隆皇帝對於藍鼎元著作是十分賞識與借重的。相對的，亦足以具體見出藍鼎元對臺灣的經理見解，在清代治臺政策的制訂上，扮演著積極重要的角色，其影響臺灣，意義十分重大。這也難怪〈四庫全書提要〉會著眼於《東征集》內容的實用特性，盛讚說：「至今資控制之力，亦可為有用之書，非紙上談兵者矣。」[30]

朱一貴事件前後，清廷官兵所以能締造七日平臺的佳績，以及妥善處理善後，有效爭取臺灣利益，除了得力於謀略者的擅長擘畫，用事者的同心合作之外，實際上，當時賴以聯絡上下，往來討論的文書，也佔有重要的傳聲功能。假若文書冗長雜蕪，陰弱無力，甚至詞意錯混，語焉不詳，則如何能在瞬息萬變的戰局裡確實溝通，有效佈局，戰果恐怕令人質疑。而軍事上的文字除了應該做到清晰達意的基本要求之外，最

28　見林其泉〈略論藍鼎元的治臺主張〉第 89 頁，《臺灣研究》總第 24 期，1993 年 12 月。

29　參黃秀政〈論藍鼎元的積極治臺主張〉，第 117 頁。《臺灣文獻》28 卷 2 期，民國 66 年 6 月。

30　見《景印四庫全書》〈平臺紀略　附東征集提要〉，第 369-558 頁。

好也能同時兼具文學美感的運用，或是強化氣勢以懾人，或是訴諸情懷以感人。軍事文書，特別是對外公告的篇章，不論對象是將領、官兵或百姓，其實還肩負著心理戰的任務，可以具有傳達策令、鼓動民氣、宣示心志，甚至是導引視聽、屈人於不戰之先等作用。歷史上著名的漢高祖〈入關告諭〉、駱賓王〈為徐敬業討武曌檄〉、史可法〈復多爾袞書〉等等佳構，早已屢屢展現出文學作品在殺戮戰場上所不可忽視的影響力。因此，《東征集》作為一部成功戰役的文獻輯錄，其文學藝術層面的表現，格外值得吾人關注。

　　歷史文獻通常著重於史學的歷史價值呈現，文學則要求具備美學的感染效果傳達；歷史文獻在求真，文學在求美；真實不一定是美的，美的可能不夠真實；但求真與求美，也不盡然是必定衝突的。中國歷史上的許多史學巨作，往往表現出撼人的文學感動力，最具執牛耳地位者，非司馬遷《史記》莫屬，此早已得到古今學界的公認；而自古以來多少文學佳構，其實原本是作為實用的歷史文獻來書寫，包括奏疏、詔告、書信、題記、傳狀、銘誄、碑誌等等，不勝凡舉，歷史文獻與文學美感經常是合二為一的。就《東征集》應用性質特別突顯的特色而言，吾人便先從內容的分類觀察與美感的表現手法兩方面，著手探討：

（一）內容的分類觀察

　　《東征集》全書六卷，共六十篇，俱以散文寫作。總體來看，根據內容觀察而言，除了少數遊紀文章，絕大多數為說理性散文，表現出征戰期間諸項措施的協調或要求；再根據應用的形式而言，則大體是以實用性散文為主體，均為藍鼎元隨軍參謀期間的各級往來文書。茲擬透過多樣層次的分類，俾便概觀其意涵：

　　1、就編排體例綜觀，全書大體是依據時間發展的順序，並兼顧文體同異而歸納之。卷一9篇，將綏靖前後大事提領綱目，速往速結，似乎有意藉此突顯七日平臺之迅捷；卷二10篇，均為播告將弁的檄文，可見治軍領兵之方策；卷三8篇均為事平之後，經理善後的告覆書信，關係

著多項剿撫措施；卷四 11 篇亦為善後告覆書信，特別關係著臺地戰後保安政策的規劃和布局，思索理路畢現；卷五 12 篇同為善後文書，賞罰分析兵民諸事；卷六 10 篇彙輯來臺地理見聞，既紀錄其好奇冒險，也寓托經濟軍國的用事思索，最末附看語 3 篇序事審斷，條顯功過。讀者依次閱覽全書，可有如隨軍征討，彷彿親體戰情的變化起伏。

2、就行進時間分野，以朱一貴被清軍擒獲為界線作劃分，除了紀遊諸篇無從全然確知其時間外，統觀其他各篇，則前期涵括一、二卷，作品有 19 篇；後期涵括三至六卷，文章計達 34 篇，顯示出實際上平臺之戰時程短，要求明確，而善後剿清經理的層面廣，諸事龐雜，《東征集》的確頗能精要取樣，反映政府官軍處理朱一貴事件的始末作為；前期以檄文為大宗，後期以論文為最大多數，顯示出前期以有效應戰為首要目標，後期則以長治久安的規劃為討論重點；再配合以前期幾乎皆為短文，後期則頗見洋洋灑灑之長篇，計算後期文章的篇幅，大約平均每篇為前期的雙倍，這似乎透露出清朝官軍團隊氣氛在兩階段上的差異，即前期力求紀律嚴明，上下同心，如〈與施提軍論止殺書〉之屬；後期則顯示各層級意見不盡協和，所論多有懸殊，甚至需要到疾言力諫的境地，如〈論臺鎮不可移澎書〉之屬。

3、就行文標目歸類，可歸納為六類，即：書信 33 篇、檄 13 篇、露布 3 篇、諭 1 篇、紀 7 篇、看語 3 篇。透過不同的文件型態，因應不同的形勢需求，也表現不同的訴求目的。全書以登錄往返書信數量最多，透露出政策制定過程的往復討論；檄為聲討敵人的軍中文書，公開宣導戰略目標，統一部眾心理，同時反映出戰情緊急，羽檄頻飛的緊張態勢；露布也是檄文的一種，指可以公開昭彰的軍中告捷文書[31]，書中所錄三篇洽分屬七日平臺的前、中、後三期，高奏凱旋之歌，鼓舞軍民士氣，最能充分張揚官方一路風發，英雄得意的氣概；諭令一篇告閩粵民人，亟止分類械鬥的惡況，情理法並敘，期能由根底杜絕；藍氏初抵海東，諸

31　露布，謂詔書、簡牘等不封緘者，或指軍中告捷的文書。《文心雕龍・檄移》：「檄者，皦也，宣露於外，皦然明白也。張儀檄楚，書以尺二，明白之文，或稱露布，播諸視聽也。」見第332 頁。臺北：三民，1996 年 2 月再版。

紀所述觸及臺地四方，又觀其內容，議論似不下於述景，則諸紀或可視為藍鼎元關於臺灣地理要塞的察考之作；看語乃審斷之評語[32]，隨人功過不同，各有賞罰，端在力求敘事評理，依法秉公處置。通觀全書各篇，可謂以治軍經世的主旨通貫之，非關清興遊戲，頗能具體表露當站在歷史關鍵時刻時，領袖人物殫精竭慮的忠誠。

　　4、就文體歸類區別之，則包括有四大類，為：論辨體（政論）31篇、檄移體16篇（含檄13篇、露布3篇）、詔令體6篇（含札2篇、諭1篇、看語3篇）、遊記體7篇[33]。「論」的特點，劉勰認為是「**彌綸群言，而研精一理**」（《文心雕龍・論說》），《東征集》中的論文佔全體的半數以上，具體呈現出官員彼此思慮論辯的層面，實最能顯現思考者對局勢的掌握程度，也同時考驗了執筆者表陳邏輯條理的議論能力；檄文露布崇尚「**事昭而理辨，氣盛而辭斷**」（《文心雕龍・檄移》），藍氏諸作並濟剛柔，兼顧理氣，往往因人陳辭，意欲顯示企圖；令諭斷語必為上級對下級告知的文書，其言如法，多帶有強制接受的色彩，藍鼎元雖代長官擬文，多能把守分寸，力求剛正果決；游記體內容可以不完全是親身經歷，但相關於地理山川、人情風俗的描述，以及作者的觀感想望，幾乎可說是寫作時的必要條件。藍鼎元諸紀多臺地行跡之紀錄，所言深入內山水沙連，遠達北臺竹塹、後山花東，臺地之奇景異情，躍於紙上，而其用心亦伴隨述景諸語托出。

（二）美感的表現手法

　　《東征集》書寫於兵荒馬亂之際，完成於急迫窘促期間，既無暇捻鬚推敲，也不容延遲擱置，所謂「**奮筆疾書**」、「**倚馬立辦**」[34]者也。在

32　清代黃六鴻撰《福惠全書・釋看語》：「看語即審單也，亦曰讞語。其法：或先斷一語而後敘事，或先敘事而後斷，必須前後照應，有貼狀附審者，亦須一一序入，而又要不失首詞位置，猶乎作文之有輕重也。大約據招供以序事，依律例以斷罪，辯論精詳，使無駁竇，能事畢矣。」臺北：九思，1978年。

33　本文文體分類依據陳必祥《古代散文文體概論》一書，參第35~229頁。臺北：文史哲，1987年10月初版。

34　見《東征集》藍廷珍〈舊序〉第4頁。

文獻存真的前提下，若還有從容潤飾文辭的時間，恐怕也只有在刊刻付梓之前的有限修辭而已。在烽火熊熊的環境下寫作，少了點琢磨文辭的優雅，卻多了些直抒胸臆的爽快，直接考驗著作者文思的敏捷，以及下筆的速度。非思慮明暢、文筆迅捷者，恐怕難以勝任。王者輔說得好：

> 從來軍中不言文，非謂無用文地也；戎馬倥傯，事機呼吸，何暇選言騁辭，為文章以名於世。雖然，固有之。古人誓師，可垂為經；號令教條，皆有文理。是以磨盾草檄，傳為美談；而傅脩期上馬擊賊、下馬作露布，先哲以英雄艷之。[35]

因此軍用文書能同時表現文理與美感，實屬不易，若有則必具可觀之處。王者輔十分讚賞《東征集》，他以「學適於世用，而心常存乎世道人心；詞不尚浮夸，而論切中乎人情物理。」（〈序〉）來讚譽藍鼎元的成就。而《東征集》這一部深具時代性意義的文獻，其在文學美感的表現上著實有出色的表現，試就其文學特點分析如下：

1、富於陽剛的風格

清代桐城派古文大家姚鼐（1731~1815）拈出「氣」字以論文，認為天地之道在於陰陽剛柔，而文章為天地之精華，也自有其陰陽剛柔的表現，他在〈復魯絜非書〉[36]中詳細論述道：

> 鼐聞天地之道，陰陽剛柔而已，文者，天地之精英，而陰陽剛柔之發也。……
>
> 其得於陽與剛之美者，則其文如霆，如電，如長風之出谷，如崇山峻崖，如決大川，如奔騏驥；其光也，如杲日，如火，如金鏐鐵；其於人也，如憑高視遠，如君而朝萬眾，如鼓萬勇士而戰之。其得於陰與柔之美者，則其文如升初日，如清風，如雲，如霞，如煙，如幽林曲澗，如淪，如漾，如珠玉之輝，如鴻鵠之鳴而入廖廓；其於人也，漻乎其如歎，邈乎其如有思，暖乎其如喜，愀乎其如悲。

姚鼐揉合天道與文藝，將天象的觀察運用到文氣的體會上，雖然不免有些抽象，卻指出了一個文學欣賞的可貴角度，趨向於注重「讀者對作品

35　見《東征集》王者輔〈序〉第 1 頁。

36　見姚鼐《惜抱軒全集》第 71 頁，上海，1936 年。

中審美特質的感受」[37]。以此觀照《東征集》中各篇，多為因應朱一貴事件的戰事發展需求而完成的，是強迫性的外在寫作動機所使然，作品在先天條件上已經因為客觀環境與氣氛的關係，而有極大的陽剛表現的可能。若分析篇章之寫作，可從二方面加以考察：

(1) 在主題思想上

文章寫作以確立主題思想為最關緊要。王夫之說得好：

> 無論詩歌與長行文字，俱以意為主。意猶帥也，無帥之兵，謂之烏合。」（王夫之《薑齋詩話》卷二內編之二）

作文猶如帶兵之以中軍主帥為首腦，須以主題思想引領創作前進。《東征集》的形成背景來自於跨海征討臺灣朱一貴起事，因而集中諸篇章的大主題也自然是環繞在力求致勝清肅的訴求上。

治軍注重號令嚴明，迅速確實。《東征集》為出軍時的筆墨，觀其文確實態度嚴肅不苟，目標明確一致，同時力求上下齊心凝聚，胸懷端正坦蕩。往往發出雷霆般的巨吼欲以喝退敵人，指揮千軍萬馬往往胸有成竹，志在必得。藍氏雖是文官，但其謀而後定不退讓，為所當為不遲疑的智略與精神，卻自然展現出陽剛武勇的典型。

《東征集》諸文題目，雖然極有可能皆擬就於事件之後，但既是出自於藍鼎元定稿，也可反映作者攝撮篇章內涵意指的態度，觀察諸篇率皆能清楚指陳內文主旨，如〈檄臺灣民人〉、〈答道府論陳福壽入山書〉、〈紀虎尾溪〉……等；甚或直書任務目標為題，諸如〈與施提軍論止殺書〉、〈檄南路營近兵阿猴林〉、〈檄查埔甲流民〉、〈檄北路將弁大搜羅漢門諸山〉、〈復制軍論築城書〉、〈請班師書〉、〈請權行團練書〉……等，從題目中已經昭然揭示行動的進程或見解的取捨，由此可見文中所述多為軍務方略等嚴肅課題，思索考量都環繞相關議題，未有

37　劉若愚《中國文學理論》：「姚鼐—（陰陽剛柔）這種理論和風格，都具有印象派審美主義的強烈傾向，而批評注意力的焦點從作家與宇宙的關係（第一階段），轉移到讀者對作品中審美特質的感受（第三階段）。」第85~87頁。杜國清譯，臺北：聯經，1985年第二次印行。

風花雪月情事。

試觀其敘述言語，多有思想肅整、措辭嚴正者，藉以表達堅定的態度。例如追討杜君英時，檄文內明示：

> 本鎮總統大兵，殺賊安民，是其專責，斷不容山陬海澨，尚有竄身草澤，伸頭縮頸於光天化日之中，貽地方以去惡未盡之誚。君英一日不出，本鎮一事未了，不殺不休。（〈檄施恩陳祥諭撫杜君英〉）

句句義正辭嚴，不容妥協，執事專注，不留餘地。此檄一出，對象鎖定，態度強硬，如發雷霆，官軍全力追剿，任務隨即發動。

即使是對上級做法不能認同而陳說己見時，其意見仍然十分明確，例如：朱一貴事件後對此前棄地逃叛官員的姑息輕罰，藍鼎元深深不以為然，於是上〈論臺變武職罪案書〉，表白心迹，直言不諱：

> 棄地逃歸、在臺從賊，一概輕擬。……婦人之仁，其實可笑！國家刑賞異用，所以鼓勵臣節，為斯世存三綱五常，使知禮義廉恥之外，尚有誅謬可畏耳！有春夏而無秋冬，則四序不成；有慶賞而無刑威，則亂賊接踵。故魯人肆眚，春秋譏之；惟佛氏慈悲，買虎蛇放生而已矣！……應否從寬從嚴，執事自有定見，不必以某言為疑，某止表白其心迹。

不侫於曲從，有所為亦有所不為，藍鼎元以嚴遵法紀，以維護世道人心的大我為思考，反而突顯了婦人之仁的可笑可鄙。

(2) 在行文氣勢上

曹丕〈典論論文〉曾指出：「文以氣為主。」氣之於文猶如氣之於人，氣盛則壯，氣弱則卑。兩軍對峙，講究氣勢，清軍以其師出有名而理直氣壯，主意既定而下筆滔滔，正所謂「理辯則氣直，氣直則辭盛」（李翱〈答朱載言書〉）。加上藍鼎元運文時馳時張，能放能收，常使文章浪波起伏，迭起高潮，使得氣勢強貫，自能展現威壯的魄力。

　　例如：「巨砲雷轟震疊而山崩地坼，輕舟鷲擊奮揚而瓦解灰飛。白刃雜以火攻，烏合因而獸散。」（〈六月丙午大捷攻克鹿耳門收復安平露布〉）兩句浩浩十一字的長句，一氣呵成，如長川大洋，來勢洶洶；緊接著兩句六字的短句僅及前句一半，在律動上的陡縮，形成節奏上有趣的變化。前者句中意象以巨砲震雷對比輕舟飛鷲，強烈的崩裂對比輕揚的飛散，大與小、重與輕、影與音、天與地，綜合著懸殊的對比，衝擊出激昂的情緒；後者再以白與紅、合與散的對比，凝聚短兵相接，速戰速決的快感。戰場上緊張的肉搏，與抒爽的凱旋，經由強烈的氣勢傳達出具體的臨場感。

　　克復府治時，藍鼎元在捷報上飛筆疾書：

> 我師威武奮揚，左翼右翼，一人可以當千；大砲連環齊發，陸軍水軍，三矢仍看餘二。屍填巨港，亭觀等于雞籠；戈倒沙灘，棄甲齊於龜佛。（〈鯤身西港連戰大捷遂克府治露布〉）

真是軍威浩蕩，恰似崩山斷河之勢，彷彿兵士個個精銳，以一當百；而其軍備精良充裕，綽綽有餘。士氣鼓揚，朱黨潰似塵粉；易如取卵，凱歌即將連奏；戰後清剿，藍鼎元主張從嚴誅除起事參與者，他說：

> 海外反側地，非樹威不足彈壓。奸徒無所畏憚，將何以為定亂之資？可以仁慈之治治之！吾于就撫者加之恩，力擒者棄諸市，情法分明，任其自擇，庶可淨盡根誅耳。……正惟好生，不得不以殺止殺。亂賊不殺，害及善良，刑法將安所用？而亂賊尚不可殺，則又何賊不可為？」（〈與臺灣道府論殺賊書〉）

一路讀來嚴肅峻厲，冷若冰霜，字裡行間，殺聲連連，宛如迅雷之瞬將奪魂，氣勢強悍，難以遏止。實際上在文字的裡層，卻是憂國憂民，保境安邦的一片苦心，既非嗜血揚威，更非無情肅殺，直若金剛護法的庇祐黎民。

　　另外必須特別一提的是，主張陰陽剛柔之說的姚鼐認為：文章以陰陽互相調和者為善，至陰或至陽之文都不是追求的目標，他說：

> 一陰一陽之為道，夫文之多變亦若是已！糅而偏勝可也。偏勝之
> 極，一有一絕無，與夫剛不足為剛，柔不足為柔者，皆不可以言文。
> （〈復魯絜非書〉）
> 陰陽剛柔，並行而不容偏廢，又其一端而絕亡其一，剛者至於僨
> 強而拂戾，柔者至於頹廢而闇幽，則必無與於文者矣。（〈海愚
> 詩鈔序〉）

天地萬物並含陰陽，往往陰中帶陽，陽中帶陰，互有相容相併。天道若
此，世道亦然，文道不殊。《東征集》瀰漫陽剛之氣，而其間雜糅以陰柔。
這主要來自於藍鼎元常能將心比心，因而在行文語氣上出之以平和柔軟
之詞，在處置措施上得饒且饒多留餘地，甚至是賞罰判決上將功折罪不
嗜殺，文章所在多能見及其溫和體貼的心思，使冷漠的戰局別見一股暖
流。

　　例如：當結集閩、浙、粵三省大軍浩浩蕩蕩揮戈直逼臺灣之時，藍
鼎元先行佈告一封給全臺百姓的公開信〈檄臺灣民人〉中，卻一開始就
以悲憫的語言體貼民心，他寫道：

> 檄告臺灣民人：土賊朱一貴作亂，傷害官兵，竊據郡邑；汝等托
> 居肘下，坐受摧殘，無罪無辜，化為醜類，深可憐憫！本鎮總統
> 大兵，會同水師提督施竰旗剿滅，為汝等蕩敵邪穢，共享太平。
> 非有立意殺戮、苛求於百姓之心，汝其自安無畏。

文中無軍將耀武揚威之惡，也無官僚頤指氣使之醜，只有一團惻隱，無
比同情而已。表露出作者仁慈柔軟的內在心腸，為緊張對峙戰局中的廣
大百姓，頓時憑添庇蔭，注入生機。檄文基於安民，繼之以開設多重接
納管道，歡迎良民來歸，在陳述具體做法前的一段話，更加深入體貼，
他絮絮言道：

> 為念汝等賢愚不一，或有抗節草澤，志切同仇，或不得已畏死脅
> 從，非出本願；若使崑岡炎火，無分玉石，誠恐有乖朝廷好生之德，
> 且非本鎮靖亂救民之心。為此不追既往，咸與維新。

在對朱一貴集團嚴加撻伐，誓言彌平其變的堅定中，藍鼎元的文字又同

時表露了對民眾視如己親的關懷與接納，一如清風甘露，嘗試展現誠意以慰撫不安的心靈。全篇〈檄臺灣民人〉恩威並施，張弛相用，嚴峻威嚇中又不失慈柔體恤，誠乃剛中帶柔之佳作。無怪乎王者輔以「平臺第一妙著」[38] 稱譽之。

　　總體而言，《東征集》在整體主題內容上嚴肅凝聚，明確端正；在行文氣勢上強悍高亢，雄壯威武，偏屬於陽剛的風格。這主要因為它是征戰之下的產物，沙場上血淋淋的肉搏殺戮，與文案上運籌帷幄的慷慨陳詞，同樣攸關局勢的起伏及最後的成敗，絲毫不能掉以輕心，生死的考驗，迫促的局面，尤其身當短兵相接的時刻，全力搏鬥的英豪分外難掩其陽剛的特質。

　　2、條理周密的結構

　　藍鼎元原為閩中儒者，思想歸宗程朱，嚮往濂洛風範。[39]康熙 46 年（1707）福建鼇峰書院修成，受邀為纂訂先儒諸書，當時巡撫張伯行禮遇有加，曾謂：「藍生確然有守，毅然有為。良才，吾道之羽翼也。」[40]其人品由此可見一斑。而所謂文如其人，有守有為的性格恰如文章之有頭有尾，有始有終；於兵馬擾擾、視聽囂囂之際援筆，仍能思路清晰，循序漸進，也側面顯示出藍鼎元處事沉穩冷靜的個性。[41]對於這一點，藍廷珍十分欣賞，特別於〈序〉中回憶道：

　　　　予胸中每有算畫，玉霖奮筆疾書，能達吾意。……當羽檄交馳，
　　　　案牘山積，裁決如流，倚馬立辦。猶且篝火，連宵不寐，而籌民瘼。

綜觀《東征集》諸文的結構大體端肅平正，其脈絡發展清晰，首尾相互呼應，作為官方公告或正式往來的文書，是十分恰當的。茲就其促成結構緊密的二大理法分述如下：

38　見王者輔評〈檄臺灣民人〉，《東征集》第 5 頁。

39　參見藍國榮《藍鼎元研究》第四章第 139~170 頁。

40　參見《平臺紀略》藍雲錦〈行述〉第 6 頁。

41　劉雨《寫作心理學》：「外界的聲音如果超過了一定的分貝，就會在作者大腦中產生干擾和噪聲污染作用，破壞作者內部注意的穩定性，影響其構思效率。」第 272 頁。高雄：麗文文化事業公司，1994 年初版。

（1）辨證方法的運用

　　藍鼎元在臺諸作以論辨文為最多數，論辨之文目的在說服讀者，採納己見；即使是檄文、露布、諭令、看語等性質有所不同的文章，也無不要求盡量做到自圓其說，以期使人心悅誠服的境界。要達到此一目標，除了為文須先立意，接著便須努力辨明是非，釐清疑慮，終究定奪取捨，闡明意旨。這一段暢通事理的過程，頗能反映作者對於事務的見解是否先已了然於胸。

　　先秦諸子思想勃發，往往能說擅議，足資參考。其中，提倡「兼愛」說的墨子首先建立了有組織系統的論辨技巧[42]，「三表法」即是重要的代表，他說：

> 何謂三表？子墨子言曰：有本之者，有原之者，有用之者。於何本之？上本之於古者聖王之事；於何原之？下原察百姓耳目之實；於何用之？廢以為刑政，觀其中國家百姓人民之利。此所謂言有三表也。（《墨子・非命上》）

墨子提出的方法，強調了運用在論辨文組織方法上的三要點，即：第一，說話有據；第二，察考實情；第三，注重實用。三表法深入於縱向的歷史經驗，立足於橫向的現實事況，而建立起對未來的應用的有效性，可以說是順應時間流向，運用貫通過去、現在、未來的人性體驗所建立起來的論證方法。此外，三表法與強調所謂正、反、合的辨證法是相類通的，所謂「本之於古者聖王之事」，是從正面尋求依據；「下原察百姓耳目之實」，是從側面或反面等多角度，搜查不同於正面的看法；「觀其中國家百姓人民之利」，是就其終極運用的可能作綜合審斷。則「本之」為正說、「原之」為反說、「用之」為綜合，不亦宜乎！

　　邏輯性敘述有助於表現理路的暢通，環覆的運用辨證法則可讓事理愈辨愈明。墨子即使沒有潤飾華麗的詞藻，透過三表法的層層論析，無形中產生巨大的說服力，足以打動廣大人心，後起的墨家因而蔚為顯學。

42　參見陳必祥《古代散文文體概論》第102頁。

三表法辨證的應用和效果，其實墨子自身成就便是最好的例證。取此三
表法檢視《東征集》作品，竟見王者輔早已指出：

> 余獨喜是書成於戎馬倥傯，事機呼吸之餘，而整暇從容，有古人
> 誓令遺意；且能使東寧山川形勢瞭如指掌，不必身親其地而歷歷
> 如在目前；又言皆有用，非徒為無益之虛談也。

王氏此言歸納評論藍氏作品的優點，恰恰好符合了三表法的訴求。雖然
未知是否王者輔即是以三表法套用評讚之？但藍鼎元作品中的擅於辨
證，確實是歷歷可指。

　　著名的〈論臺鎮不可移澎書〉一文可說是很好的例子。此封書信除
起首客套語不論，其議論重心以朝廷部臣下達的「臺鎮移澎」憲令為正，
所謂「本之」；以藍鼎元親身登陸臺灣、深入民情的的經驗和觀察，分
析臺澎現實地理為反，所謂「原之」；以部議執行的可見後果，提出嚴
正警告，並明確作出「臺鎮不可移澎」的具體建議為合，所謂「用之」。
經過如此辨證之後，臺灣位置的攸關大清安危，已昭然如在目前，臺鎮
移澎命令之膚淺，也令人無法苟同。此文見解最後終能撼動朝廷，使得
政策及時懸崖勒馬，臺灣日後的治安方能有較強固的憑依。文章，果然
是「經國之大業」（曹丕〈典論論文〉語）。

　　再如〈論征臺壯丁停餉歸農書〉，直可謂為兵請命。回溯當初為募
集兵丁千餘人許以名利，今事成正待論功行賞，卻欲以停餉解散，若命
令一出，失信於兵，恐將招致難以收拾的後果，因此藍鼎元急速修書一
封請即收回成命。藍鼎元運用反覆辨證，一再對比今昔，並陳正反後果，
呈現出若真執行上命之後的可能情況，突顯此令的不當：

> 此曹招募之初，原許給與各糧，造入兵籍，俾出死力以建功名。
> （昔 - 本之 - 正）……今地方事定，正功行賞之秋，酌酒相慶，望
> 功加部劄者不知凡幾。一旦停止月糧，令回農畝，將無視為空中
> 霹靂，可驚可愕之事乎！（今 - 原之 - 反）……
> 小人無知，曉曉有詞，謂事急欺我以出征，（昔 - 本之 - 正）事平
> 束我于高閣。昔許我官，今吝我糧。人而無信，不知其可，鳥盡

弓藏，復見今日。（今 - 原之 - 反）

使千餘人俛首遵命，覓舟配載，亦已駭人耳目。（本之 - 正）萬一
掉臂弗依，勢難終止。慴以兵威，遂成變亂。（原之 - 反）……
某謂此千餘人萬不可棄。……似不如仍留在伍，汰內地各營老弱
以補之。（用之 - 合）

正反辨證的結果，使得事理欲加明晰，這不僅關乎政治的舉措而已，尤
其暴露出官宦的傲慢自大，失信無禮，若此諸人讀此信當覺汗顏啊！

（2）系統佈局的鋪敘

完成一篇佈局周密的文章，首先要能化繁為簡，提綱挈領；接著要
能順序井然，言之有理；終究達到首尾完備，渾成一體。這樣的歷程符
合初現、發展、收束的自然規律，展現出一種順序美，與人類心緒情感
的波動規律、理智思考的推進規律，都是相協和的，這也可謂是一種美
感享受。如此可以說周密完整的敘述，是讀者內心自然的期望。也因此，
正式文書力求四平八穩，正是符合這樣的基本內在心理。因此，即使馬
前落筆何其緊急，或善後經理何等龐雜，只要先做到了靜心立意，繼之
以章法技巧的運用得宜，則文章辭達氣順的目標，應該也能雖不中亦不
遠矣。

對於結構的安排，劉勰認為應該做到：

附辭會義，務總綱領，驅萬塗於同歸，貞百慮於一致。使眾理雖繁，
而無倒置之乖；群言雖多，而無棼絲之亂。扶陽而出條，順陰而
藏跡；首尾周密，表裡一體。此附會之術也。（《文心雕龍・附
會》）

為文若可做到提綱挈領、井然有序、渾然一體，便能使讀者一目了然，
掌握重點。對於論辨文而言，結構佈局之完備尤其重要。以藍鼎元沉穩
的性情、過人的識見，助之以有系統的陳述技巧，則其行文條理之清晰、
說服力之強勢、影響力之綿遠，也自然能夠有跡可循了。不論短製或長
篇，起結完備，首尾呼應，是《東征集》中許多篇章的共同特色。

　　例如〈覆制軍臺疆經理書〉一文可為典型。除了文章首尾的前言、結語之外，論事則逐條陳列上級來函的指示，以「**伏讀憲諭**」摘錄諭令重點，再以「**今竊議**」、「**今所宜更議**」、「**今擬**」、「**妄為酌議**」等語詞區隔，舉述臺地古來的歷史變遷、現時的地理實況，與執行時的可能困難，逐一商議，剖析利弊，精算情勢，最終斬截直言，具體建議。全文綱舉目張，理路條暢，心無模稜，胸有定見。有條不紊的系統佈局，使議論格外細膩分明，即使屢屢衝撞上意，卻在相互對比之中，益發彰顯其識見的可行性與正確性。

　　再如朱一貴事件善後，上令將起事者所在地之羅漢門、黃殿莊等毀屋、焚田、驅民，以收淨空封鎖之效。藍鼎元書中直言此是「**因噎廢食，乃為全身遠害**」，明白標出六大「**可慮**」，逐一力陳其中弊害，廓清思考盲點，這彷彿六道利箭，一一摧破上諭，其勢難遵行，已不言可喻。

　　又如鑑於朱一貴之起事，上諭擬將臺地兵備添防。藍鼎元亦深感必要，但他進一步指涉全臺，分區擘畫，自郎嬌（今恆春）起佈置兵員之外，尤其應在諸羅以上增設一縣、淡水則設巡檢，兼顧雞籠山後，言簡意賅，格局遠大，展現出對臺地長治久安之經略懷抱，也切中治安之要點。後來雍正元年（1723）頒布設置的彰化縣、北路三營，正是朝廷聽取其建議後的重大決策。

　　〈覆制軍臺疆經理書〉全文雖長達 4300 多字，所涉諸事紛雜龐大，讀來卻能要言不煩，明快淋漓，甚至理氣暢貫，令人意猶未盡。析之可各為短論，合之可化為長篇，其要在於各節體系獨立，述論章法縝密，加以所論深具見地，本文允為藍氏《東征集》的重要代表作。

　　再有〈論臺中時事書〉最是綱舉目張，一目了然。第一段開門見山便將欲述之時事一一標舉，謂：

> 臺中時事，有大可慮者三：米貴兵單、各官窮蹙、政務懈散，而又將有移鎮澎湖之舉，是合之而四矣。

其後依此順序逐一鋪敘，剖析時事可慮之處，並提出修補之見，關心之

情，溢於言表。

四、結語

　　《東征集》脫稿於兵馬倥傯之際，應用於兩軍對決的關鍵時期，立論往往攸關大局，牽一髮而動全身，六十篇既是紀錄朱一貴事件的珍貴歷史文獻，也是臺灣早期少見優秀的宦游文人的散文作品。沙場文學的嚴整端肅、俐落果毅，實在大大有別於太平時代的日常案頭寫作。

　　《東征集》作品多數要求高度的實務應用性，就政務方略往來發表的論文，都有其明確且具時效性的訴求，其篇章發表後的效果常常是明顯且立即的，這絕對不是紙上談兵。「實用」成為《東征集》最鮮明的基礎特色，偏屬於應用性散文。

　　書文往來是當時決定政策的重要討論管道，然臺灣地處海表之外，舟車交通不便，十分勞煩，論札上下往來宜言之有物，《東征集》作品便是以文武官員之間往來議事的書信為最大數量。在全書六十篇作品中，絕大多數為說理性兼實用性散文，尤其以諮議磋商的論辨文字為最主要，間及少部分的山川賞覽的遊記。基本上，藍鼎元是以經理臺地的角度，作為《東征集》寫作的基礎眼光。因此在文章中少見遣興抒懷的柔情，而多能見其經略擘畫的剛健胸襟。在此經國濟民的端肅格局下，其文章趨向於陽剛風格的表現，確切彰顯了當時征戰的背景氛圍；而其作品佈設條理周密的結構，則適切地運用辨證等方法，有效強化了見解的說服力，藍氏在識見卓越出眾、展述細膩有序兩方面，具體呈顯出了雙重的優異成績。

　　藍鼎元在運思屬文上，大體立意正而理脈暢，理脈暢而氣勢盛，可謂兼具「意」、「理」、「氣」三體，使其篇章在文學上表現出意正、理暢、氣盛的陽剛特質，文學成績卓然可觀，足以與其歷史文獻成就相輔相成，藍鼎元《東征集》實屬難能可貴之作。

　　如《東征集》一般優秀的臺灣傳統漢語散文，歷來亦頗有可見，例如：江日昇《臺灣外記》是一部生動活潑的歷史小說、郁永河《裨海紀遊》是一部優秀寫實的遊記文學，再有徐宗幹《斯未信齋文編》、吳德功《瑞桃齋文集》等等，皆別具特色，各有可觀。固然詩可以為史，文又何嘗不是呢？散文的表現與詩歌各成異趣，其形式多樣與內涵多元，都使散文具有極大的廣度與深度。尤其在臺灣特殊的地理環境、與變遷的歷史歷程為背景之下，長期以來臺灣傳統漢語散文的寫作，無非也是歷史書寫的重要側面。放觀歷來地方志中浩浩卷帙所採錄或所參照[43]，詩文必然都是最重要的內容與材料。而藍鼎元《東征集》之作，既深具史學文獻的價值，又兼涵文學藝術的美感，可說是臺灣傳統漢語散文中的典型之作。

　　臺灣傳統漢語文學的形式，大體上不外乎詩與文兩大類。臺灣歷來詩歌數量之豐富早已眾所周知，《全臺詩》的編纂即是具體的呈顯；然而臺灣歷來散文作品的分析研討或彙編綜觀，卻仍然深感不足。如果有朝一日也能有《全臺文》的編修，則臺灣傳統文學豐富的內涵，便能有更加完整的展現。

【本文原載《東海大學文學院學報》第 44 卷，2003 年 7 月】

43　參吳福助《清代纂修臺灣方志徵引詩文研究》，國科會研究計畫。

高雄市內門朱一貴文化園區紀念碑。2015 年 4 月 25 日。

內門區興安宮朱一貴神像。2015 年 4 月 25 日。

戰後彰化傳統漢詩期刊探析

提要

　　傳統漢詩在戰後逐漸退居臺灣文學主流之外，但傳統漢詩期刊卻有四組總計七種刊物，都集中在彰化縣境內編輯發行，並且前後連續超過60年。這四組刊物是：1.鹿港鎮施梅樵《臺灣詩學》月刊。2.彰化市洪寶昆《詩文之友》月刊系列（含《瀛海吟草》雙月刊、彰化市王友芬《中國詩文之友》月刊）。3.彰化市吳錦順《臺灣古典詩擊缽雙月刊》系列（含二林鎮邱闐南《臺灣古典詩詩學雙月刊》）。4.花壇鄉楊龍潭、張儷美《中華詩壇》雙月刊。這四大傳統漢詩期刊與彰化地區的密切關係，主要在地緣、人緣雙方面：其一，主要編輯地點都在彰化縣境內。其二，主事者皆為彰化縣菁英人士，相互之間尚且多有詩友、師生的情誼。透過四個世代的接棒傳薪，銳意倡旺詩壇香火，於詩刊興替之間互助相挺，延續一線詩脈於不輟。

　　本文探析戰後彰化縣境內傳統漢詩期刊的發展歷程，評述戰後彰化地區傳統漢詩期刊的編輯發行，突出地展現了歷史的連貫性、空間的集中性以及人事的鄉土性，儼然有「文學集團」的意味，對於提振在地乃至臺灣全島的詩風雅學，都提供過值得肯定的貢獻。戰後臺灣四大傳統漢詩期刊，相承一脈於以農業為主體的彰化地區，如此看來，戰後傳統漢詩的書寫就不完全只是藝術創作而已，應該還有認同傳統文化、重視傳統詩學薪傳的在地集體意識，從而呈現了彰化傳統漢詩社群濃厚的闡揚社會文化的使命感。這份闡揚社會文化的使命感，透過傳統詩社的經營與傳統漢詩期刊的發行，得以具體實踐與展現。

　　關鍵詞：彰化、戰後、傳統漢詩期刊、《詩文之友》、《臺灣古典詩擊缽雙月刊》

一、前言

傳統漢詩期刊在日治時期，是漢詩社群詩人們彼此溝通聲氣的重要聯絡管道，曾經盛極一時，蔚為千古未曾有過的奇觀。可惜受到二戰末期日本總督府禁止漢文政令的影響，傳統漢詩期刊在臺灣本島幾乎全面停刊[1]。直到戰後，傳統詩刊方才重新陸續興辦。戰後當傳統詩社持續活動的同時，傳統漢詩期刊的發行也有了基本的意義，詩刊的存在主要是提供詩人公開發表詩作與分享交流的場域，反映傳統漢詩寫作的現況成果。戰後傳統漢詩期刊的經營，面臨著傳統詩在大環境中逐漸被弱化的威脅，也承擔著詩人發表園地的需求。尤其臺灣自日治以來盛行的擊缽活動，雖然長期受到批評，仍依舊延續至戰後，詩社／詩會擊缽優勝作品蜂出，這些作品既期待公開發表，也成為不少傳統詩刊的重要稿源。

戰後傳統漢詩期刊繼承著日治盛況，仍有其市場的需求，卻同時也面對著嚴苛的環境新挑戰。尤其是新文學躍升為主流的大趨勢之下，傳統詩刊的定位與生存都更加艱困。在此時勢中，彰化地區卻出現四組總計七種刊物，前後連續超過 60 年的詩刊發行史。這四組刊物是：1.鹿港鎮施梅樵《臺灣詩學》月刊。2.彰化市洪寶昆《詩文之友》月刊系列（含《瀛海吟草》雙月刊、彰化王友芬《中國詩文之友》月刊）。3.彰化市吳錦順《臺灣古典詩擊缽雙月刊》系列（含二林邱閱南《臺灣古典詩詩學雙月刊》）。4.花壇鄉楊龍潭、張儷美《中華詩壇》雙月刊。以上四組傳統漢詩期刊都在彰化地區編輯發行，顯示彰化詩人在戰後傳統詩壇促進詩脈薪傳上做出了具體貢獻，在臺灣近當代詩壇引領風騷。本文探析戰後彰化縣境內傳統漢詩期刊的發展歷程，評述彰化地區傳統詩人社群編輯發行漢詩期刊的社會文化意識，及其貢獻與影響。

二、戰後臺灣傳統漢詩的發展

臺灣傳統漢詩的發展，至日治時期達到顛峰，主要有兩大表徵：其

1　昭和 12 年（1937）4 月，總督府通令各報紙廢止漢文版，漢文書房也全面禁止。惟有《風月》更名《南方》後，仍繼續刊行。

一為詩社林立，其二為詩刊紛出。據筆者統計，日本統治臺灣五十年期間，全臺詩社計達 300 餘社[2]。放諸現今全臺 319 鄉鎮而言，平均已達一鄉鎮一詩社的程度，其密集盛況實非今日可與匹敵。再觀詩刊之出版，在殖民政治的背景之下，雜誌的出版受到嚴格的管控，而以文學藝術類所佔比例最高，著名者如《詩報》、《三六九小報》、《臺灣文藝》、《臺灣詩薈》、《藻香文藝》、《詩集》、《風月》等，時至今日，其中之《詩報》、《三六九小報》、《風月》均已複製重刊，足見價值與影響之重要。

詩是精緻的文學藝術，日治時期傳統詩學盛況的重要意義之一，在於臺灣文人視漢詩寫作為寄託民族情懷與延續傳統漢文化的有效方法，並藉以抵抗日本政府對臺灣人民施行的同化政策。臺灣文人的傳統詩書寫，一則以寄情書寫胸懷，一則以傳承文化薪火。因此在日治時期臺灣文學發展歷程中，傳統詩歌於美學創作之外，別具有強烈而特殊的文化與時代意涵。此一特色，在戰後新形勢中，有了新挑戰，也有了新意義。

（一）傳統詩社的發展

戰後，日本殖民帝國戰敗撤出臺灣，而自日治時期以來的詩社能量仍然延續，自中國大陸遷臺的不少文人雅士加入，與臺灣本地文人相互唱和，為傳統詩壇注入了一股新血。尤其是部分黨政高層人士，如于右任、賈景德、何志浩等人的提倡與投身，藉以配合國策推動中華文化，戰後傳統詩壇受此鼓舞曾一度十分蓬勃。一些活動力較強的詩社，至戰後依然維持社務運作，如臺北瀛社[3]、彰化二林香草吟社[4]、臺南北門鯤瀛詩社[5]等，至今詩韻不輟。雖然新文學在戰後愈加活躍與普及，加之以國

2　臺灣自清代以來的詩社發展，詳見林翠鳳〈臺灣傳統詩歌及詩社〉一文「臺灣傳統詩社彙編」附表，收入國史館臺灣文獻館 91 年暑期臺灣史研習營《講義彙編》（南投：中興新村，2002 年 7 月 26 日）。

3　瀛社初創於明治 42 年（1909）農曆 2 月 16 日，民國 95 年（2006）4 月 16 日瀛社正式登記立案成立「臺北瀛社詩學會」，擴大為全國性傳統詩社團。現任理事長為林正三。參林正三主編《瀛社百年紀念集》（臺北：文史哲出版社，2009 年 10 月）。

4　二林香草吟社創立於大正 3 年（1914）。張永楨，〈香草吟社沿革〉，《中華詩壇》，2 期（2002 年 3 月）頁 5。

5　臺南北門鯤瀛詩社創立於大正元年（1912），原名嶼江吟社。吳中，《鯤瀛詩文集》（臺南：

家文藝政策也傾向提倡新文藝[6]，明顯地對傳統詩壇產生衝擊，並且有些地區詩社在戰後自然萎縮或終止，但仍然可見新興的傳統詩社陸續成立。根據筆者初步的彙整，戰後至今（1945-2016）臺灣地區傳統詩社累積總數達 70 餘社[7]。這樣的數字比例與日治時期相較已是懸殊，實難以匹敵，反映傳統詩退出時代主流之外已是事實。雖是如此，但在至今社會上仍然擁有一定數量的愛好群眾，陸續相繼立社遊藝，可見得傳統詩歌的動人美感，具有跨越時代的雋永性。傳統詩社的當代存在雖然充滿著艱鉅的挑戰[8]，但同時也展現出可貴的堅毅韌性。

觀察戰後臺灣民間傳統詩社的運作型態，大致有四大系統：

1. 傳統型態的詩社、詩會：繼承傳統詩社單純的文學聯誼運作方式，以課題、擊缽、吟唱為主，主要目的在於切磋詩藝與詩友聯誼，大多定期例會。

2. 與社教文化結合：詩社與書、畫等不同型態的社團結合，以多元相依共存的方式聯合發展，例如：員林「彰化縣國學研究會」係合併興賢吟社與墨林書畫會於一。[9]

3. 民間信仰團體系統：由民間宗教信仰團體開設的漢詩班、漢學班，或結合廟會舉辦詩文活動，提倡傳統文藝，例如：埔里孔廟開辦詩學班。

4. 網際網路：傳統詩歌透過網際網路的傳輸，破除地域與時間的限

鯤瀛詩社，1994 年），頁 17。

6　參李知灝，〈戰後臺灣古典詩書寫場域之變遷及其創作研究〉，中正大學中國文學研究所博士論文，2009 年 7 月。

7　參林翠鳳，〈臺灣傳統詩歌及詩社〉一文「臺灣傳統詩社彙編」表。
另，大專校院古典詩社團未計入。大學古典詩社團早期較盛，後漸凋歇停社，察現今仍持續運作者有：臺灣師範大學南廬吟社（1965 年創）、東吳大學停雲詩社（1979）、淡江大學驚聲古典詩社（1994）、輔仁大學東籬詩社（1997）、臺灣大學望月詩社（1998）、中興大學中興詩社、空中大學臺中心詩學社等。

8　筆者認為，當今古典詩社面對著五大挑戰：1. 耆老凋零，新血不足、2. 詩作質量的提昇、3. 與時俱進的應變能力、4. 讀者的開發、5. 社會連結的深化。參林翠鳳，〈當代臺灣傳統詩社團經營實務的觀察——以彰化縣詩學研究協會為例〉，《東海大學文學院學報》，47 卷（2006 年 7 月）頁 195-234。

9　吳春景，〈彰化縣國學研究會沿革〉，《中華詩壇》，2 期（2002 年 3 月）頁 6。

制，達到快速交流分享的目的，例如：網路古典詩詞雅集。[10]

　　傳統詩社運作的四大系統大多屬於實體運作，包括實體的空間、實體的聚會等，也包括實體詩刊的流通。

（二）傳統詩刊的發行

　　筆者彙整戰後發行的傳統詩期刊，所得有 32 種（詳附錄一：二戰後臺灣傳統詩刊表）[11]。綜觀之：

　　1. 以主要編輯地域來看，主要集中在臺北，達 17 種之多，佔全體約二分之一，這與臺北為首善之區必然有關；其次是彰化 8 種，獨佔四分之一；其他各縣市聯合約四分之一。彰化地區計有五組 8 種刊物，分別為《臺灣詩學》月刊、《詩文之友》月刊系列（含《瀛海吟草》雙月刊、《中國詩文之友》月刊）、《臺灣古典詩擊缽雙月刊》系列（含《臺灣古典詩詩學雙月刊》[12]）、《中華詩壇》雙月刊、《香草雅風》。彰化並非臺灣三大都會之一，以詩刊數來說，卻顯然是當代傳統詩刊的重鎮。由於發行自高雄岡山的《鯤南詩苑》月刊早在 1962 年即已停刊，臺灣傳統詩刊界其實長期以來便是由臺北與彰化兩地分庭抗禮。彰化地區在戰後臺灣傳統詩壇的地位不言可喻，顯得格外突出。

　　2. 以主要編輯人來看，綜觀臺灣五〇至七〇年代，戰後至今的前半期所刊行的古典詩刊，以寓臺詩人主辦者為多，包括《臺灣詩報》月刊、《臺灣詩壇》月刊、《鯤南詩苑》月刊、《中華詩苑》月刊、《中華藝苑》週刊、《中華詩學》月／季刊、《中國詩》季刊、《楚騷吟刊》半年刊、《夏聲》月刊等都是。除了《中華詩學》月／季刊由具有官方與學術色

10　參林翠鳳，〈當代臺灣傳統詩社團經營實務的觀察——以彰化縣詩學研究協會為例〉（2006年 7 月）。

11　部分雜誌中也有附載古典詩，例如：民國 35 年（1946）發行的《正氣月刊》，及民國 36 年（1947）刊行的《建國月刊》等。因非專刊，暫不計入彙表。

12　彰化吳錦順創辦之《臺灣古典詩擊缽雙月刊》發行至 33 期（2000 年 3 月）起更名為《臺灣古典詩詩學雙月刊》，至 39 期（2001 年 4 月）後停刊。發行地雖因後繼主編邱閣南居地而記載為臺中，然其仍為原《臺灣古典詩擊缽雙月刊》系統，且邱閣南本為彰化二林人，故可歸納為彰化地區。

彩的中華學術院詩學研究所主持之外，其餘以江西曾今可（1901-1971）、江西胡鈍俞、金門張作梅三位詩老鼎足天下。這三位先生可謂撐起戰後前期臺灣傳統詩壇的半邊天，對會通詩壇、鼓舞詩風頗具貢獻。

　　在此形勢之下，由臺灣本土人士所創設的詩刊，僅有施梅樵《臺灣詩學》月刊與洪寶昆、王友芬《詩文之友》月刊系列，而此二種詩刊都是由彰化人士主事編輯，鮮明的在地性背景，遂成為詩刊在戰後前期傳統詩壇界的一大特色。其中的《詩文之友》後來更以其融通各方的編輯內容，及發行之巨量，與《臺灣詩壇》、《中華詩苑》並稱為三大傳統詩刊。再者，《詩文之友》系列發刊長達 41 年，成為臺灣詩史上公開發行最長壽的古典詩刊[13]，無疑的，正是以彰化在地詩人為主的編輯團隊合作努力所獲致的珍貴成果。彰化詩人群為臺灣傳統詩壇締造了不可磨滅的歷史貢獻。

　　七〇年代之後，不少詩刊相繼停刊，自前期以來持續發行者，僅餘《中華詩學》、《楚騷吟刊》與《詩文之友》，前者以機關單位為後盾持續至今，已屬可貴；中者為同人刊物，僅作社員同人交流，雖是封閉型刊物，然能細水長流，亦甚可敬；後者為民間詩友組成，其經營有成實為不易。且七〇年代之後一改前期風貌，已幾乎都由臺灣青壯輩本土詩人創立或主編詩刊，包括有花蓮曾文新、吳劍鋒、臺北林正三等，各展風華，再有彰化吳錦順、二林邱閱南、花壇楊龍潭、張儷美等，恰都是彰化人士。凡此可見彰化詩人群獨領風騷於詩刊界已久矣。

　　以上可知，彰化地區詩人世代相承，攜手致力於古典詩的推動與延續，用力既深且久，是戰後臺灣傳統詩壇的成果可觀的地區。

13　《春人吟集》創刊於 1952 年，後於「蘆馨的詩詞園地」部落格以電子形式發佈，至 2016
　　年 1 月已至第 328 期，期間長達 64 年，是十分長壽的詩刊。但此為春人詩社內部的同人刊
　　物，未公開於詩壇市場發行，與《詩文之友》月刊系列性質不同。參「蘆馨的詩詞園地」：
　　http://blog. xuite. net/lehua. chen/twblog/374994386-%E6%98%A5%E4%BA%BA%E8%A9%A9%E9%
　　9B%86+%E7%AC%AC328%E9%9B%86+%E8%AA%B2%E5%A4%96%E5%90%9F%E9%81%B8%E9%8C%8

三、戰後四大傳統詩刊的彰化在地性

從施梅樵主編《臺灣詩學》起，歷《詩文之友》月刊系列、《臺灣古典詩擊缽雙月刊》系列，至當今《中華詩壇》雙月刊，此四大詩刊以彰化為基地，薪傳引領臺灣詩壇風騷，早已超過一甲子，[14] 諸詩刊與彰化在地的關係至為密切。

（一）戰後四大傳統詩刊在臺灣詩壇的地位

戰後相繼推出的四大傳統詩刊值得受到注目的原因：其一，在於各刊編輯地同樣都在彰化地區；其二，幾乎各刊都是當時全國發行量最大的古典詩刊，助益於溝通詩壇近況訊息，是民間詩社主要的聯絡平臺，擁有全臺高知名度，在臺灣傳統詩壇具有重要地位。

《臺灣詩學》雖僅出刊二集即戛然停止，但據載：其同心會員高達600 餘人。足見潛力甚厚，未來可期。《詩文之友》的發行量曾於〈編後記〉中自述道：「編者在這裡告訴大家，每期出版二千份《詩文之友》。」[15]

吳錦順創設《臺灣古典詩》擊缽雙月刊後，一改前人作風，運用靈活的業務手法經營詩刊，至 25 期（1998 年 11 月）交棒時已達 600 餘戶，[16]繼者邱閱南繼續銳意經營，曾擴充至幾達 1000 戶，穩坐全臺第一大詩刊寶座，詩壇無人不知。[17] 而現行的《中華詩壇》訂戶亦高達數百戶。彰化地區儼然成為臺灣傳統詩壇的重鎮。

這些發行業務上的可觀成績，一則也由於經營者的戮力以赴；再則由於詩刊多以刊載詩社擊缽課題優選之作為主，稿源較為充裕，讀者群有一定的基本量。

14　《香草雅風》由於是二林香草吟社社內同人刊物，與前述銷售流通諸刊物性質不同，暫且不論。

15　見《詩文之友》7 卷 1 期〈編後記〉，1956 年 5 月封底內頁。

16　筆者訪問吳錦順記錄，2011 年 8 月 10 日。

17　見邱閱南，〈因緣與使命——訪臺灣古典詩刊總編輯吳錦順老師〉，《臺灣新生報》「臺灣詩壇」，73 期（1997 年 12 月 7 日）。又，見吳錦順、施坤鑑合著，《工程師詩人 --- 吳錦順漢詩作品集》頁 20（彰化：彰邑文教基金會，2003 年 10 月初版）。

　　雖然登載擊缽詩一直以來都受到議論，然而詩刊的暢銷既滿足了眾多詩人們發表作品與流通訊息公開平臺的需求，也如實反映了臺灣詩壇至今課題擊缽風行不墜的現況。彰化地區詩人們正視現實需求，同心提倡雅風，期使詩教再興的苦心孤詣，正是推動詩刊可以蓬勃長青的一項內在因素。

　　實則，彰化自雍正元年（1723）建縣以來，文風鼎盛綿延，以詩社來看，清代時期鹿港蓮社（1889年之前）與彰化荔譜吟社（1890年之前）已為濫觴，日治時期今彰化縣境內詩社數量高達29社，戰後至今亦有12社，其中員林興賢吟社（1997）、二林香草吟社（1921）、彰化詩學研究協會（1977）、彰化學士吟詩社（1999）、鹿港文開詩社（1981）等社目前尚且保持常態性例會活動，成果輝煌。（詳附錄二：二戰後彰化縣詩社表）在當今各縣市詩社多有衰頹的情況下，彰化地區傳統詩的活力，顯然成為當代臺灣詩壇最活躍的地區之一。不論是詩刊或詩社的經營，都歷時百年以上，彰化傳統詩脈百年長衍不息，展現歷久彌堅的韌性，是十分難能可貴的文化力，也是足以做為標誌的在地經典文化。

（二）戰後四大古典詩刊與彰化的地緣人緣

　　四大古典詩刊與彰化的關係極為密切，主要在兩方面：其一乃主要編輯地都在彰化縣境內，其二為主事者為彰化菁英人士。分述之。

1.《臺灣詩學》──彰化縣北斗鎮

　　《臺灣詩學》創刊於民國37年（1948）10月10日，為臺灣詩學研究會的所屬刊物，委請霧峰林獻堂擔任顧問，在彰化縣北斗鎮正式發行，由素有詩壇祭酒地位的鹿港施梅樵（1870-1949）老詞丈擔任會長兼主編，編輯為曾任《風月報》主編的青年詩人竹塘林荊南（1915～2003），副會長為北斗區區長林伯餘，發行人為北斗螺溪吟社社長許燕汀。另於臺灣各區設置聯絡委員，有：臺北簡荷生、嘉義楊爾材、花蓮曾文新、臺

東王養源等二十人，[18] 同心會員高達 600 餘人。《臺灣詩學》僅出刊二輯，即因施梅樵於民國 38 年（1949）新曆 2 月過世而中止。然而這顯然是一部由彰化菁英所組成、具有鮮明企圖心的傳統詩刊。

　　2.《瀛海吟草》、《詩文之友》月刊、《中國詩文之友》月刊——彰化市

　　《瀛海吟草》發行於民國 41 年（1952）10 月，由芳苑洪寶昆（1906-1974）一人身兼編者與發行人二職編輯出刊，是他意欲投身詩刊事業的試刊本，共發行三期。發行所在彰化市，收稿處在北斗鎮。由於此三期試刊詩友反應良好，受到鼓舞的洪寶昆，乃於民國 42 年（1953）4 月以《詩文之友》之名正式發行，發行所仍然在彰化市，收稿處也仍然在北斗鎮。為因應正式發刊，因此擴大編輯陣容，洪寶昆仍擔任發行人，是該社的實際負責人，另聘同為《臺灣新民報》社的同僚彰化王友芬（1905-1994）[19] 和北斗林為富（即林荊南），分別擔任社長與編輯人，詩刊社鐵三角的經營團隊從此底定。[20]

　　《詩文之友》發行人自始至終都由洪寶昆擔任，至死而後已。爾後由王友芬接任發行人，林荊南仍是主要編輯人，於民國 63 年（1974）11 月更名《中國詩文之友》，繼續照常運作刊行。直到民國 82 年（1993）秋王友芬因臥病無法主事，不得已方才停刊。彰化三才子勉力合作，持續維護傳統詩刊於不墜的君子情誼，十分難能可貴，已成為詩壇佳話。

　　再者，刊登於詩刊的詩人與贊助者中，也因地緣之故，以中部地區人士為相對大量，使得《詩文之友》創辦初期成為一個以臺灣中部人士為核心的詩人團體。即使後來曾一度將社址遷移到臺北，但為時不久，編輯中心便又轉回彰化。[21] 而後續加入團隊核心的成員，如擔任總經理的

18　見《臺灣詩學》第一輯頁 43。

19　王友芬和洪寶昆兩人都在《臺灣新民報》社擔任過記者和支局長。參林翠鳳，〈王友芬生平及其詩社活動初探〉，《東海大學圖書館館訊》91 期（2009 年 4 月）頁 54-66。

20　詳參林翠鳳主編，《洪寶昆詩文集》（彰化：彰化縣詩學研究協會，2007 年 6 月）。

21　《詩文之友》3 卷 1 期翻然而改，變更幅度之大幾似新刊。包括封面圖樣、封面題字、發行所、印刷所都完全更易，即連社址亦遷至省會臺北，頗有躋身主流詩刊之勢。本期頁 53 即刊

企業家詩人王桂木，與擔任副編的詩壇名家高泰山（1911-1993）、[22] 擔任經理兼編輯的洪寶昆哲嗣洪耀堂等人，都是彰化本地人士。基於同鄉情誼與地利之便，合作無間協辦社務，成就了詩社穩定的人事，更為詩刊事業的發展，提供了最佳後盾。

《詩文之友》系列詩刊自 41 年 10 月創始以來迄 82 年 9 月停刊止，累計時間共長達 41 年，後放眼臺灣詩刊歷史，實無有能出其右者，此為臺灣詩史上發行時間最久的古典詩刊。[23]

3. 《臺灣古典詩擊缽雙月刊》、《臺灣古典詩詩學雙月刊》——彰化市

《中國詩文之友》因發行人王友芬病重仙逝而不得不停刊，一年之後，在詩壇多方力促再興詩刊聲中，擔任《詩文之友》社編輯委員的王友芬忘年摯友、彰化工程師詩人吳錦順，毅然決然承擔此一重任，於民國 83 年（1994）11 月，挺身創辦《臺灣古典詩擊缽》雙月刊，成為志繼前賢，復興再造的全新詩刊。吳錦順擔任總編輯，並實際承擔刊行庶務。推鹿港詩家吳東源為社長，敦請瑞芳楊阿本、臺中胡順隆、南投吳揚誠、臺南陳敏璜四位詩人共同擔任副社長，委請北門吳中與吳錦順共同擔任主筆。編輯委員群則廣納詩界各地大老名家加入，總數高達 39 人，幅員遍及北中南各區，展現出聯合全臺古典詩壇通力合作一展新猷的強烈企圖心。且結合吳錦順門下弟子及詩友多人，組成助理編輯團隊，包括彰化謝秋美、花壇張儷美、田尾邱燈昌、永靖邱玉卿、芬園楊能欣、鹿港吳榮鑾等人，以及後來吳錦順栽培的繼任者二林邱閱南，這一支隊伍都是年輕一代的彰化青年詩人，一則以協助支援刊務，一則以培訓後輩，總編輯的用心良苦，可見一斑。使得此刊物甫一推出，就形成了以彰化

出「慶祝詩文之友遷省會發行」標題全版誌賀。至 4 卷 2 期，原本的彰化社址成立第二編輯室，與臺北社址並立。

22　王桂木與高泰山兩位生平與文學，可參閱李知灝，〈王桂木先生事蹟概述〉與謝翠娟，〈八卦山詩人—高泰山及其「養性吟草」賞讀〉，分別收錄在林翠鳳主編，《大彰化地區近當代漢詩論文集》（彰化：彰化縣詩學研究協會，2011 年 6 月 12 日）頁 59、頁 29。

23　《詩文之友》發行至 40 卷 5 期，民國 63 年 10 月 1 日；自 40 卷 6 期（240 期）起改名《中國詩文之友》發行至 464 期，民國 82 年 9 月 1 日後停刊。

為總部，收納全臺的態勢。

　　《臺灣古典詩擊缽雙月刊》發行至 25 期（1998 年 11 月），原總編輯吳錦順為期「**詩刊生命無窮**」[24]，交棒予特意栽培的青年詩人邱閱南。至 33 期（2000 年 3 月）起將原刊更名為《臺灣古典詩詩學雙月刊》。發行至 39 期（2001 年 4 月）後停刊。邱閱南，原彰化二林人，從事教職，雖家居臺中龍井，仍然是彰化子弟，且其岳丈亦為二林知名詩人蔡耕農，翁婿聯袂活躍於臺灣詩壇，亦為佳話。[25]

　　4.《中華詩壇》雙月刊——彰化縣花壇鄉

　　《中華詩壇》月刊為中華民國傳統詩學會的機關刊物，詩刊負責人自始至今皆為彰化花壇詩侶楊龍潭、張儷美[26]伉儷。賢伉儷自青年時期追隨吳錦順習詩，大量參與詩壇事務，即以彰化為主要地區，活躍於全臺古典詩壇，是當今詩壇青壯輩的棟梁之材。

　　由上述，四大詩刊的主事者的世代關係可以整理如下：

　　第一代：施梅樵（《詩報》資深顧問）、林荊南（《風月報》/《南方》
　　　　　　主編）→

　　第二代：洪寶昆（戰後初期與林荊南同時寓居北斗）、王友芬（與
　　　　　　洪寶昆同為《臺灣新民報》社同僚）、林荊南（施梅樵《臺
　　　　　　灣詩學》執行編輯）→

　　第三代：吳錦順（王友芬摯友、《詩文之友》社編輯委員）、邱閱
　　　　　　南（吳錦順詩學研習營學員、《臺灣古典詩擊缽雙月刊》
　　　　　　編輯）→

24　參吳錦順，〈總編輯文告——該是交棒的時候了〉，《臺灣古典詩擊缽雙月刊》24 期（199
　　年 9 月）頁 4。

25　廖珮吟〈邱閱南先生訪談記錄〉，《《臺灣古典詩雙月刊》之研究》頁 217，中正大學臺灣
　　文學所碩士專班論文，2012 年 7 月。

26　張儷美女史，原名作「麗」，後改名作「儷」。後記：張女史不幸於民國 108 年（2019）12
　　月 19 日以疾謝世。

第四代：楊龍潭、張儷美（皆吳錦順弟子、《臺灣古典詩擊缽雙月刊》
　　　　編輯）。

由以上可見：四大詩刊的主事者都是彰化詩壇名家，相互之間尚且
多有詩友、師生的情誼，透過世代接棒傳薪，銳意倡旺詩壇香火，於詩
刊興替之間互助相挺，延續一線詩脈於不輟，前後已逾一甲子，四大詩
刊彼此間存在著深深繫連的緊密網絡，這是臺灣詩壇自日治以來詩教的
直接繼承，也是彰化詩人致力維繫雅學文化的具體作為。

四、結語 --- 從社會文化資產觀察

文學是一種藝術，也是一種現象；詩刊是一種文學載體，也是一種
意識反映。文學詩刊固然也可以從資本事業體的角度來看，然而從人文
精神層面、從歷時性來觀察，當戰後四大傳統詩刊相承一脈於以農業為
主體的彰化，傳統詩的書寫可能就不完全只是藝術創作而已，應該加上
的還有認同傳統文化、重視詩學薪傳的文人集體意識，這是彰化詩人群
的社會文化使命感。這份使命感透過詩社經營與詩刊發行，得以具體實
踐。而長期相輔相成累積出來的結果，自然衍化為在地文化的一部份，
而成為具有底蘊的社會文化資產，擁有美學、教育、思想等文化意涵，
甚至是經濟產業的功能。

臺灣有許多文人也如同彰化詩人一般，對傳統文學具有使命感，努
力於自我創作、詩社推動或詩刊發行。然而戰後四大傳統詩刊是比較突
出地展現了歷史的連貫性、空間的集中性以及人事的鄉土性，儼然有「文
學集團」的意味，對於提振在地乃至臺灣的詩風雅學，都提供了絕對值
得肯定的貢獻。四大傳統詩刊為標記的傳統詩，是應該被在地珍惜的社
會文化資產。

文化資產要由在地保護做起。戰後彰化四大傳統詩刊基本上都是由
民間人士進行自發性的文獻保存工作。《臺灣詩學》目前尚未見得原刊
本，幸好影本尚在；《臺灣古典詩擊缽雙月刊》、《臺灣古典詩詩學雙

月刊》與《中華詩壇》都在晚近發行，編輯人處都還有保存。比較困難的是《瀛海吟草》、《詩文之友》月刊、《中國詩文之友》月刊，由於年代較早，且歷時數十年，編輯處早已解散，以致各期星散。之前幸有二林許明山先生，以個人之力大致彙集，十分難得。更可貴的是，在《詩文之友》發行人洪寶昆哲嗣洪耀堂先生與彰化縣詩學研究協會的合作努力蒐羅之下，《詩文之友》月刊、《中國詩文之友》月刊發行 41 年間總計 464 期，終於在 2007 年完成複刊本製作，完整公諸於世，提供各界使用。[27] 四大詩刊在今日，已經可以完整具體的提出實體文本，裨益於保存文獻，真可謂詩壇幸事。

民國 94 年（2005）2 月 5 日修正公布的新版〈文化資產保存法〉定義了文化資產的意涵為：「**指具有歷史、文化、藝術、科學等價值，並經指定或登錄之七大類資產**」，這七大類是指：古蹟、歷史建築與聚落、遺址、文化景觀、傳統藝術、民俗及有關文物、古物、自然地景等。[28] 而這七大類的文化資產是受到政府立法保存的對象。

就以所謂的八大藝術為對象來看，除了第八藝術電影是新興藝術不論，美術、音樂、舞蹈、雕塑可符合「傳統藝術」類定義：「**指流傳於各族群與地方之傳統技藝與藝能，包括傳統工藝美術及表演藝術。**」雕塑、建築可符合「古蹟、歷史建築、聚落」類定義：「**指人類為生活需要所營建之具有歷史、文化價值之建造物及附屬設施群。**」文學則是在書籍文獻部分比較符合「古物」類定義：「**指各時代、各族群經人為加工具有文化意義之藝術作品、生活及儀禮器物及圖書文獻等**」，這僅是有關「物形」的部分，並未涉及內涵。顯然，文學是八大藝術中除了電影外，唯一未被列入文化資產保存的項目。但文學算不算是一種文化資產？有沒有更多值得受到重視保存的部分？

中華民國總統馬英九曾提案推動「以正體漢字申報聯合國非物質文

27　《詩文之友》月刊、《中國詩文之友》月刊 41 年 464 期收集完全並提供複刊本，消息發佈於 2007 年 6 月 19 日林翠鳳主編《洪寶昆詩文集》新書發表當日。後蒙國家臺灣文學館注意，收購典藏。

28　文建會文化資產總管理處籌備處，網址：http://www.hach.gov.tw/

化遺產」[29]，而聯合國教科文組織「人類非物質文化遺產代表作名錄」已於 2009 年將最能表現漢字字形美感的書法正式列入名錄中。那麼，最能體現漢字音、義美感的傳統詩，是否也應該以「文化遺產」的概念來予以重視？

文化是一種積累與創造，資產需要珍惜與運用，當文化資產的層面越廣，內蘊越深，也就是文化財越豐厚，相信也必然有助於社會的祥和與深化發展。

【本文原載《東海大學圖書館館刊》，第 4 期。2016 年 5 月。】

29　馬英九總統在 2009 年 12 月 26 日出席第九屆世界華語文教學研討會開幕禮時表示，為保存世界上最優美、歷史最悠久的文字「漢字」，已責成行政院政務委員曾志朗，推動正體漢字申請列為聯合國非物質文化遺產。《自由時報》2010 年 1 月 12 日。

【附錄一】二戰後臺灣傳統漢詩期刊表

序	詩刊名	起迄年（民國）	代表人	機關單位	編輯地
1	心聲	35.07~36.01，共6期	謝森鴻	新竹市聯吟會	新竹市
2	臺灣詩學月刊	37.10.10.～37.11.31，共2期	鹿港施梅樵	臺灣詩學社	彰化北斗
3	臺灣詩報月刊	38.01.01.～40.06.前	江西曾今可	臺灣詩壇社	臺北市
4	鷗社藝苑	39.09~43.12.（同人刊物）	賴柏舟	鷗社	嘉義
5	臺灣詩壇月刊	40.06.09.～50.前後	江西曾今可	臺灣詩壇社	臺北市
6	大眾詩鐘	40.~42.後（同人刊物）	郭海鳴	心社	南投市
7	瀛海吟草雙月刊	41.10.～42.02.，共3期	芳苑洪寶昆	詩文之友社	彰化北斗
8	春人吟集	41~迄今（同人刊物）	李漁叔	春人詩社	臺北
9	詩文之友月刊	42.04.～63.10.，共239期	芳苑洪寶昆	詩文之友社	彰化市
10	海風詩壇	42~？（同人刊物）	基隆許進一	海風吟社	臺北基隆
11	民族詩壇	44.04~51.	臺北呂民魂	自由中國詩人聯誼會	臺北
12	亞洲詩壇	48.01~68.12.，共21期	臺北彭國棟	亞洲詩壇社	臺北
13	詩鐘	54~？（同人刊物）	臺北劉昌星	臺灣師範大學南廬吟社	臺北
14	中國詩文之友月刊	63.11.～82.09.，至464期	彰化王友芬	中國詩文之友社	彰化市
15	中華詩苑月刊	44.02..26～49.06.	金門張作梅	中華詩苑月刊社	臺北市
16	中華藝苑週刊	49.06.～？	金門張作梅	中華藝苑月刊社	臺北市
17	鯤南詩苑月刊	45.06.～51.02.	江西曾今可	鯤南詩苑社	高雄岡山
18	中華詩學月/季刊	58.03.30.～迄今	文化大學	中華學術院詩學研究所/文化大學	臺北市
19	中國詩季刊	59.03.～76.？	江西胡鈍俞	中國詩季刊社	臺北市
20	楚騷吟刊半年刊	61？～迄今（同人刊物）	花蓮姚植	中華楚騷研究會	花蓮

21	夏聲月刊	64 ？	江西胡鈍俞	夏聲雜誌社	臺北市
22	古典詩學	77.~？	高雄簡錦松	高雄市古典詩學研究會	高雄
23	香草雅風	69 ？~？（同人刊物）	香草吟社	香草吟社	彰化二林
24	古典詩刊月刊	79.01.～迄今（同人刊物）	花蓮曾文新	中華民國古典詩研究社	臺北中和
25	漢詩之聲季刊	82.10.10. ～ 85.（同人刊物）	臺北廖一瑾	中華民國漢詩學會	臺北市
26	臺灣古典詩擊鉢雙月刊	83.11.05. ～ 89.01.，共 32 期	彰化吳錦順	臺灣古典詩擊鉢雙月刊社	彰化市
27	臺灣古典詩詩學雙月刊	89.03. ～ 90.04.，至 39 期	二林邱閱南	臺灣古典詩擊鉢雙月刊社	彰化二林
28	乾坤詩刊季刊	86.01.～迄今	臺北林正三	乾坤詩刊雜誌社	臺北市
29	中華詩壇雙月刊	91.01.25.～迄今	花壇楊龍潭、張儷美	中華民國傳統詩學會	彰化花壇
30	藍田詩學月刊	96.05~100.04，共 41 期（同人刊物）	南投歐禮足	藍田書院	南投市
31	長安詩訊	99 ？ ~ ？（同人刊物）	長安詩社	長安詩社	臺北市
32	華聯雜誌	？~？，已停刊	臺灣省耆青力行協會	臺灣省耆青力行協會	臺北市

【附錄二】二戰後彰化縣傳統詩社表

序	社名	成立年代	所在地	成立代表	備註
1	蘭社	明治 36 年（1903）	田中	陳紹年等	僅存孤脈
2	香草吟社	大正 10 年（1921）	二林	許存德等	今仍活動
3	臺灣詩學研究會	民國 37 年（1948）	北斗	施梅樵等	
4	半閒吟社	民國 42 年（1953）	鹿港	周定山等	
5	鹿港聯吟會	民國 43 年（1954）	鹿港	王清渠等	半閒吟社、鹿港吟社合併
6	杏春吟社	民國 46 年（1957）	彰化市	唐瑞等	
7	魁社	民國 46 年（1957）	彰化市	地方人士	
8	春雲詩社	民國 65 年（1976）	彰化市	吳錦順等	
9	彰化縣詩學研究協會	民國 66 年（1977）	彰化市	吳錦順等	今仍活動
10	文開詩社	民國 70 年（1981）	鹿港	施文炳等	今仍活動
11	彰化縣國學研究會	民國 73 年（1984）	員林	陳木川等	今仍活動
12	興賢吟社	民國 86 年（1997）重新登記立案	員林	陳木川等	今仍活動
13	彰化學士吟詩社	民國 88 年（1999）11 月 30 日	彰化市	吳錦順	今仍活動

臺灣詩學

詩文之友 2 卷 1 期

臺灣古典詩擊鉢雙月刊

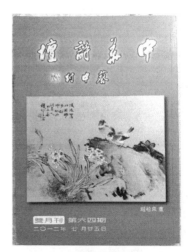

中華詩壇

林翠鳳主編《洪寶昆詩文集》

林翠鳳著《施梅樵及其漢詩研究》

發民間真聲，揚臺灣正音
－鄭坤五〈臺灣國風〉探析

摘要

　　鄭坤五 1925 年發表〈致張我軍一郎書〉，公開駁斥以北京話為白話的論點，認為真正的白話應具在地性，提出「臺灣原有一種平易之文」。1927 年起，鄭坤五於《臺灣藝苑》上，將臺灣民間褒歌 37 首詳加注評，題名〈臺灣國風〉，推昇至崇高的地位。此舉反映出他企圖在社會意識上突出臺灣歌謠文化的獨立性，在文學藝術上挖掘臺灣語文內涵的特殊性，在族群精神上強調臺灣民眾自尊的建設性。將對臺灣文化發展的想望，交集於褒歌的整理。本文觀察〈臺灣國風〉及鄭坤五評點內容，探析得其六大文學藝術性，冀以闡發其內涵價值。1934 年鄭坤五完成輯評〈消夏／迎春小唱〉，十年來他持續推展本土褒歌，鼓舞從事，促進反省。鄭坤五可謂為臺灣白話文學發展史上的時代領航者。

　　關鍵字：民間文學、褒歌、鄭坤五、臺灣國風、臺灣藝苑、臺灣話文

一、前言

　　鄭坤五（1885-1959），是跨越新、舊文學階段的見證者。他能詩擅畫，長於小說民歌，兼通文言白話，筆端嘻笑怒罵，出語剛柔譏刺，實「**具有詩人之心、文人之筆、畫家之眼**」，[1]堪稱一位全方位的藝術家。固然在日治時期新舊文學論戰期間他是傳統詩人陣營的前鋒，實則在與時俱進的腳步上也不落人後。五四運動新文學白話思潮導入臺灣之後，對於「以筆尖寫舌尖」、白話文書寫、臺灣話文等議題，鄭坤五大多是持正面理性的態度。他是古典詩壇的大老，但他勇於跳脫傳統窠臼，同時發表鄉土小說《鯤

圖 1　鄭坤五全家福照
（哲嗣鄭麒傑先生提供）

島逸史》、主持報刊時文筆政、嘗試在來漢文，以創作結合理論，力挺呼應新時代的文學理念。其中，推民間褒歌為「臺灣國風」，將民眾的日常白話唸歌提升至文學崇高的地位，更為人所津津樂道。

　　〈臺灣國風〉據傳是登載於《臺灣藝苑》的一個專欄，蒐集臺灣褒歌，「**創文藝雜誌登載情歌之先例**」。[2]《臺灣藝苑》是日治昭和年間發行自鳳山的一份雜誌，邀請鳳山九曲堂文學名家鄭坤五膺任主編。筆者曾比對鄭氏手稿本[3]與呂興昌教授〈論鄭坤五的「臺灣國風」〉[4]引詩，計

1　〈高雄文學館臺灣鄉土文學先進鄭坤五先生紀念文物展開幕剪綵暨座談會〉，高雄市政府：市政新聞，高雄市政府全球資訊網：http://www. kcg. gov. tw/CityNews_Detail. aspx?n=F71D D73FAAE3BE82&ss=14F3CE4D7429FDEFDFBF3940CD43AEB9E096B51055BDE99AE260F022275D227E1 5C4328E90D1F676，讀取日期：2016 年 1 月 10 日。

2　見林瑞明編：〈臺灣文學史年表Ⅱ〉，收在葉石濤：《臺灣文學史綱》（高雄：春暉，2003 年 10 月），頁 230。

3　參林翠鳳：〈鄭坤五手稿文件的文獻考察〉，收在氏編：《鄭坤五研究（第一輯）》（臺北：文津，2004 年 11 月），頁 241。

4　呂興昌：〈論鄭坤五的「臺灣國風」〉，臺灣民間文學學術研討會論文（新竹：清華大學中文系，

得「臺灣國風」50 首[5]。幸於 2016 年 1 月鄭坤五哲嗣鄭麒傑先生假高雄文學館舉辦「鄭坤五文物展」[6]時，我與《臺灣藝苑》收藏者高雄陳坤崙先生等人，同時受邀參加隆重的剪綵開幕典禮，陳先生慨贈甫出版不久的《臺灣藝苑合訂本》，[7]終於得以一窺〈臺灣國風〉的真貌。

圖 2　《臺灣藝苑合訂本》封面

　　新材料帶來新討論，本文因以《臺灣藝苑合訂本》所見〈臺灣國風〉為主，輔以前獲見之鄭氏手稿本，欲以了解其中確實的內容，並探討鄭坤五看待民間白話詩文的理念為何？他親力評點激推的民間褒歌，究竟有何文彩情韻的魅力可以堪稱「臺灣國風」？試爬梳之。

二、鄭坤五的白話觀

　　臺灣新文學運動自一九二〇年代初期發軔。1924 至 1925 年初，張我軍以〈致臺灣青年的一封信〉、[8]〈糟糕的臺灣文學界〉、[9]〈請合力拆下這座敗草叢中的破舊殿堂〉，[10]連番地以鮮明的主張與激切的言詞，大力批判臺灣傳統文學，痛擊傳統文人，並引進大陸五四運動的理念，意欲推動建立以白話文為寫作工具的臺灣新文學。一再地激起傳統詩壇的強烈反彈，開啟了新舊文學論爭。傳統詩人鄭坤五終究也按耐不住地，以

1998 年 3 月 7-8 日）。

5　見林翠鳳：《鄭坤五及其文學研究》「鄭坤五輯評臺灣國風一覽表」（臺北：文津，2005 年 1 月），頁 111。

6　鄭坤五文物展，策展人：高雄鄭麒傑。主辦單位：高雄市立圖書館。承辦單位／展出地點：高雄文學館。展出日期：2016 年 1 月 5 日─2 月 27 日。開幕式暨座談會：2016 年 1 月 9 日。

7　《臺灣藝苑》原刊本應為當今世上僅見，高雄陳坤崙先生珍藏多年，而今原版複印，出版陳坤崙編：《臺灣藝苑合訂本》（上、下冊）（高雄：春暉，2015 年 8 月），嘉惠臺灣文獻與研究。

8　張我軍：〈致臺灣青年的一封信〉原載《臺灣民報》2 卷 7 號（1924 年 4 月 21 日）。

9　張我軍：〈糟糕的臺灣文學界〉原載《臺灣民報》2 卷 24 號（1924 年 11 月 21 日）。

10　張我軍：〈請合力拆下這座敗草叢中的破舊殿堂〉，《臺灣民報》3 卷 1 號（1925 年 1 月 1 日）。連同前述諸文皆收錄在張光直編：《張我軍文集》（臺北：純文學，1989 年 9 月）。

「鄭軍我」的筆名，發表〈致張我軍一郎書〉[11] 予以正面駁斥，日後且輯注臺灣民間歌謠，題為「臺灣國風」，成為前瞻性地提升臺灣白話文學價值的第一人，給予張我軍論點有力的反擊，建立了臺灣民歌史上的新里程。

張我軍極力推動「建設白話文文學，改造臺灣語言」的主張，認為「**臺灣的文學乃中國文學的一支流。本流發生了甚麼影響、變遷，則支流也自然而然的隨之而影響、變遷，這是必然的道理。**」（〈請合力拆下這座敗草叢中的破舊殿堂〉）此乃以大中國本位主義出發，意欲建立的似乎是中國式的臺灣白話文學。鄭坤五則立定在臺灣主體思考，主張在地本土的臺灣白話文學。

張我軍並非是臺灣提倡白話文的第一人，早在 1920 年《臺灣青年》發刊時，白話文寫作的想法已逐漸在知識份子群中獲得認同，並藉由報刊媒體廣為傳播。而張我軍，正是擎著白話新文學旗幟，向臺灣傳統文學激嗆發難的第一人。

張我軍始終反對運用方言於白話文寫作，曾明文指出：「**我們日常所用的話，十分差不多占九分沒有相當的文字。那是因為我們的話是土話，是沒有文字的下級話，是大多數佔了不合理的話啦。所以沒有文學的價值，已是無可疑的了。所以我們的新文學運動有帶著改造臺灣言語的使命。我們欲把我們的土話改成合乎文字的合理的語言。我們欲依傍中國的國語來改造臺灣的土語。換句話說，我們欲把臺灣人的話統一於中國語，再換句話說，是用我們現在所用的話改成與中國語合致的。**」[12]張我軍似是漠視了臺灣歷史與社會發展的獨特性，使得此一說法充滿了濃厚的文化偏見。鄭坤五基本上並不反對張我軍所提「建設白話文文學，改造臺灣語言」的大遠景，但他不能同意張氏所謂的「白話文」就是「北京話」，他反對「**拘泥官音，強易『我等』為『我們』，『最好』為『很好』**」（〈致張我軍一郎書〉）！直言道：「**本島三百年來，所謂二簧西皮、**

11　鄭軍我：〈致張我軍一郎書〉，《臺南新報》8244 號（1925 年 1 月 29 日）。
12　張我軍：〈新文學運動的意義〉，《臺灣民報》第 67 號（1925 年 8 月 26 日）。

南管郎君，無非仰拾中華唾沫而已。」（〈臺灣國風〉序），他自覺地看重臺灣自我的地位，臺灣有其自體文化，不必一定跟隨於中國之後，並認為：真正的白話應具有在地性。白話源出於土地人民，白話文學便是來自民間的文學。而「臺灣原有一種平易之文……只此足以！」（〈致張我軍一郎書〉）臺灣有屬於臺灣本地的白話文，北京話拿到臺灣來就不是臺灣人的白話了！因此臺灣人的白

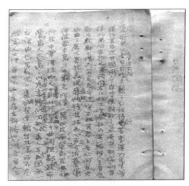

圖 3　鄭坤五〈臺灣國風・序〉手稿（哲嗣鄭麒傑先生藏）

話文學書寫，也當然不應該是官音的口語化書寫，而應該採用臺灣本來已經存在的「平易之文」來寫作才是。

　　大約兩年之後的 1927 年 6 月，鄭坤五於其主編的《臺灣藝苑》上，首度刊載〈臺灣國風〉專欄，公開推介個人收錄並評點的臺灣民間褒歌，實體呈現「臺灣原有的平易之文」，以區別於「中國白話文」。鄭坤五從最道地的民間原音裡，搜尋真正屬於群眾生活語言的白話作品，意欲以此展現臺灣本土原色，真正的走出了臺灣文學、臺灣話文的成績。這比張我軍所謂的北京白話文，毫無疑問地，是更貼近了臺灣本地人民大眾的內在心曲，也更凸顯出白話的本質。

　　放眼中國早期文學經典，有許多也都源自於民間白話創作，如《詩經》、《三國演義》、《西遊記》、《粉妝樓》之類，原都是民間「平易文」，在後世成為了士子推崇研讀的經典之作。鄭坤五因此說道：「安知他日褒歌發達，輸出北京而不為彼處人士所尊崇，而奉為東都腔也。……獨不知古詩三百，大半怨女曠夫之作，與孺歌童謠且入經史，若褒歌者，於大雅復何傷乎？年來不憚許子之煩，略為彙集成篇，暇時附以批語，行將喚起有心人青睞一顧，他日附庸雅頌，向藝林中闢一席地，為吾臺生色，誰曰迂哉！」（〈臺灣國風〉序）同樣的見解在數年後依然不變。鄭坤五繼〈臺灣國風〉之後，與好友蕭永東持續採集民間歌謠並進行評析，在公開刊載兩人合作的〈消夏小唱〉之前，他先發表了〈就鄉土文

學說幾句話〉，[13] 他對臺灣民間歌謠與白話詩創作的未來，寄予期許與樂觀，文云：「現在咱臺灣表面上，雖也有白話文，但不過是襲用中國人的口腔，不得叫做臺灣話文了。……將來臺灣獨特的白話詩與天籟自鳴的歌曲，可以脫離數百年來被輕視的眼光，一躍而登世界的文壇。」臺灣許多人受到五四新文學運動的激勵，紛紛嘗試以中國白話寫作，但此同時，有識者們也積極地要從臺灣的泥土裡挖掘自體的白話文學，鄭坤五正是此一代表性人物。他在臺灣白話文學發展初期的思考與支持，不僅顯示出他開闊活潑的文學胸襟，更難得地表達出強大的自信與自覺，使鄭坤五成為了臺灣白話文學發展初期的重要舵手。

三、「臺灣國風」的命名

「臺灣國風」一名首見於 1927 年《臺灣藝苑》第一卷第二號，此後連續三期以〈臺灣國風〉專欄登載臺灣褒歌，依序分別收錄 19（另有序文）、13、5 首，合計 37 首。其中前二期共 32 首為鄭坤五輯錄兼註評，後一期刊載竹山陳宗英輯 4 首與新竹商工輯 1 首褒歌，5 首皆有友鶴（鄭坤五筆名）漫評。而《臺灣藝苑》中的 37 首褒歌均可得見於手稿本。

《臺灣藝苑》，自昭和 2 年（1927）4 月 15 日創刊號，目前所得見者至昭和 4 年（1929）2 月 1 日第三卷第二十二號，每月一刊，[14] 現存三卷共二十二期。主編鄭坤五，發行人蕭乞食，鳳山郡發行。發行旨趣如其〈創刊辭〉所示：「所謂藝術者，實學術中，最有趣味者也。種目雖多，究其最福利蒼生者，則醫術也。……冀與同胞共力，挽持風雅，特闢樂園於誌上，趣味公開。不獨民眾精神上之慰安，與有相當效力，對於漢學貢獻，不無多少補益。因名之曰『臺灣藝苑』，志在普及，文求平易。」藝苑透過漢醫與藝術等主題，立意於振興漢學，委請鳳山九曲堂文學名家鄭坤五主持筆政，鄭坤五多元的文藝才華也得以在此園地暢意展現[15]，

13　鄭坤五：〈就鄉土文學說幾句話〉，《南音》第 2 期頁 12-14（1932 年 1 月 15 日）。

14　《臺灣藝苑》月刊，每月 1 日出刊。唯一的例外是第一卷第一號於昭和 2 年（1927）4 月 15 日出刊，第一卷第二號於昭和 2 年（1927）6 月 1 日，期間相距 1.5 個月。之後便規律地每月一刊。

15　《臺灣藝苑》中鄭坤五的編著作品包括有詩歌、小說、雜文、謎猜、詩話……等，特別是歌

成就了他文藝生命中的一座高峰。

　　從鄭氏手稿本中可以看到：鄭坤五最早是以「新國風」、「白話詩」之名稱之，後來在正式公開發表時，最終選擇使用了「臺灣國風」。他也自揭非首創者，謂「十數年前，李漢如先生曾獨許其為近世國風。」[16] 而此一「臺灣國風」的定名，以振聾發聵之勢，推昇了臺灣民間歌謠的文學地位，啟發後人對民謠價值更多的省思。

　　何謂「臺灣國風」？鄭坤五在〈序〉中定義說：「臺灣國風者，乃通俗採茶褒歌也，係臺青年男女間，自鳴天籟，一種白話詩文。」這段話以「臺灣國風」、「褒歌」、「天籟」、「白話詩文」四者稱說相同的對象，而四者之意實各有所偏重。

　　「褒歌」者，是民間本然的稱說法，以其語多褒刺，故稱褒歌。常為男女民眾在山間水湄採茶、工作或閒暇時，相互唱和之辭，因又稱「民歌」、「山歌」、「採茶歌」、「閒仔歌」。是百姓心聲的一種自然表達，反映著不同的民情面相，是庶民生活的一面鏡子。

　　「天籟」者，是鄭坤五對褒歌發自於民間肺腑的自然天成，所給予的讚嘆。以此有別於作家作品的嘔心瀝血、雕琢縟飾，藉此讚譽民間歌謠自然純美的無上魅力。

　　「白話詩文」者，標榜運用民間俚俗白話語言構成，可視為詩文的一種創作。凸顯庶民日常語言的創作力，也尊重其可入列於文學藝術範疇。白話既出於庶民生活，便是土地的真氣，人民的心聲。

　　對採茶褒歌以「國風」之名稱之，指陳其出自於民間口耳傳唱的創作本質，且以等同於《詩經・國風》的地位，彰顯歌謠的薪傳意義與價值。此一推崇不僅意欲消極地除卻一般人對傳唱於底層民眾口耳之間的民間歌謠的鄙薄態度，更希冀積極地推重民間歌謠在文學與社會角度上的價

　　謠與漢醫的輯錄與評說，尤其引人注目。他既是主編，也是主力作者，無疑地是該刊的靈魂人物。

16　見〈臺灣國風〉序，鄭坤五《臺灣藝苑》第一卷第二號（昭和 2 年 6 月 1 日），頁 3。

值。在一九二〇年代白話文運動崛起的過程中，同時代的知識界，實已多有此共識。

透過命名的新意，歌謠價值得以受到新的詮釋。前有李漢如以時間作縱向觀察，稱歌謠為「近世國風」，後則鄭坤五突破李漢如以時間為聯繫的方式，改採空間地域為觀察角度，冠之以「臺灣」二字，使「臺灣國風」一名，強調土地意識，呈現在地特性，也凸顯了本土族群文化的獨有風采。在臺灣的土地上，有臺灣人自己的音腔和心聲，不同於福建、廣東，迥異於北京、上海，更絕對不是東京、大阪。在臺灣被離棄於大陸祖國、被殖民於日本帝國的特殊時代裡，「臺灣國風」的創舉，既標示臺灣本地在中國封建傳統之外的獨立特性，也彰顯臺灣一島在日本殖民之下的自主文化。一種來自於民間的自覺與自信，一種親近土地的回歸與認同，透過傳統詩人鄭坤五的創名立幟，開展新的省思。

鄭坤五之所以如此命名，來自於其對採茶褒歌濃厚的鄉土情味的欣賞。他未將文學自視為高尚，沒有把文學當成是讀書人的專利，也不以雅俗判定藝術之高下。所以「**凡宴飲間有北妓在座時，余每丐其一唱，時人多目褒歌為俗鄙不堪，而笑余為奇迂**」時，他總不能明白「**笑者之居心何在也？**」而這些即使是從妓女口中唱出的歌謠也令他醉心的主要原因，在於：「**余自昔便雅好之，蓋喜其能獨創音律，巧畫心聲也。……歌曲之屬，尤貴於表現當時情狀，描畫心聲，方有藝術價值。**」鄭坤五以藝術本質之美感為訴求，以情味之新巧與否定取捨。「**獨創音律**」、「**巧畫心聲**」，簡言之，即貴在創新與真心。創新使人不膩厭，真心使人有感動，正是採茶褒歌迷人之處，實則也是任何藝術形式之所以能雋永動人的根本要素。民間隨興的褒歌原不求揚名傳世，卻反倒可以「**隨機應變，寫景寫情，百出不窮，無微不至**」，從而創造出動人的魅力，鄭坤五因而讚之曰：「**真普及的藝術也**」。

相對的，陳陳相因的故詞濫調，矯揉造作的虛情假意，即使是文人貴族的大作、殿堂祠廟的高曲，也將令人厭棄。鄭坤五指出臺灣當時的

情狀道：

> 若本島三百年來所謂二簧、西皮、南管郎君，無非仰拾中華唾沫
> 而已。北腔則曲調囂囂，曲詞粗鄙，大遜南管，乃島人崇尚之，
> 以為京腔。倘不習此，不足以當時髦。……況吾臺人之聽北曲，
> 知音雖亦不少，然不解者實居大多數，且唱者自己不知曲中意味，
> 而浪事聲調者，尚往往有之，聽者更不問可知矣。惜南曲一律依
> 舊，既無創作，復缺新詞，百年來如一日，陳陳相因，殊為恨事。
> 總之，南詞北調無非替古人作應聲蟲而已。視度曲者，猶一留聲
> 機耳。

中華的南詞與北調本亦甚佳，然傳至臺地沿襲日久，多未改進，在鄭坤
五看來，不是故舊無趣，就是有聽沒懂。之所以如此的原因，根源於這
些腔曲「無非仰拾中華唾沫而已」，謂臺灣不過是拾中華之牙慧，既非
原創，自是應聲而已。臺人強以為高尚，頗有附庸風雅、自欺欺人的蒙
昧。如果不想作別人的應聲蟲，就要找出自己的聲音，並且大聲地唱揚。

　　然而，臺灣自己的聲音何在？鄭坤五明白標舉的，正是臺灣的採茶
褒歌，它唱出臺灣土地的情景，唱出臺灣子弟的心聲，表現真正的臺灣
聲氣，褒歌當然可以理直氣壯地戴上「臺灣國風」的冠冕，可以與京腔、
南管並駕齊驅。鄭坤五樂觀地說：「安知他日褒歌發達，輸出北京而不
為彼處人士所尊崇，而奉為東都腔也？」臺灣子弟實在應該看重自我文
藝，切勿妄自菲薄。鄭坤五因以身作則，一方面宣倡〈臺灣國風〉的理念，
一方面公開登載臺灣話文作品，剖析臺灣褒歌的內涵，發掘〈臺灣國風〉
足以與《詩經國風》並駕齊驅的藝術特色。鄭坤五闡釋民間褒歌內在的
文學意境，展露出自信的意念，以務實行動提升了民間通俗文學的地位。

四、〈臺灣國風〉的文學性

　　〈臺灣國風〉所收錄褒歌，均為整齊的七言四句民歌，頗似臺灣民
間流行的七字仔、四句聯，乃以四句為一組的韻文，常常是一韻到底，
平仄韻可相通，但平仄不講究，格律寬鬆，不避俗詞俚語，可唸亦可唱，

讀來鄉土韻味濃厚，十分平易親切。多是民間中下階層民眾隨性創作，不知作者名號。

　　〈臺灣國風〉堪比《詩經・國風》，鄭坤五逐首評點褒歌佳妙之處，便利於讀者體會箇中意趣，也頗有以此實證理念立意的意味。鄭坤五就〈臺灣國風〉進行評點的體例構想，根據其手稿本所記，最早是包括四部分，依序為：褒歌文本、注、章句及體法、評曰。其「注」以字詞釋義為主，「章句體法」意在離章辨句，「評曰」則綜合評說旨趣情味。這樣的規劃顯示：鄭坤五計畫以傳統詩注的方式，為採茶褒歌進行評點，或有助於賞析褒歌的文學藝術性。可見鄭坤五視民歌為值得深入品味的藝術，可比照於前代經典研讀。

　　實際上，《臺灣藝苑》中鄭坤五介紹〈臺灣國風〉的基本體例為「褒歌文本－注－評曰」的模式，部分則無注。[17]「注」主要是注釋字詞與標注難字讀音。鄭坤五本是福建漳浦人，其選錄的民歌便是以臺語發聲的歌謠。既是臺灣民間歌謠，自是使用臺灣話讀說。然而，鄉土語言多有地域性，他鄉外族人士往往無從知曉，必要的釋詞、注音便有一定的助益。如：「**為娘割吊要按盞，一陣燒熱一陣寒**」，[18]若非熟悉臺語者，恐怕難以從字面上體會「**按盞**」與「**割吊**」之意。前者乃依音填字，後者為閩臺語詞彙，鄭注：「**要按盞，將奈何也。割吊，割絞腸肝也。**」方可一解讀者迷霧。

　　注音者，〈臺灣國風〉中先以漢字記錄歌謠，再就特定文字，取音近的漢字作為臺語音標，如：「**看見娘仔生做美，少年無媒真刻虧。倒落眠床吐大氣，好魚好肉食不肥。**」[19]鄭注：「**美，讀水同音；氣，讀與愧同音**」，以「讀與……同音」、「讀作」的方式予以注音，雖不盡然切中，亦不遠矣。此法由來已久，清初黃叔璥《臺海使槎錄》記錄臺灣原住民歌謠，就是採用此法。但臺語聲調頗為豐富，些微的讀音差異就

17　《臺灣藝苑》全體 37 首中計有 9 首有評無注，包括第一卷第三號有 4 首、第一卷第四號有 5 首。其餘 28 首皆有注。
18　《臺灣藝苑》1：2，頁 5。
19　《臺灣藝苑》1：2，頁 5。

是不同的聲氣意態，此注音法實在很難完全而細緻地標示出臺語的正確讀音，正如鄭坤五也自覺地指出：「**不得暢敘其音容**」，存在著極大的缺陷。但以當時尚在臺灣話文議題的討論初期，臺語書寫系統也尚未出現的時代背景下，取漢字音譯臺語，仍具有階段性的效能。

「評曰」基本上是綜合評述，包括旨趣、情味、結構、修辭等，不一而足，篇幅短而內容豐富。這是鄭坤五實證褒歌價值的主單元。他如何能在理地析論出褒歌確實為「**隨機應變寫景寫情，百出不窮，真普及的藝術也**」？褒歌又如何地「**附庸雅頌**」？而果真能得以「**向藝林中闢一席地，為吾臺生色**」。換言之，褒歌有何文學藝術性？又如何和《詩經‧國風》相提並論？

經觀察，除臺語的語言在地性之外，〈臺灣國風〉可歸納出六大面向的文學藝術特點：

1、繼承賦比興傳統

賦、比、興是自《詩經》以來作詩的三大法則，傳統詩歌不論是律絕或是民歌，莫不受此影響，臺灣褒歌既可比之為國風，其詩法自然也應有所相承。

（1）、賦

賦是「**敷陳其事而直言之**」（朱熹《詩集傳》），是最簡捷直率的表達法，能有效地表現出直率的風情。多數民歌中都普遍地運用了賦的手法。它可以理性地直述現象動作，也可以感性地直抒心境意象，達到傳達明曉的目的。〈臺灣國風〉中亦然，例如：

> 看見娘仔生做美，少年無媒真刻虧。倒落眠床吐大氣，好魚好肉食不肥。[20]

這首褒歌採用純粹鋪敘的「賦」手法，直接表述男子內心的相思之苦。

20　《臺灣藝苑》1：2，頁5。

他為美麗的女子而心動,卻為缺少可靠的媒人代牽紅線而苦惱。只能失眠慨嘆,食不知味。與《詩經・關雎》所稱的「悠哉悠哉,輾轉反側」,有異曲同工之妙。毫不矯飾的語言,生動描繪出少年人思念意中女子的的相思苦況。鄭坤五讚曰:「活畫出一癩蝦蟆想食天鵝肉的情景。」

> 日間挽茶寮仔內,茶若挽了分東西。左手牽衫拭目滓,右手招哥著再來。[21]

鄭坤五評點:「起句直舒邂逅」,此歌直接採用賦法鋪述,順著時間的推移,兩人分離的時刻也愈來愈接近。按耐許久的矜持,也終究卸下,女子心中萬般的不願意,最後都凝聚在眼底的淚水裡,直如「蘭舟催發,執手相看淚眼」(柳永〈雨霖鈴〉)的纏綿!大膽地說出再相見的期待,直畫出難分難捨的道別圖景!

(2)・比

　　比是比喻,乃以彼物比此物,是很受歡迎的修辭法,民歌中尤其應用廣泛,不僅能曲盡委婉之幽情,甚至是意在言外的含蓄微妙正藉此以發,增加了許多的趣味。藉著「親像」、「可比」等明白喻詞的使用,明比很容易可以從字表看出,如:「梟雄姐妹那要交,親像夯石塞路頭」、[22]「阿君可比五少爺,出門無轎也著車」[23]……等等。

　　再有不用喻詞,卻也通俗易曉者,例如:

> 大隻水牛細條索,大漢小娘細漢哥。是你有好不識寶,細粒干樂較賢遨。[24]

以「大隻水牛」比喻大漢阿娘,以「細條索」比喻細漢哥,經由前後句的對比,一讀可知,十分傳神。以牛比喻女子,細繩比喻男子,雖秀雅不足,但農家情味重,又有反差效果,別具質樸情趣。

21　《臺灣藝苑》1:2,頁4。
22　《臺灣藝苑》1:3,頁13。
23　《臺灣藝苑》1:4,頁21。「少」,原刊本誤作「小」,今依手稿本改之。
24　《臺灣藝苑》1:3,頁12。

另外，以情境的鋪設作隱喻者也有可觀，如：

> 七月初一開鬼門，秋風透來冷成霜。咱今姻緣來捻斷，日頭過午心著酸。[25]

首二句以秋季鬼月乍開，陰風森森，冰冷凝霜，暗喻自己的心境，正是陰暗低落不已。原來失戀誤姻緣，即使日方過午，內在卻是酸苦如在鬼境，只有淒寒而已。整首歌在此比喻誇飾的氣氛中，顯出心寒外涼的雙向悲悽，氛圍特殊。鄭坤五十分同情，直道：「人生趣味抹煞淨盡，令人情卻，不忍卒聽。」更謂「視白居易和關盼盼之『燕子樓中更漏永，秋宵只為一人長』，有過之無不及也。」推許之情，溢於言表。

（3）、興

「興者，先言他物以引起所詠之詞也。」（朱熹《詩集傳》），此手法乃為引起動機、帶起話頭。旨在由歌詩的語言觸發內在感情，牽引後續的唱作，與後敘內容之間可有也可沒有必然的關連。褒歌由於篇幅短，常藉外物繫連引動，強化情意。例如：

> 狗咬燈火不甘放，看有食無氣死人。不食娘仔麼條項，與娘相好無採工。[26]

戀情無進展，徒然消耗，真是失意！但說放棄，也尚不至於，如何是好呀？真是磨人。此褒歌首句極其形象，活脫脫的圖畫帶起了全歌的情境，鄭坤五評點說：「此歌妙處全在起手二句。」若言此句在比擬兩位主人公的現況關係，或也無不可，而其起了很好的引帶起興的作用，則是鮮明的。

2、比肩於古典詩文

優秀的民間歌謠常以其質樸無華、率真活潑而動人，鄭坤五在開發其文學藝術時，常取古人知名詩文，與之相互比擬論證，意欲藉此提醒世人不可一昧以為民歌都一定是粗俗鄙穢。民歌不僅可以有與名作異曲

25　《臺灣藝苑》1：2，頁4。
26　《臺灣藝苑》1：3，頁13。

同工的表現，甚至毫不遜色，由此以提升褒歌的地位。例如：

> 娘仔住在某字號，哥你無嫌來迌迌。真名正姓共哥報，免得害哥
> 去尋無。[27]

此歌出自一位大方的女子口中，熱情開朗，毫不扭捏作態。自始至終直接鋪敘，雖說不夠含蓄，但清晰地刻畫出了陽光果敢的形象。鄭坤五顯然也很欣賞這辭氣暢貫直下，意象鮮明的特色，直讚曰：「通篇一氣串成。較唐詩『美人一笑搴珠箔，遙指紅樓是妾家』，尤為誠摯懇切，活畫出一女流社交家口吻。」評點中所引詩句乃出自唐代李白〈陌上贈美人〉，兩相比較之下，褒歌表現得「誠摯懇切」，比詩仙的名句也不遜色呢！

> 小娘約哥後壁溝，假意异椅去梳頭。搭心若來著喊嗽，哥仔招手
> 娘點頭。[28]

這是一首約會寫實歌，指明了兩人相約，卻必須故作姿態，留心動靜，密作暗語，方才能有機會親近！在男女嚴防的年代理，約會是多麼的瞻前顧後，好掩人耳目！這自由戀愛或許不盡合於傳統禮教的要求，卻是小兒女真情的表露、真實情狀的傳神描繪！坤五評點說：「情景表現毫髮無遺，聽者試閉目靜神，重念此歌，當如活動電戲之開演於眼前也。」正符合〈臺灣國風〉序中所期許：「夫歌曲之屬，尤貴於表現當時情狀，描畫心聲，方有藝術價值。」

　　鄭坤五謂念此歌不可「拘於禮節」，若過於拘泥，則連許多古代名家佳作都要被「一併抹煞」了。他特別取清代袁香亭的作品為例，袁氏以香奩詩寫作而聞名，詩歌多有溢於禮教之外的描述，如：「金扇暗遮人影至，玉扉輕借指聲敲」、「密約夜深能待我，喫虛心細善防人」、「窗外聞聲暗裡迎，瞻娘有膽亦心驚」[29]諸名句，與褒歌有異曲同工之妙。若這首褒歌可棄，則同樣以香奩詩稱絕的《疑雨集》不也可「一併抹煞」了。鄭坤五可說不僅極力推許此歌，也等於是藉此為大部分被認為不拘於禮節的民歌發言辯護了！

27　《臺灣藝苑》1：3，頁13。
28　《臺灣藝苑》1：2，頁6。
29　「窗外」，原刊本誤作「窗內」，今改之。

3、民間的文學美感

民間歌謠以通俗簡明為尚，但也有名言佳句之勝。平常讀者領略歌謠的意味，鄭坤五則除此之外，還往往要點出民間文人修辭佳作，以凸顯民眾文學美感，不見得就比文人之作遜色。例如：

> 好花也著好花盆，美娘著對美郎君。今來英臺配馬俊，嘴齒打折共血吞。[30]

此歌以好花配好盆起興比託，卻一轉而以「英臺配馬俊」的錯譜鴛鴦，極嘆佳人配拙夫的恨事。全歌通俗易解，用典活潑雅趣，生動地感慨著人生的大遺憾。鄭坤五點出其中微妙的關鍵用語，說：「起句用『也著』二字，第二句用『著對』二字，已含有無限悲哀了。……」原來在不起眼的字詞裡，早已經將主人公的心情埋伏其間，民歌中的幽微細膩，被鄭坤五明眼點現了。

> 手舉燈仔要照路，燈仔打破融糊糊。跋到溜皮共溜褲，小娘看見哭成晡。[31]

歌中形容夜行跌倒受傷，愛人心疼哭泣情狀。一首看似平凡的褒歌，鄭坤五特別指出其中巧妙曰：「論理是先跌倒，然後打破燈的。今乃先道燈仔打破，次方云跋倒溜皮，乃詩格中一種倒裝句法，也不知從何處學來！天籟自鳴，其巧妙之處，真不可及也。」真是一語道破歌者曲轉的心機！原來藉由反向敘說，含蓄表露受到心上人疼惜，卻壓抑著不說出的歡喜！褒歌深處用情，其實正埋藏著一份享受被對方珍愛的甜蜜。

4、真率的情感心聲

褒歌受到鄭坤五大力推崇的最主要魅力，來自於其「貴於表現當時情狀」，換言之，民間直抒當下心聲情狀的坦率，足動人心，最是迷人之所在。例如：

> 天頂落雨流目滓，心腸苦切無人知。想要大山移落海，將伊的唇

30　《臺灣藝苑》1：3，頁 13。
31　《臺灣藝苑》1：2，頁 6。

移過來。[32]

這首褒歌寫難耐相思之苦的戀人，恨不得將橫阻在兩人之間的大山移平填入海中，再將對方的厝直接拉到自己身邊，真是好大手筆！這簡直是漢代高人費長房縮地法的翻版！鄭坤五讚其豪氣曰：「**妄冀挾泰山以超北海手段，要移山填海且更將愛人之家移來，此等思潮奔放，豪邁真不可及。蓋自小說中樊梨花移山倒海故事脫胎者也，趣甚。**」讓天涯變咫尺，讓意中人常相左右，是所有相戀男女的共同願望吧！主人公直白撒氣，毫不扭捏作態，純粹而可愛，豈非天籟！雖然在修辭上有「移」字重見，此在近體詩中是力求避免的，而民歌中口語直書，不拘細節，有拙稚之趣，於此可見一斑。

一盆好花鸞爪桃，準辦一蕊要與哥。是哥金嘴不敢討，有剩哥額免驚無。[33]

歌中女子面對心儀的人，大方用情，表露心意，展現出陽光般的熱情。反倒是男子羞赧畏怯，多有顧忌，形成強烈對比。鄭坤五「**不禁欲大呼特呼提醒之曰：有花堪折直須折，莫待無花空折枝也。**」男女態度之反差，讓局外人也著急。足見褒歌力透紙背的感染力了。

5、諧謔的諷諭寄托

含蓄婉轉，曲折寄託，是中國詩歌傳統的特色，民間歌謠也不例外。意在言外，往往更加引人深思。例如：

見著查某個個愛，行到菜店著想開。少年身命若打害，做風落雨你著知。[34]

這首褒歌先是嘲弄喜歡流連煙花界，主要在勸誡年輕人宜有節度，以免貪圖享樂歡快，竟致壞了身命，等爾後老來受苦，將後悔莫及。頗有以過來人身分諄諄相勸的意思，苦口婆心。鄭坤五評點得好：「**起手直點**

32　《臺灣藝苑》1：2，頁4。
33　《臺灣藝苑》1：3，頁13。「辦」，原刊本誤作「辨」，今改之。
34　《臺灣藝苑》1：3，頁12。「某」，原刊本誤作「媒」，今改之。「害」，原刊本誤作「呆」，今改之。

出登徒子好色，如韓信用兵多多益善之氣慨，末半乃俱菩提心，加以當頭棒喝。轉結二句，可作醒世偈語誦之，真通俗格言也。願世之漁色者三復斯歌可也。」鄭氏以韓信用兵比喻好色貪多，也是一絕。

> 娘仔未大就要呆，目箭常常射過來。小船不可下重載，車帆起錠你著知。[35]

這是比較少見的勸諷年輕女性的褒歌。此歌無注。意味未成年的清純少女，要懂得矜持莊重，甚至裝傻，對周遭異性交友要多多留些心眼才好。後半首以過來人的口氣，透過比喻，暗示長大成人後，就會了解另一番輕重的兩性世界了。後二句的比喻含蓄而貼切，令人玩味，也隱含著一份疼惜在其中。評曰指出：「恐其嫩蕊嬌紅，難禁浪蝶狂蜂，戲謔之間含有憐香惜玉之意。比為小船尤妙不可言。車帆起錠，更形容得盡緻。」

> 阿君可比五少爺，出門無轎也著車。五萬錢銀寄會社，五萬開了正趁食。[36]

將郎君比擬「五少爺」，語氣中帶著揶揄。這個少爺出門很拉風，非轎即車，在從前時代可謂排場闊綽。他在會社存款雖有五萬，若是一旦用盡，就一定得工作才能謀生。顯然他不是真正家財萬貫的富豪，只不過是好於奢華的火山孝子。鄭坤五不禁嘲笑他是「新受遺產的阿舍……學隋煬帝的無愁天子法」，這褒歌「真是替敗家子弟畫形圖了」。褒歌呈現的是個借鏡，勸人應腳踏實地，勤儉樸實，否則即使金山銀山，也禁不起肆意揮霍。

6、鮮明的女性形象

〈臺灣國風〉中的人物，以女性形象最為鮮明特出。例如：

> 小妹共哥這樣好，望要生囝親像哥。點采哥仔爾轉到，有時看囝那看哥。[37]

---

35 《臺灣藝苑》1：3，頁13。
36 《臺灣藝苑》1：4，頁21。「五」，手稿本作「土」。「少」，原刊本誤作「小」，今依手稿本改之。
37 《臺灣藝苑》1：2，頁4。

這首褒歌是女子毫不掩飾自己內心對情郎的愛戀和期待。兩人這樣相好，但或許是露水的情緣，讓她不敢夢想天長地久的依偎，卻期望為情郎懷個孩子，日後萬一他離開，還可以看著長得像他的孩子，以聊慰思念。這樣的女性形象癡情、執著又勇敢！鄭坤五評點出此一深意曰：「閱者或疑為尋常求嗣之意，而置『親像哥』三字於五里霧中。直聽至轉結，始圖窮而匕首現。其奇想天開，措意之妙，一至於此。」

> 娘今共哥隔這遠，聽見水螺心著酸。若得車路越到轉，今暝共哥困相床。[38]

這首褒歌起始直述兩人距離相隔遙遠，每次相見都十分可貴。最怕聽見汽笛水螺聲響起，兩人就必須分離。正所謂「黯然銷魂者，唯別而已矣！」（江淹〈別賦〉）因此動了奇想：如果車能倒轉回頭，就可以與情郎共度春宵了。第四句將女子這不害臊的念頭說得露骨，讀者恐也不免臉紅。鄭坤五卻道：「無此，則難以顯出第三句之神韻。況尚不如《西廂記》『柳腰輕擺，露滴牡丹開』之太露鋒芒也。」讚其「癡人癡語，最有妙趣」。

> 娘仔送哥到大路，千勸萬勸著忠厚。不可貪戀人美某，身命打歹惡照顧。[39]

男方即將遠行，女子殷殷勸誡其守身忠厚，希望他在外地切勿拈花惹草，過於放縱，否則終將影響身體健康。天下沒有人不期望戀人以忠貞相待，但傳統社會容許男性風流，卻是女性心中永遠的愁慮。鄭坤五引古詩句點破了這看似溫柔的真心情道：「臨別贈言，懇懇規戒，較雙文勸張君瑞『荒村夜月眠宜早，客舍風霜起要遲』，關心更為週至。其防備未然，尤較『不恨歸來遲，莫向臨邛去』，說得堂皇冠冕。明明是妒心，她偏不認，而藉詞保重行人，婦人之心理，表現得如察秋毫。」

五、結語－發民間真聲，揚臺灣正音

　　二十世紀前期的傳統詩人鄭坤五，鮮明地標舉臺灣意識，大有意欲突破困厄的自主意識。他輯評〈臺灣國風〉的舉動，內藏著一份深層的

38　《臺灣藝苑》1：2，頁4。
39　《臺灣藝苑》1：2，頁5。「某」，原刊本作「媒」，今依鄭注改之。

企圖，企圖在社會意識上突出臺灣歌謠文化的獨立性，在文學藝術上挖掘臺灣語文內涵的特殊性，在族群精神上強調臺灣民眾自尊的建設性。將內在對臺灣文化未來發展的想望，交集於民間褒歌的整理工作。〈臺灣國風〉的提出，展現了鄭坤五濃厚的臺灣文藝信心，這樣的意識可說是來自於二方面：

其一、對本土的自信，意謂鄭坤五對臺灣的認同，及對本土文藝的看重。而可以反映廣大民眾心聲的歌謠，最是具有清晰的臺灣在地情味，吸引著包括鄭坤五在內的許多有識者的注目。即使是敝帚自珍，但一種植根於鄉土的民眾氣息，正是使文學新鮮有活氣的養分。文人放下自以為是的高尚，謙遜樸實頂禮土地，傾聽民間的原聲天籟。

其二、對外界的反動，主要來自於對新文學部分論點的反擊。以大陸白話文為新為創作，臺灣本土傳統為舊為割棄，是鄭坤五所不能苟同的。透過來自於土地民眾聲響的白話歌謠，整理本土語言文學的成果，呼應「用筆尾寫舌尖（我手寫我口）」的理念，避免臺灣人遺忘母土的聲音，同時抗衡日本當局強勢的語言同化政策，提顯臺灣語文的尊嚴與傳承。

進入一九三〇年代，鄭坤五發表著名的〈就鄉土文學說幾句〉，開篇即表明自己是贊成鄉土文學的立場。認為：每一民族文學的獨特性，來自於各個民族鄉土文學的展現，且「倘咱臺灣有人肯鼓吹，奮練得法，哪裡將來無有國學的可能性呢？」[40] 確認臺灣鄉土文學自有其價值。而褒歌正是來自於民間典型的鄉土文學，是民間真聲，臺灣正音的代表。鄭坤五譽之為「臺灣國風」，便是對臺灣文學主體的樂觀信心，也是臺灣白話詩的有力實踐。他以此為基礎，期待日後能走出屬於自己的臺灣話文。

同為昭和 7 年（1932），鄭坤五與好友東港蕭永東（古圓）合作輯

40　見鄭坤五：〈就鄉土文學說幾句〉，《南音》一卷二期，頁 14（1932 年 1 月 15 日）。

評的〈消夏小唱〉〈迎春小唱〉[41]開始在《三六九小報》連載,歷時二年。古圓自承是受到鄭坤五的影響,他說:「鄭坤五氏目前有講:歌謠自是國風,所以他曾刊《臺灣藝苑》,注重國風,且又極力獎勵。」[42]文友之間意氣相通,接力作為,擴大倡發民間文學情趣。以鄭坤五對「臺灣國風」的定義看,則〈消夏小唱〉、〈迎春小唱〉正也是道地的臺灣國風。

鄭坤五自 1925 年 1 月在〈致張我軍一郎書〉中公開提出「臺灣原有一種平易之文」,到 1927 年 6 月主編《臺灣藝苑》正式標舉〈臺灣國風〉,推崇民間褒歌的地位,再至 1934 年 8 月完成輯評〈消夏 / 迎春小唱〉,前後長達十年的時間裡,鄭坤五持續推展著本土歌謠,鼓舞讀書人投入從事,影響了後世許多人的省思,[43]無疑地已作出了極其可貴的貢獻。鄭坤五直可謂為臺灣白話文學發展史上的時代領航者。

【本文原載《彰化師大國文學誌》第 33 期,2016 年 12 月。】

圖 4　鄭坤五文物紀念展,右起陳坤崙、鄭麒傑、林翠鳳、莊金國、羅景川等,手持《鄭坤五研究》合影紀念。2016 年 1 月 9 日。

41　〈消夏小唱〉、〈迎春小唱〉,古圓輯,坤五評。見《三六九小報》196~372 號連載,昭和 7 年(1932)7 月 6 日~昭和 9 年(1934)8 月 29 日,合計 70 首校評,詳見林翠鳳:《鄭坤五全集及其評論》(高雄:大樹文史協會,2004 年 8 月),頁 39-54。

42　見蕭永東〈消夏盃詩話〉,《三六九小報》102 號頁 4(1931 年 8 月 19 日)。

43　《臺灣新民報》《南音》《三六九小報》等雜誌均曾陸續刊登歌謠等民間文學,昭和 10 年(1935)李獻章更出版《臺灣民間文學集》(臺北:臺灣文藝協會,1936 年),蔚為新里程。

臺灣傳統書院的興衰歷程
—兼析草屯登瀛書院的世變因應

摘要

　　書院是古代育才的重要教育機構，臺灣傳統書院肇始於清康熙 22 年臺灣府治的西定坊書院。觀察數百年來臺灣書院發展史，可區別為四段興衰歷程：一、初建期—約清康熙 22~43 年（1683~1704），為期約 22 年。基本上屬於僅具書院之名的義學性質。二、蓬勃期—約清代康熙 43 年 ~ 光緒 20 年（1704~1894），為期約 191 年。實際作為科舉士子的養成機構，角色十分重要。三、衰弱期—約日治明治 28 年 ~ 民國 70 年（1894~1981），為期約 88 年。日治以來廢除科舉制度，書院制度瓦解，僅餘文昌信仰功能。四、振興期—約民國 71 年 ~ 迄今（1982~2018~），達 37 年以上。書院祠廟恢復祭典，推進文教，也成勝景。在歷史世變中，草屯登瀛書院是延續至今的三級古蹟，且為臺灣「書院類建築物之最完整者……完整的保持初建原貌」。分析原因，可歸納其得力於在環境區位上的清幽僻靜，在建築整修上的保守護持，在人事組織上的穩定傳承。

　　關鍵詞：臺灣、傳統、書院、草屯、登瀛書院

壹、前言

　　書院是中國古代育才的重要教育機構，自唐代萌芽，有了私人的書房與官設修書講經的書院。[1] 宋代以講學為主的書院日漸增多，明清以來延續不輟，影響及於四海華人地區，成為早期社會極具特色的教育體制。

　　臺灣儒學教育始於明鄭時期諮議參軍陳永華（1634 － 1680）倡議建立的孔廟，即今日「全臺首學」的臺南孔廟。而臺灣書院的建置，則肇始於清康熙 22 年（1683），由福建水師提督施琅（1621 － 1696）於臺灣府治（今臺南市）所建立的西定坊書院。[2] 隨著工商業的快速繁榮，在都市發展下，清代時期的書院至今能留存下來的已為少數。而時至今日，書院有著多元風貌。或為大專院校的住宿學院（residentialcollage），如：政治大學政大書院、清華大學住宿書院。[3] 或為讀經講道的共修殿堂，如：華山書院、正和書院。[4] 或為書香茶藝的人文交誼學習中心，如：臺北書院、汗漫書院。[5]

　　實則，傳統書院具有相傳延續歷史的背景特質，其所傳遞的古典與教化，仍然是現代社會內質醇厚的人文涵養，能裨益於性情道德的陶冶，並能嘉益於傳統文化的薪傳。然而隨著時代的變遷，書院在歷史的洪流中，曾經興盛，曾經落寞，臺灣傳統書院是經歷了怎樣改朝換代、天地

1　書院之名始于唐代，分官、私兩類。私人書院最初為私人讀書的書房。官辦書院最早者始於唐玄宗開元 6 年（718）所創設的麗正脩書院。為中央掌管刊輯、校理經籍，搜羅遺逸圖書，承旨撰集文章的機構。《新唐書・百官志二》：「（開元）六年，乾元院更號麗正脩書院。」臺北：鼎文書局，1976 年。

2　臺灣省文獻委員會編：《臺灣史》，臺北：眾文圖書公司。1990 年。

3　政治大學《政大書院》：「書院教育就是博雅教育」，網址：https://college.nccu.edu.tw/tw/。清華大學《住宿書院》：「住宿書院則是一個以學生為主體的學院，下分厚德書院、載物書院及天下書院」，網址：http://admission.nthu.edu.tw/overview/content_1.php（讀取日期：2018 年 2 月 23 日）。

4　《華山書院》網站，網址：http://www.chinese-classics.com.tw/，《正和書院》網站，網址：https://home.cd.org.tw/27491216442636038498317772 0171.html（讀取日期：2018 年 2 月 23 日）。

5　《汗漫書院》粉絲專頁網站，網址：https://www.facebook.com/汗漫書院-315745438467339/，《臺北書院》網站，網址：https://tplecturehall.tw/（讀取日期：2018 年 2 月 23 日）。

風霜的考驗與興衰？歷史是一面鏡子，鑒往知來，本文試探討之。世變中存續不易，而草屯登瀛書院在歷史洪流中未被擊潰，屹立不倒。不僅是綿延存續至今的三級古蹟，且為臺灣書院中「**書院類建築物之最完整者……完整的保持初建原貌**」[6]，如此從外在空間到儀典文化都能謹守傳統的書院，殊為難得。此一鄉間書院能走過昔日的跌宕，於今昂然展開新局，是如何仍能保守傳統，穩健前行？其於世變中的因應之道，值得深加注目，本文亦試探討之。

貳、臺灣傳統書院發展史的四段興衰歷程

清人領臺 213 年間（1683-1895），全臺各地書院，對於文化提升與科舉教育，都具有重大貢獻。然而清代之後，書院的角色和功能都遭遇了巨大的衝擊，綜觀時代的遞變中，臺灣傳統書院的經歷發展，有四大階段的興衰轉變歷程，試析之。

一、初建期─約清康熙 22~43 年（1683~1704），為期約 22 年

清康熙 22 年（1683）清人得臺，福建水師提督靖海侯施琅，首建西定坊書院於臺灣府治（今臺南市），據《臺灣府志》記載：「**西定坊書院康熙二十二年，為將軍侯施琅建。**」[7]這是臺灣第一所以「書院」為名出現的教育單位。其後約二十餘年間，又陸續增設了七所書院，包括有：康熙 29 年（1690）臺灣府知府蔣毓英倡建的鎮北坊書院、康熙 31 年（1692）臺灣縣知縣王兆陞倡建的彌陀室書院、康熙 32 年（1693）臺灣府知府吳國柱倡建的竹溪書院、康熙 34 年（1695）臺廈道高拱乾倡建的鎮北坊書院、康熙 37 年（1698）臺廈道常光裕倡建的西定坊書院、康熙 43 年（1704）臺廈道王之麟倡建的西定坊書院、康熙 44 年（1705）福

6　見《文化部文化資產局國家文化資產網》網站「登瀛書院」，網址：https://nchdb.boch.gov.tw/assets/overview/monument/19851127000032（讀取日期：2018 年 1 月 21 日）。

7　見高拱乾：《臺灣府志·規制志·書院》，臺灣文獻叢刊第 65 種。臺北：臺灣銀行經濟研究室，1960 年。

建水師提督將軍吳英倡建的東安坊書院等。前後共計八所書院都集中在
臺灣府治（今臺南市）內。書院的設立是地方興學的指標，清領初期的
書院建置集中於府治之內，正反映著臺南是臺灣文化教育開發的起點。

不過，直到清廷領臺治理之後的好長一段時間裏，至少到十九世紀
初期之前的臺灣社會，大環境上仍然屬於移墾型的社會，自唐山過臺灣
的大陸移民紛紛先後移居，臺灣自南而北漸次開發，先民自是以墾荒謀
生為先，而文化移植則略為滯後。因此，即使是這八所府治書院，基本
上都實屬僅具書院之名的義學性質，屬於過度到正式書院前的雛形書院
而已。

二、蓬勃期—約清代康熙43年～光緒20年（1704~1894），　為期約191年

連橫《臺灣通史‧教育志》有言：「臺灣為海上新服，躬耕之士，
多屬遺民，麥秀禾油，眷懷故國，故多不樂仕進。康熙四十三年，知府
衛臺揆始建崇文書院。康熙五十九年，分巡道梁文亦建海東書院。各縣
後先繼起，以為諸生肄業之地。內設齋舍，延師主席，設監院以督之。」
謂在崇文書院建置之後，臺灣各縣始陸續有書院之設置，此後的書院多
有作為科舉士子的育才機構，內設齋舍，延請教師主席，有山長及監院
等督導，並多訂有學規。

王必昌纂輯《重修臺灣縣志‧學校志》[8]記載：「崇文書院即府義學，
舊在東安坊。康熙四十三年，知府衛臺揆建；仍置田租、供膏火，選諸
生肄業，以府學訓導掌教。」「崇文書院，田在諸羅縣蘆竹角海豐崙。
計三十七甲一分四釐四毫，每甲納租穀八石道斗，年共收穀二百九十七
石一斗五陞二合。除納正供併運載船腳工費穀一百一十五石五斗六陞，
實收穀一百八十一石五斗九陞二合道斗。康熙四十五年，知府衛臺揆捐
置。」

8　見王必昌：《重修臺灣縣志‧學校志》，臺灣文獻叢刊第113種。臺北：臺灣銀行經濟研究室，
　　1961年。

　　崇文學院置田租、供膏火，為長期辦學籌置資本活水，其選諸生、明訓導，以教育子弟參與科舉考試為重要目標，具有較為積極嚴謹的辦學制度，與之前基礎教育性質的義學不同，此清康熙43年（1704）臺灣府知府衛臺揆[9]所創建的崇文書院，成為臺灣最早真正名實相符的典型書院。其後康熙59年（1720）巡道梁文煊倡建的府學海東書院，更是「**歲科校士所**」[10]。臺灣在清代時期，不論官立或私立，實際作為士子讀書、準備科舉的書院，共達55所。足見書院作為「學而優則仕」的養成機構，角色十分重要。依據學者葉憲峻的統計，清代歷任皇帝中，以道光朝新增16所書院最為高峰。[11]

　　從儒學上來看，清代官方設立「儒學」，這些公立學校的考課對象，是已經通過童子試的生員，主要在為科舉育才。臺灣終清之世在各地方的官學，數量有限，包括了：康熙年間設立的臺灣府儒學、諸羅縣儒學、鳳山縣儒學、雍正年間設立的彰化縣儒學、嘉慶年間設立的淡水廳儒學、光緒年間設立的恆春縣儒學、宜蘭縣儒學、淡水縣儒學、臺北府儒學等，大抵上是依順著行政區劃的建置而設。但噶瑪蘭廳、澎湖廳、臺東直隸州、臺灣縣等都未設立儒學。[12]且各儒學設置地點都位在府、縣、廳、治的行政所在地，其他地區均未設置，因此在文教傳播的功能上實在有限。而各地方教育則實際上必須主要依賴於零星散布的各式書院或鄉學來進行支撐與輔助。雖然書院或鄉學大抵是以識字功能為主的基礎教育。但「**就文化的發展而言，介於官學與鄉學之間的書院，才是極為重要的機構。**」[13]乾隆元年（1736）清廷諭旨所說：「**書院之制，所以導進人材，廣學校所不及。**」臺灣清代書院數量大增的現象，恰是為乾隆皇帝下了

9　臺灣知府衛臺揆，生卒年不詳，清山西曲沃人，1702～1706年間曾任臺灣知府。
10　見王必昌：《重修臺灣縣志・學校志》，臺灣文獻叢刊第113種。
11　據葉憲峻「清代臺灣各時期創建書院數量表」統計：康熙朝11所，雍正朝0所，乾隆朝9所，嘉慶5所、道光朝16所、咸豐朝4所，同治朝0所，光緒朝10所，合計55所。見氏著：《清代臺灣教育之建置與發展》的統計。臺北：中國文化大學史學研究所博士論文，2003年6月，頁155。
12　見王惠琛：〈清代臺灣府縣廳學的設立與發展〉，《南臺科技大學學報》26期，2002年3月，頁167-185。
13　見黃秀政：《臺灣史研究・清代臺灣的書院》，臺北：臺灣學生書局，1995年，頁105-116。

最佳註解。

從文昌祭祀上來看，臺灣最早的文昌祠是康熙 48 年（1709）建於臺灣府與臺灣縣的兩座，[14] 而清廷於嘉慶 6 年（1801）頒布將主管人間文教功名利祿的文昌帝君，「奉詔編入祀典，春秋致祭，與武廟同。」[15] 從此中國各省皆建立文昌廟祠，各地書院也都祭祀文昌帝君。在此國家祀典的帶動下，文昌帝君信仰延伸到各地書院，甚至深入到鄉野民間的社學、義學，紛紛奉為主祀神。清代行科舉選拔人才，讀書人寒窗苦讀，無不期望有朝一日透過科考能金榜題名，光宗耀祖。主司人間祿籍的文昌帝君，正切應士子所求，自是成為最受讀書人歡迎的神祇。書院既是知識學習的場域，更是品格陶冶的處所。總計清代臺灣自康熙 22 年（1683）克臺，到光緒 21 年（1895）簽定馬關條約，期間的二百餘年，臺灣各地凡名為書院者總共 65 所 [16]。書院之奉祀文昌帝君等，其意義止是「藉神明以儆身心，文風所由丕振也」。[17] 書院學子即使是未走上科舉一途，也能透過文昌的奉祀，薰陶性情，裨益成人。文昌帝君神職的教化功能普及深入於庶民，百姓對文昌帝君的親近與依賴，甚至有凌駕孔夫子之勢，使得文昌帝君的信仰在清代達到了高峰。

三、衰弱期─約日治明治 28 年～民國 70 年（1894~1981），為期約 88 年

甲午戰爭後簽訂馬關條約，臺灣、澎湖等地割讓給日本，當時日本明治天皇引進西方體制，正大刀闊斧推動明治維新。臺灣於明治 28 年（1895）開啟了日本統治的時代，教育體制為之丕變。臺灣總督府施行的是自西方引進的新式教育，是臺灣現代化教育的開端，也是傳統教育

14　見林翠鳳：〈臺灣文昌信仰的傳入與衍流〉，收入梓潼旅遊文化研究中心編：《中華文昌文化─第二屆海峽兩岸學術研究論文集》，四川成都：成都時代出版社，2016 年 12 月，頁132-152。

15　見周璽：《彰化縣志・祀典志》，臺灣文獻叢刊第 156 種。臺北：臺灣銀行經濟研究室，1962 年。彰化縣官建文昌祠，最早是嘉慶 21 年（1816）邑令吳性誠所捐俸倡建，設置於縣治東門內文廟西畔南向。今南投地區則於南投街道光 11 年（1831）由生員曾作雲等捐建，即今藍田書院。

16　依據葉憲峻：《清代臺灣教育之建置與發展》的統計，頁 154。

17　見周璽：《彰化縣志・祀典志》，臺灣文獻叢刊第 156 種。

的存亡關鍵。

　　臺灣清代以書院和書房為民間教育的主流，是傳統教育的基地，日本完全廢除科舉制度，禁止漢人學習漢文，等於直接將原有的各地書院、書房制度瓦解。[18] 而日本政府推動在臺實施近代學校教育—新學，與臺灣原有士人傳統截然迥異，臺灣民眾既不熟悉也難以接受，書院和書房這一類民間傳統教育機關的存在，成為總督府推動新學的一大障礙。

　　臺灣第四任總督兒玉源太郎[19]於明治33年（1900）3月中旬，假臺北淡水館盛大舉行揚文會，會中由民政長官後藤新平[20]對著在座來自全臺各地鄉紳代表公開表示：「**本島書房教育之方法，大不適時宜。並非養成國民、造就有用人才之道也**」，直接強烈批判書房教育的不合時宜，明白否定了書房教育存在的必要性。他進一步說：「**現今所有國語學校、師範學校、公學校等，皆為培養人才之所。其中公學校者，即為國民普通教育之基礎，則益扶植，以冀他日全島各街[21]、庄、社洽設不漏，以便來學者，使無不學之民。**」[22]此話公開宣示要以公學校取代書院書房的傳統，作為國民教育的基礎，這也等於是要將漢文從根斬斷的宣告。總督府親自辦理的這熱鬧的揚文會，是以揚文為表象進行形象攏絡，實際上是以斷斷漢文根本為威脅，以推進新學教育為目的。

　　在日本政府體制下，臺灣書院教育功能幾乎蕩然無存，而僅餘文昌神[23]祭祀的信仰功能，因此而紛紛被改稱為文昌祠。在清代的規制中，至

18　各地書房也逐步受到壓縮，大正8年（1919）總督府頒佈〈教育令〉，實施殖民地同化政策，厲行國語（日語）推行，積極監督和取締私塾。至昭和16年（1941）更頒佈〈私塾廢止令〉，漢學私塾遂成絕響。

19　總督兒玉源太郎（1852－1906）在臺任期：1898年2月26日～1906年4月11日。

20　民政長官後藤新平，受到臺灣總督兒玉源太郎的信賴重用，實際掌握了臺灣政治。在臺任期：1898年3月2日－1906年11月13日。

21　原作「階」，應做「街」。

22　以上見〈後藤民政長官揚文會演說〉（1900年3月15日），收入臺灣總督府發行的《揚文會策議文集》（臺灣總督府，1901年11月13日）。參閱陳文松：《殖民統治與「青年」——臺灣總督府的「青年」教化政策》，臺北：國立臺灣大學出版中心。2015年3月，頁69。

23　文昌神，包括文昌星君、五文昌帝君（指梓潼帝君、文衡帝君、魁星夫子、朱衣神君、孚佑帝君）之外，泛指與文教關係密切，雖無文昌之名，卻同樣受到民間尊奉以祈求文運昌明的

聖先師只有在孔子廟中才可祭祀，且一個縣城只能有一座官祀孔子廟。所以民間文祠書院祭祀對象普遍以朱子、文昌為主。而文祠書院中出現祭祀至聖先師，大致是在日治時代之後才出現。日治時期，由於日本人對孔子格外崇敬，書院也為了能夠繼續存在，有些便增祀孔子，或改制為孔子廟。既迎合日本人的信仰，也讓文昌崇祀擴大，更讓書院生命得以延續。例如：澎湖文石書院、屏東書院都在日治之後改制為孔子廟，力圖保留傳統文化而存續至今。

教育人才的任務，由新式教育機構承擔。而書院原來具有的資源，則被移轉利用。為推行新式教育，為了掃除書院這項阻礙，日本政府軟硬兼施之下，將書院空間移作他用，更將各地書院原有的學田，轉為建設公學校的校地。書院不僅功能為之大為削弱，資產也為之巨幅減縮。使得各地書院，既受到政策性的壓抑難以伸張，也斷缺維持營運的資本，書院不得不面對存續興亡的現實挑戰。這樣的情形在臺灣各地書院歷史上，都是無比黯淡的無奈，甚至是致命的摧毀，是臺灣書院史上的最無力的衰弱期。

臺南海東書院、新竹明志書院、大肚礦溪書院、內門萃文書院、南投藍田書院、集集明新書院、草屯登瀛書院、鹽水奎壁書院……等書院的院地或學田，都先後被大幅度捐讓充作校地，改為地方公學校。彰化孔廟，日治初期即被充作警察署，1898年旋改設為彰化公學校（今中山國小前身）。而板橋大觀書院憑藉著林本源家族的豪富，先是成立大觀書社，後轉而成立私立板橋幼稚園。苗栗象山書院改登記為觀音堂。萬華學海書院於明治43年（1910）竟遭標售其地，後為高氏宗祠。類此，書院經歷不同的轉折，以不完全的面貌方才部分保留下來。

尤有不幸的是，彰化府儒學白沙書院、新竹明志書院等，都在日本政府進行市區改正的藉口下，遭到完全拆毀。臺南奎樓書院也因市區改

神祇，或可稱之為類文昌。如：至聖先師孔子、倉頡先師、韓昌黎等。參林翠鳳：〈臺灣文昌星君信仰研究—從文昌到六文昌〉，收入潘重賢、黃健榮主編，《道教與星斗信仰第二輯》，香港：青松出版社，2015年11月，頁102。

正被拆除，不得不搬遷。苗栗文昌祠英才書院，日治後淪為日人的憲兵駐屯地、公學校分教場、支廳宿舍，甚至是店舖。臺灣現存規模最大的鳳儀書院，日治時期曾先後被做為日本陸軍臺南衛戍病院鳳山分院、養蠶所及鳳山郡役所宿舍。而臺灣清代最後設立的基隆崇基書院，甫於年光緒19年（1893）籌建設立，旋遭遇割臺劇變，竟致被迫關門拆毀夭折。……類似的事例比比皆是。

　　清代書院是育才養士崇神的聖賢地，傳統社會重視讀書，士人為四民之首，書院實際凝聚著崇敬尊重且鮮明的斯文形象。日本政府運用書院原有空間，或延續教育宗旨，改設為學校，或入駐軍警醫工，移作他用，甚或拆屋整地拍賣，另建新物，有些書院則因此頹圮荒廢。全臺書院至此，堪稱一場浩劫。新的政權正利用原有的集體記憶，奪胎換骨地套用在新的教育機構上。或透過破壞移用，形塑新的集體意識，從而弱化或壓抑傳統文教的力量，期以遂行其政策企圖，[24] 達到全新培養日本殖民帝國主義統治下的人才的目的。

　　前舉明治33年（1900）3月總督府所主辦別具用心的揚文會，當時會場特別選在臺北淡水館，而淡水館即是原臺北登瀛書院，割臺後被日本政府更名作為官兵俱樂部。以此處招待來自臺灣各地前清科舉功名者及舊士紳們，這其中暗藏著刻意親近攏絡文人的懷柔意味，其實更張揚著昭告殖民者決心的政治霸權姿態，藉此諷刺地向與會臺民提出無言的警告。臺北登瀛書院在不久後的明治39年（1906）因市區改正名義遭到徹底拆毀，或者即是印證。

　　日本以異民族殖民臺灣，臺灣傳統書院歷經了劇烈的文化衝擊與存廢震盪。民國34年（1945）二次大戰結束，國民政府統治之後，臺灣的書院一時之間也不受重視，甚至在亂局中遭受到另一次的侵占破壞。例如：鳳儀書院在二戰後，政府將其產權歸屬於教育部學產基金，土地被出租，內部則遭租佔戶任意增建改用，書院原貌走樣嚴重。和美道東書院在1949年後因缺乏管理，兩側廂房大多被居民任意拆卸釘打佔用，殘

24　由於日本政府大力鼓勵神道教，類似的情形也發生在將臺灣寺廟轉化為日本神社。

垣破瓦破壞嚴重，文物遺失殆盡，書院甚至被納為私產。南投藍田書院在光復後，書院正殿及兩廂房均被遊民及來臺軍眷佔住，無從管理，荒敗至甚。大甲文昌祠於民國 38 年（1949）政府遷臺後，主體建築由官方借用，廂房則被百姓侵占違建，破壞殆盡。員林興賢書院在戰後時期一度被外來居民強佔入住。大肚磺溪書院戰後數度遭竊又遭變賣廟產。……凡此事例，走過五十年日治的書院中，有很多都有類似的經歷。

政府播遷來臺之後，書院的衰退並未就此止住。由於政府積極推動土地改革，先於民國 38 年（1949）實行「三七五減租」，於民國 40 年（1951）實行「公地放領」，緊接著於民國 42 年（1953）實施「耕者有其田」，使臺灣大部分的農民成為自耕農，縮減貧富差距，推升臺灣創造了經濟奇蹟。若就書院來說，許多書院原來賴以收租作為資本的學田，則在這一波土地政策中，成為被放領的對象，對書院的營運資本大大減抑，使得書院的經營雪上加霜。例如員林興賢書院，廟方的七甲餘學田被徵收放領，目前已無學田。內門萃文書院的學田被放領給佃農所有，致後繼無以為力，終究合併於內門紫竹寺。和美道東書院原有九甲土地，放領後連土地所有權狀都不見了，訴訟多年。草屯登瀛書院將日治以來僅剩的五甲土地再釋出到只剩八分多，終致無力支出，轉而依賴信徒捐贈來維持。

比較好的，如：臺南奎樓書院在政府施行耕者有其田時，書院董事們將郊區土地賣出，充實經費建書院在文昌祠旁邊，並經營奎樓幼稚園。西螺振文書院內義孚社昔時曾置有田地一甲多，耕者有其田制度施行後，其田地轉換成股票，股息則交由爐主辦理祭典之事宜。

臺灣書院的浩劫並未隨著日本殖民政府離臺而結束，緊接著而來的中日交接期與政府撤守來臺的混亂期，反而是另一波亂象的開始，土地改革也帶來不小的衝擊。臺灣書院發展上的衰弱期，從日治初始一直延續到二戰之後。清代原有的 65 所書院，歷經日治與戰後的摧凌，其倖存者至今僅 20 餘所，低於 38% 的存續率，實在是不容易。歷經超過一甲子

以上的波濤挑戰而尚能倖存至今的傳統書院，必須挺到國民政府立法重視古蹟文物，才開始有了振興的契機。

四、振興期─約民國 71 年～迄今（1982~2018~），達 37 年以上

中華民國政府於民國 56 年（1967）7 月 28 日正式成立「中華文化復興運動推行委員會」（現名為中華文化總會），以復興中華文化為目的，全面推動「中華文化復興運動」，以維護傳統中華文化。[25] 藉以和對岸中國自 1966 年 5 月起發動的文化大革命運動分庭抗禮。但即使在這一波風起雲湧的中華文化復興浪潮中，官方也十分強調從教育改革為文化復興奠基，但臺灣各地的傳統書院，似乎都未受到當政者的看重。這或者與書院歷經日治五十年以上的沒落衰敗，乃至當時民眾佔據、產權混亂等複雜因素有關，以致運用不易，難獲青眼。

如同傳統書院一般的許多老建築，雖然是寶貴的古蹟，但在政府不重視、法律不管理、民眾不珍惜、資費不充裕、維護不容易等因素之下，隨著時間的流失，往往造成難以彌補的破壞與損失。自清代康熙朝初建的書院，早已經蕩然無存，無一得見。蓬勃期的書院也頹損大半。古蹟是文化資產，是社會的公共財。臺灣的文化資產保存法規，必須等到政府於民國 70 年（1981）成立「文化建設委員會」之後，於民國 71 年（1982）5 月 26 日制定通過《文化資產保存法》，乃成為以維護傳統文化資產為目標的正式法令。透過這項正式的立法，才讓古蹟的保護初步得到公權力執行的法源。斯文卻衰落已久的傳統書院，才得以出現撥亂反正的依靠。《文化資產保存法》成為臺灣傳統書院振興的里程碑。

民國 71 年（1982）5 月通過的第一版《文化資產保存法》，全文共八章 61 條。其第一章總則第三條明文定義：「**文化資產，指具有歷史、文化、藝術價值之資產**」，包括：古物、古蹟、民族藝術、民俗及有關

25　見《中華文化總會》網站「組織沿革」，網址：https://www.gacc.org.tw/about-us/history（讀取日期：2018 年 1 月 21 日）。另參閱李松林：《蔣介石的臺灣時代》，臺北：風雲時代出版，1993 年。

文物、自然文化景觀，共五大項目，並逐項定義。如「**古蹟：指古建築物、遺址及其他文化遺蹟。**」傳統書院是建築物，屬於古蹟項目，由「第三章古蹟」第 27-39 條法規專章規範之。

據此第 27 條規定：「**古蹟由內政部審查指定之，並依其歷史文化價值，區分為第一級、第二級、第三級三種，分別由內政部、省（市）政府民政廳（局）及縣（市）政府為其主管機關。**」臺灣各地的傳統書院，很快地在民國 72、74 年，即經內政部審查後指定，公告成為各級古蹟，賦予了文化資產的地位，因此而受到政府的明令保護與監管。

最早受到指定古蹟的，是民國 72 年（1983）12 月 28 日公告臺南赤崁樓包含蓬壺書院門樓、臺南孔子廟包含以成書院為「國定古蹟」。指定古蹟數量最龐大的一年，則是民國 74 年（1985），總共有 13 所書院納入「古蹟」保護，這一年先後分三梯次公告，分別是：1985 年 8 月 19 日：學海書院、道東書院、大觀義學、英才書院，計 4 所；1985 年 11 月 13 日：鳳儀書院，計 1 所；1985 年 11 月 27 日：振文書院、屏東書院、興賢書院、文開書院、藍田書院、登瀛書院、明新書院、磺溪書院，計 8 所。

此後，則有 1991 年 11 月 23 日的浯江書院朱子祠，計 1 所經審查通過列入「國定古蹟」。2002 年 12 月 13 日的文石書院、2003 年 9 月 1 日的明志書院、2011 年 6 月 14 日的羅屋書院，計 3 所經審查通過列入「歷史建築」。2006 年 6 月 13 日的燕南書院，計 1 所經審查通過列入「文化景觀」。

自從《文化資產保存法》公告實施之後，全臺灣累計有 20 所傳統書院列入各級文化資產，包括：國定古蹟 4 所，直轄市定古蹟 4 所，縣定古蹟 8 所，歷史建築 3 所、文化景觀 1 所。[26]（詳見附錄：「臺灣傳統書院今存一覽表」）佔全國現存 27 所傳統書院的 74%。可以見得：《文化

26　《文化資產保存法》1982 年 5 月 18 日第一次修法時，將古蹟區分為第一級、第二級、第三級。1997 年 4 月 18 日修法時，將古蹟區分為國定、省（市）定、縣（市）定三類。原第一級改為國定古蹟，原第二級改為省（市）古蹟、原第三級改為縣（市）定古蹟。
2000 年 1 月 14 日修法時，將古蹟區分為國定、直轄市定古蹟、縣（市）定古蹟。
2002 年 2 月 9 日修法時，增加「歷史建築」。

資產保存法》表現了政府保護傳統書院的決心和具體作為，對傳統書院免於繼續受到破壞提供了實質的助益，對傳統書院保存與振興產生了一定的重要性。各書院從此得依法受到保存、活用及保障，對傳統書院的保存、維護、宣揚及權利之轉移，也有了國家法規的依據。[27] 這 20 所書院過去絕大部分是衰敗的狀況，在文化資產法的催動下，便能依法啟動文化資產的保存行動，得以較易受到政府的經費補助，敦請學者專家進行勘驗調查研究，並加以整修建築，也較能依法處理早期入住的租佔、破壞等情事，使書院可以恢復文教空間，並得以正常運作。

道東書院是最早施行文化古蹟保護維修的個案，民國 71 年（1982）即由政府撥款，鎮公所委託學者勘驗整修，經重新評鑑後列入國定古蹟。鳳儀書院在指定為古蹟後，經高雄縣政府取得土地使用權，便辦理佔住戶遷移、發包整修等工程，最終得以正式開放參觀。興賢書院、振文書院等列入古蹟後，由政府撥款，進行大規模修護工作，為之煥然。藍田書院列入古蹟後先行募款，配合南投縣政府補助及書院節餘經費，購得現有基地，另協商廂房佔住戶遷移，終於進行整修。凡此，文化資產保存法的公告施行，對書院地位的提升、經費的補助、關懷的熱度、整修的施作、障礙的排除等方面，都挹注了正面的力量，讓頹落已久的傳統書院得到振興的活泉，洗刷經久煩膩的塵汙，再度綻放優雅的光彩。

被指定為文化資產的眾書院，已成為國家公共財的一部分。大多數的傳統書院在經過徹底整修之後，已經完全拋除過去髒亂破損的頹敗樣貌，加以大多成立了如管理委員會等組織來進行規畫營運，透過公議眾決來推進書院的前景。現今列入文化資產的各書院，不乏多元經營，而大抵有五大面向：

（一）書院恢復光鮮潔淨的面貌，清幽典雅的環境成為觀光休閒、

27　《文化資產保存法》第一條　為保存及活用文化資產，保障文化資產保存普遍平等之參與權，充實國民精神生活，發揚多元文化，特制定本法。

　　第二條　文化資產之保存、維護、宣揚及權利之轉移，依本法之規定。

　　據《全國法規資料庫》網站「文化資產保存法」，網址：http://law.moj.gov.tw/LawClass/LawAll.aspx?PCode=H0170001（讀取日期：2018 年 3 月 9 日）。

戶外教學的好景點，如：道東書院、明志書院、文石書院、燕南書院等。

（二）部分書院逐漸恢復了文昌、孔子的祭典，學子們、應考者紛紛回到祠廟中祈求考運，如：明新書院、礦溪書院、振文書院、屏東書院等。

（三）有些書院試圖恢復原有的教化使命，開設漢學班、才藝班、文藝社團等，積極推進文化教育，活絡書院功能，如：興賢書院、登瀛書院、藍田書院、文開書院等。而大觀義學內則成立大觀幼稚園，繼續培育國家幼苗。

（四）隨著文創時代的潮流，傳統書院也積極展現文化創意，創造新生命，如：鳳儀書院、英才書院、羅屋書院等。

（五）學海書院則仍為高氏宗祠所有。

此外，未列入國家文化資產的其他書院，也在民主社會開放經營中，穩健前進。多數是以文昌祠廟結合在地宮廟的形式，成為信眾的精神信仰中心，包括：萃文書院的併入紫竹寺、雲梯書院的歸入宣王宮、文昌書院由克明宮管理、象山書院併入玉衡宮孔廟、樹人書院在文昌祠等皆屬之。[28] 瓊文書院、奎樓書院也以文昌祠祭祀為主。大多經常性地舉辦考生祈福、社會公益、社團文教等活動。

傳統書院逐漸甦活，即使情況無法與清代極盛時期相比，但在工商業為主的現代社會中，書院既是文昌信仰的基地，也已經成為傳統文化的經典場域，是古典藝術的形象標誌。傳統書院終於擺脫過去的沉痾，在新時代中華麗轉身，毅然再起，繼續展望未來。

28　以上相關電子網站參考：《鳳儀書院》官網：http://fongyiacademy. khcc. gov. tw/home01. aspx?ID=1、《玉衡宮孔子廟象山書院》官網：http://www. ihe362. url. tw/index. html、《高雄內門紫竹寺》「萃文書院」官網：www.nmzizhusi. org. tw/zizhu_01_022. html、《羅屋書院》官網：http://www. lohouse. com. tw/aboutus. html（讀取日期：2018 年 3 月 12 日）。

參、世變中的因應—以草屯登瀛書院為例

臺灣傳統書院能熬過衰弱期而保存至今者，每一所書院的背後都有著動人的滄桑史。這些傳統書院在歷史洪流中變與不變的因應，讓書院的命運有了不同的走向。而今日能得以列入文化資產的重要關鍵，是書院有形建築體的必須至少部分存在。在歲月無情沖洗下，建築體的樣貌本來就難以保全。更何況在臺灣百多年來的時代鉅變中，多少天災人禍的摧殘，讓傳統書院一座座地消失。而倖存的書院院體，正如文化部文化資產局曾慨嘆：「**遍查臺灣六十二所書院中，創建年度有早晚，規模大小有別，財務情形各異而各具有特色，但建築物大部分已失去了原貌。**」[29] 其能得保存而又不失原貌者，實如鳳毛麟角。所幸，有難得如草屯登瀛書院一樣的事例，讓臺灣珍貴的書院文化得以光耀後世。

登瀛書院於清代道光 27 年（1847）10 月，由當時北投保總理莊文蔚、職員洪濟純、生員洪鍾英[30] 首倡，向北投保內士紳募款得五千八百元創建。是年 11 月興工，道光 28 年（1848）12 月竣工，至今（2018）已有一百七十年的歷史。取「十八學士登瀛洲」的典故命名，是草屯地區的第一所書院。[31] 民國 74 年（1985）11 月 27 日經內政部審定公告為臺閩地區第三級古蹟。

查文化部文化資產局公告資料記載：「**登瀛書院建築物經被評定為書院類建築物之最完整者，一百五十年間，雖曾四次大修，然均能依照原貌加予修繕，不僅正殿之結構體毫未予更動，連兩排齋舍也不增減一間，建材之土墼（土埆）也未更換為磚塊，完整的保持初建原貌，真是一大特色，堪稱為珍貴的文化資產。**」[32] 登瀛書院的修舊如舊，是保全，

29　見《文化部文化資產局國家文化資產網》網站「登瀛書院」，網址：https://nchdb. boch. gov. tw/assets/overview/monument/19851127000032（讀取日期：2018 年 1 月 21 日）

30　洪鍾英，譜名純節（1819~光緒？），「鍾英」之命名，典故出於孔稚珪〈北山移文〉「鍾山之英，草堂之靈。」或易誤作「鐘英」者，宜正之。參林翠鳳主編：《登瀛書院簡史—登瀛書院碑記・考釋》，南投：草屯登瀛書院管理委員會，2018 年，頁 27。

31　林翠鳳、蔡秀君：〈簡榮聰登瀛書院碑記考釋〉，《東海大學圖書館館刊》25 期，2018 年 1 月，頁 31-47。

32　見《文化部文化資產局國家文化資產網》網站「登瀛書院」，網址：https://nchdb. boch. gov. tw/assets/overview/monument/19851127000032（讀取日期：2018 年 1 月 21 日）

是守護。在崇尚追新的時代裡，顯得更加樸實可貴。臺灣傳統書院歷經了數百年的起伏跌宕，「守舊迎新」成了現今最大的風采，登瀛書院恰可是最佳見證之一。它在面對世局變異時因應的態度與作為，或許可作為今存傳統書院的一個縮影。以下試從環境區位、建築整修、人事組織三方面來探討之。

一、環境區位上

在中國傳統書院文化中，書院往往卜居於清幽寧靜之地，深邃的山林、幽靜的田園，都較能遠離塵囂市井，方能使學子肅清耳目，端正心志，裨益於專一學業，磨礪品德。

登瀛書院所在的南投草屯地方，並非都會區。過去屬於南、北投保，清代雍正年間，漢人入墾移民激增，為教化北投社平埔族子弟，雍正 12 年（1734）設立土番社學以教化之。到乾隆年間，在北投街設立北投義學，作為漢人子弟的啟蒙之所。到道光年間，北投、草鞋墩、牛屎崎、新庄、茄荖、石頭埔等處都已經形成了較繁榮的街庄。

登瀛書院正坐落於新庄郊外的一片稻田之中，遠離了草屯市街中心，四周環繞自然田園，以其優美安靜而贏得「田園書院」的美譽。如此清靜安寧的空間，是最佳的書院環境，裨益於修習養性。清代當時捐款信徒與文社成員士紳，以洪姓占較多數。洪姓多居於茄荖、石頭埔、新庄、牛屎崎。登瀛書院正位在北投街通往新庄、茄荖的途中，交通十分便利。書院位置，在大環境上屬偏鄉地區，在交通上對信徒社員卻十分便利。這可能有助於使書院受到的外在時代衝擊，相對較為緩和。試看今存傳統書院，有許多便都不是位在都會區內。

二、建築整修上

登瀛書院自道光 28 年（1848）12 月竣工以來，大抵維持著單進兩翼齋舍的三合院建築，中央為三開門的正殿，屋頂是燕尾翹脊、雙龍護塔，

正前有照壁一座，正殿之右前方有惜字亭。期間歷經數度整修，包括：光緒9年（1883）、昭和元年（1926）、民國75年（1986），及民國88年（1999）九二一大地震等幾次較大規模的整修。[33] 但百餘年來，書院能謹依原來典章形制設置修繕，從正殿、廂房，到庭院之建築樣式、佈局，尚且仍能大部份保留清代初建時的基本樣貌，因此受到審查專家的高度讚賞。

更特別的是，全臺灣各書院兩廂護龍廂房，仍然保持清代明間「轎間」者，僅有登瀛書院而已。清代書院之山長、教授、文社社員士紳等，往來書院多有乘轎。「轎間」的設立，是提供方便，更是禮遇尊重。登瀛書院左右兩護龍皆有「轎間」，均為開放式之明間，方便擡轎停放。全臺至今僅見在登瀛，十分珍貴稀有。

再者，書院的左右護龍，至今仍然保留清代傳統的「土腳」地面，也就是地面未舖地磚，也不加舖水泥，如同百年前般地保留了清一色的土腳地面，只以椿夯實夯平光潔而已。這樣的設施，是全臺書院廟宇中的唯一，值得倍加珍惜。[34]

另，登瀛書院自清代建院伊始，庭院虎邊即設置聖蹟亭，是先賢在生活中實踐惜物愛物的美德。書院聖蹟亭亦稱惜字亭，沿襲了敬惜文字的傳統習俗，也切合現代環境保護的概念。

登瀛書院的保全守護觀念頗強，也反映在對其文物的保藏上。包括：「登瀛玉峰社」等執事牌仗、清代「賞戴藍翎」等功名牌、魁星筆等儀仗、字紙簍等文物，都有百餘年的歷史，形制完整，數量頗多，是書院之寶。

三、人事組織上

登瀛書院的組織以信徒制為核心，管理模式有三階段：前清時期乃以訓導／山長為首，日治時期以後為管理人制，而管理員的產生乃由信

33　參漢寶德：《草屯登瀛書院調查研究》，南投：南投縣政府，1985年。
34　參簡榮聰：《登瀛傳藝～登瀛書院文物神轎誌》，苗栗：苗栗縣政府文化觀光局，2017年。

徒大會中推舉，近代則改為管理委員會制。

　　登瀛書院初建時，北投保地區為了維持書院財源，在道光27年（1847）興建的同時成立了「玉峰社」，會員八十五名，並籌資購地以所收學租充為書院費用。同年當地文社「碧峰社」，也將其所有土地交給書院充作經費。隔年（道光28年，1848）「萃英社」購地，也以所收學租交付書院支用。咸豐5年（1855）生員洪鍾英組織「梯雲社」，購地也供書院作祀田。登瀛書院的董事組成，因此自然也由創辦者、文社社員、籌資者及其後代形成「信徒」制度，且採用世襲繼承制，至今仍然是書院管理的主體。[35] 在行政上，清代設訓導／講習／院長一人，聘請秀才、貢生等擔任之，並設正、副董事各一名，爐主一名。[36] 倡建登瀛書院的生員洪鍾英，傳其弟子廩膳生洪聯魁，都曾先後擔任訓導之職。再後曾敦聘鹿港秀才洪月樵前來擔任登瀛書院山長，造育地方英才頗多。

　　日治時期大正14年（1925），文昌祠殘破不堪亟須修建。除由南投廳補助二千圓外，仍須募集五千圓。乃決定凡是捐金一百元以上者，得增列為新會員，因此共新增三十三人。並將管理制度化，設置祭祀公業「派下總會」與「文昌祠管理人」制度。

　　草屯知名中醫師洪源卿，曾任登瀛書院管理人，昭和元年（1926）登瀛書院殘破，曾發起整修。出錢出力，奉獻良多。後由義子洪瑞萬中醫師承其衣缽，傳同宗洪惠承任管理人，再傳洪源卿曾孫洪敦仁接任。洪惠承任管理人時，因社會局勢不穩，兼以經費拮据，每年只辦理春祭，尚未能辦理秋祭。洪敦仁是登瀛書院依〈人民團體法〉成立管理委員會後，經選舉推為首任主任委員（1997~），甚孚眾望。再歷第三任代理及第四、五任（~2017）主委，前後長達十餘年，對重建書院典章制度及追回原有土地，貢獻卓著，為至今在任時間最長的主任委員。至此，洪氏一門四代先後傳承，謹慎守護，承續文祠香火將近百年，又維持書院原

35　參許錫專：《登瀛書院的歷史》，南投：草屯登瀛書院管理委員會，2002年。

36　參吳俊瑯：《草屯登瀛書院之研究》，臺中：國立臺中教育大學社會科教育學系碩士論文，2009年。

貌，護持信徒制度，勳績卓著。[37]

正因董事來源單純化，世襲人事穩定，家族鄉里凝聚力量強大，制度均衡且健全，可避免外來干擾因素，遂使文昌祠維持運作不替，在時代環境壓力下，仍能長存一線香火，成為登瀛書院得以維持運作不懈的主要原因。

肆、結論

書院是早期的教育機構，既匯聚文人志士講學、論學與學術傳承，在科舉時期更擔負著作育子弟成就功名的重任，是人才培養的搖籃。清代二百餘年臺灣各地書院，自府城建置發端，隨著經濟發展的逐漸北移，使書院逐漸擴及北方，教育隨之日漸普及，為奠定清代社會發展作出了重要的貢獻。

臺灣在進入日治之後，受到明治維新引進西方新式教育的影響，學校教育取代了傳統書院教育的功能，科舉在臺灣走入了歷史。日本總督府後又禁止漢人學習漢文，書院原有的教育功能不得已而退位，因此或轉為文昌祠、鸞堂等祠廟，如南投縣登瀛、藍田書院；或成為孔子廟，定期舉辦祭孔大典，如屏東書院；或成為私人宗祠，如臺北學海書院改為高氏宗祠，書院雖保持運作，但功能轉型。有部分則是逐漸荒廢，終致完全走入歷史了。檢視至今可見者大約二十餘處，僅是清代時期的三分之一。

二戰之後，國民政府延續著日治時期學校教育的路線，書院未能重回教育主流的舞臺。這些為數有限的傳統書院，儘管不再擔負教化的主要責任，但其曾有的輝煌和氣質，仍然是現代社會中傳統文化的典型表徵，在潛移默化中薰陶著每一世代的人民學子們。如其建築格局上，都仍然還保持著傳統漢式的風格，就是歷史的最佳見證。現存清代書院多已列入古蹟等文化資產，在現代新式建築林立中，風華獨樹一幟，自然

37　參林翠鳳主編：《登瀛書院簡史─登瀛書院碑記‧考釋》，頁60。

地啟發著思古之幽情，因此而往往成為了觀光勝境。

　　現今臺灣各地書院中，創立於道光 27 年（1847）的草屯登瀛書院，是保存創立時期原貌最好的書院，現今所見，與一百七十年前初創時的樣貌幾無二致，包括每年春秋二祭的盛典也例行不輟。究其原因，可謂得力於其在環境區位上清幽僻靜，在建築整修上的保守護持，在人事組織上的穩定傳承。

　　臺灣傳統書院自清代以來迭經朝代更替、時局變異、天災地變等形勢的嚴峻考驗，而能昂然挺過，薪傳儒雅教化，繼續弘文勵道，是臺灣最值得珍惜發揚的文化光彩。

　　【本文原載《人文社會科學研究　教育類》，12 卷 1 期。2018 年 3 月。】

附錄：臺灣傳統書院今存一覽表

序	書院名稱	今地	設置年代	倡建代表	現況	文化資產公告年代
1	奎樓書院	臺南市	雍正4年（1726）	分巡道吳昌祚等倡	祠廟	---
2	明志書院	臺北泰山	乾隆28年（1763）	貢生胡焯猷等倡	歷史建築	2003/09/01
3	文石書院	澎湖馬公	乾隆31年（1766）	通判胡建偉等倡	歷史建築	2002/12/13
4	浯江書院朱子祠	金門金城	乾隆31年（1766）	鄉紳吳獻卿等倡	國定古蹟	1991/11/23
5	萃文書院	高雄內門	嘉慶17年（1812）	貢生游化等倡	併入紫竹寺	---
6	鳳儀書院	高雄鳳山	嘉慶19年（1815）	知縣吳性誠等倡	直轄市定古蹟	1985/11/13
7	振文書院	雲林西螺	嘉慶19年（1815）	生員廖澄河等倡	縣定古蹟	1985/11/27
8	屏東書院	屏東市	嘉慶19年（1815）	歲貢生郭萃等倡	縣定古蹟	1985/11/27
9	興賢書院	彰化員林	嘉慶12年（1807）	貢生曾拔萃等倡	縣定古蹟	1985/11/27
10	文開書院	彰化鹿港	道光4年（1824）	同知鄧傳安等倡	縣定古蹟	1985/11/27
11	雲梯書院	苗栗西湖	道光9年（1829）	四湖村劉家倡	宣王宮	---
12	藍田書院	南投市	道光11年（1831）	縣丞朱懋延等倡	縣定古蹟	1985/11/27
13	學海書院	臺北萬華	道光23年（1843）	同知婁雲等倡	直轄市定古蹟	1985/08/19
14	登瀛書院	南投草屯	道光27年（1851）	總理莊文蔚等倡	縣定古蹟	1985/11/27
15	樹人書院	臺北大同	咸豐3年（1853）	舉人陳維英	祠廟	---
16	道東書院	彰化和美	咸豐7年（1857）	夙儒阮鵬程等倡	國定古蹟	1985/08/19
17	文昌書院	南投竹山	同治元年（1862）	舉人林鳳池等倡	克明宮管理	---
18	大觀義學	新北板橋	同治12年（1873）	林本源家族倡	直轄市定古蹟	1985/08/19
19	明新書院	南投集集	光緒8年（1882）	鄉賢陳長江等倡	縣定古蹟	1985/11/27
20	蓬壺書院門屋	臺南市	光緒12年（1886）	知縣沈受謙等倡	國定古蹟	1983/12/28
21	英才書院	苗栗市	光緒15年（1889）	舉人謝維岳等倡	縣定古蹟	1985/08/19
22	磺溪書院	臺中大肚	光緒16年（1890）	舉人楊占鰲等倡	直轄市定古蹟	1985/11/27
23	孔子廟以成書院	臺南市	光緒17年（1891）	---	國定古蹟	1983/12/28
24	象山書院	苗栗頭屋	明治34年（1901）	鄉賢湯阿統等倡	玉衡宮孔廟	---
25	羅屋書院	新竹關西	明治34年（1901）	族人羅碧玉等倡	歷史建築	2011/06/14
26	瓊文書院	南投魚池	民國34年（1945）後	地方仕紳倡	祠廟	---
27	燕南書院	金門金城	宋建，民國101年（2012）重建	大儒朱熹等倡	文化景觀	2006/06/13

註：文化資產之級別與公告年代依據：
《文化部文化資產局國家文化資產網》官網：https://nchdb.boch.gov.tw/assets/overview

臺南孔廟全臺首學。2021 年 1 月 7 日。

和美道東書院。2019 年 2 月 21 日。

南投藍田書院。2021 年 2 月 21 日。

草屯登瀛書院。2018 年 4 月 24 日。

登瀛書院 169 周年秋祭大典，邀請國立臺中科技大學林翠鳳教授擔任主祭官，為登瀛書院史上首位女性主祭官。2016 年 9 月 18 日

《登瀛書院簡史》新書發表會。左起：登瀛書院簡榮聰顧問、《登瀛書院簡史》主編林翠鳳教授、登瀛書院第一代信徒洪煥祺老先生（時齡 94 歲）。2018 年 3 月 17 日春祭日。

臺灣慚愧祖師神格論

提要

　　陰林山慚愧祖師信仰，隨大陸閩粵移民渡臺，守護保安。來臺後，成為以中部為主的區域性信仰，尤其集中於南投縣。觀閩粵志書所記載的慚愧祖師，是佛教高僧的俗世崇拜。臺灣的慚愧信仰，基本上沿續其禪師崇拜，實質上則高度融合道教法派，使其功能化、世俗化趨勢增強，這主要是先民因應了臺灣特有的艱困環境而衍生出來的生存需求所使然。也因此而出現了源於民間的《陰林慚愧祖師真經》。歸納臺灣地區慚愧祖師的神格有四：拓荒保安的移民守護神、防番之神、靈醫天尊、靈乩能神。其中移民守護神的角色，可視為唐山過臺灣的一項標誌；為臺人所推崇的防番之神，極可能是由防倭之神轉化而來；靈醫天尊為其本色神格；靈乩能神亦頗常見。慚愧祖師在臺灣多元神格的變異與演化，可以是臺灣移民開發史上的註腳，也是庶民俗神信仰在地化的實例。

關鍵詞：慚愧祖師、陰林山、臺灣、神格、陰林慚愧祖師真經

慚愧祖師 - 南投縣鹿谷鄉祝生廟。
2021 年 2 月 8 日。

慚愧祖師 - 臺中三界混真壇。
2021 年 2 月 18 日。

一、前言

　　陰林山慚愧祖師據傳生前為唐代高僧潘了拳，原籍閩粵，為地區性的信仰對象。自明鄭開臺以來，大陸閩粵移民即陸續迎請香火、神像守護伴隨同來，人們俗稱祖師公。臺灣以中部為主要信仰區域，尤其集中於南投縣各鄉鎮。其間最為著名的事蹟，是顯靈醫民、防番有成，在臺灣拓墾史上具有重要地位。惟，來臺後受到時空環境變異的影響，慚愧祖師神格也產生了與原鄉有所異同的轉變。本文因就其神格轉變現象，嘗試進行探討。

二、海峽兩岸慚愧祖師生平傳說及信仰之比較

　　兩岸同祀的慚愧祖師既出於同源，其生平理該相同。然而實際上卻迥異。這應該與早期文獻不傳、山區地形破碎，往來不易，以及兩岸長期阻絕，難於溝通等因素有關。試分述之。

（一）閩粵地區

　　明末李士淳撰〈慚愧祖師傳〉[1]一篇，是現今所見最早而較完整的慚愧祖師傳記，據李文所記，簡述慚愧祖師生平略歷：

> 慚愧祖師，俗家姓潘，名了拳，別號慚愧，福建汀州人。生於唐憲宗元和12年（817）。初生時，左拳蜷曲，父因名為「拳」。數日後，一僧雲遊至家，父抱此兒示之，僧於其拳上書「了」字，其指立伸，遂更名「了拳」。了拳自幼穎悟，不茹葷。十二歲，父母雙亡，往依叔母，不見容。十七歲依嫠婦游氏為母。游氏亡，往赴廣東東北一帶行腳，最終擇定潮州與梅縣（嘉應州）交界處之陰那山，建立道場，致力於弘揚佛法數十年。一日，告其眾曰：「從前佛祖皆弘演法乘，自度度人，予未能也，心甚愧之！……七日後藏骸於塔，號為慚愧，示現此地。」後端坐圓寂，時在唐

1　李士淳，〈慚愧祖師傳〉，收在程志遠增訂本《陰那山志》，廣州：廣東旅遊出版社，1994年，頁11-14。另，溫仲和，《嘉應州志・方外》條述了拳禪師的傳記，內容亦大致相近。臺北：成文出版社，1968年，頁529。

懿宗咸通 6 年（865）。

以陰那山為中心的周邊地區百姓們，感受禪師的慈悲高德，因尊稱為「陰林（山）祖師」、「慚愧祖師」、「祖師公」。位於廣東梅州的陰那山是慚愧祖師成道聖地，慚愧祖師自生前至死後，民間一直流傳著許多關於他的神異傳說，人們陸續建廟崇祀。[2] 位於陰那山區的靈光寺，相傳祖師公趺化於此，歷唐迄今千餘載，一般被奉為慚愧信仰的母廟。而同樣位於陰那山區的聖壽寺與西竺寺，前者為祖師靈塔所在地，後者相傳祖師公曾曳杖履於此。三寺鼎立，同奉慚愧祖師香火，為莊嚴珍貴之古剎。[3]

（二）臺灣地區

臺灣民間對於祖師公的生平早有傳說，一般咸認為：祖師公姓潘，父親名達，母親葛氏，生有三個兒子：長子達禮，次子達德，三子達明。三人自幼練武習醫，各有專長。他們常年奔走于山區，行醫採藥，濟世救人。當患者和親屬表示謝意時，他們總是連連擺手，謙虛地說：「見笑！見笑！（閩語，慚愧之意）」明達還曾經治癒過皇太后的痼疾，靈醫有功。但當皇帝論功行賞時，卻遺漏潘氏。潘氏不但沒有生氣，反而謙稱慚愧。人們因稱為「慚愧公」。兄弟三人一生仗義疏財，淡薄名利，在陰林山修行得道，所以也稱為「陰林山慚愧祖師」。[4] 臺灣許多宮廟誦念的《陰林慚愧祖師真經》[5] 中的祖師公事蹟，便是依循此民間說法。

與閩粵地區的慚愧信仰相較，二者間存在著相當大的差異。首要差異是，臺灣許多廟宇傳說與實際供奉的是祖師公三兄弟，稱大公、二公、三公，[6] 而不完全如原鄉的單尊禪師。且三兄弟各有擅長，一般說法為分

2　據學者統計閩粵志書所見慚愧寺廟計有 15 座，包括：大埔縣 10 座、程鄉縣 4 座、興寧縣 1 座，都位於粵境內。而實際寺廟數量則不只此數。見張志相，〈閩粵志書所見慚愧祖師寺廟與信仰探考〉，《逢甲人文社會學報》18 期。2009 年 6 月，頁 119-148。

3　參見康熙年間《程鄉縣志‧雜志》。北京：書目文獻出版社。1992 年 11 月，頁 513。

4　參見劉枝萬，《南投縣風俗志宗教篇稿》，南投：南投縣文獻委員會，1953 年，頁 3-5。

5　《陰林慚愧祖師真經》，臺中：瑞成書局。2004 年 3 月，一版二刷。

6　臺灣供奉慚愧祖師為主神的宮廟，如靈鳳廟、祝生廟、鳳凰山寺、鶴山廟等名剎，多為三尊同祀。僅奉單尊者甚少，如魚池鄉大林村福順宮只供奉潘達明一尊，因其認為潘達明即是潘

擅勘輿術數、斬妖法術、醫術，如歷史悠久的祝生廟及其分香諸宮廟即如是稱。其次，雙方的祖師形象大異。前者為佛徒高僧，臺灣則是王冠跣足文武裝，近似道教神明。何以臺灣地區祖師公的生平傳說與形象大異於陰那山原鄉，其間原因何在？值得進一步探究。但大陸原鄉神明輾轉來臺數百年來，顯然已經演化出與新鄉臺灣在地特色更為密合的新功能、新形象，而成為重新被賦予新意涵的區域宗教文化。

慚愧祖師信仰在臺灣，也明顯具有區域化的特性。南投縣乃至中部地區是全臺供奉慚愧祖師的中心區域，其中又以鹿谷鄉最為興盛，幾乎各村莊都有祖師公廟，或在民宅、私壇中供奉。據田調統計，臺灣供奉慚愧祖師的地方公廟、部分的民宅公神及私人神壇，初步估計約85座左右，其中南投縣一地佔其中的67座。而此不包括未登記於縣政府，或未登記加入「南投縣慚愧祖師文化協進會」[7]者。足見慚愧祖師的信仰在南投非常普遍，可謂獨盛全臺。[8]

目前民間與學界一般推認建立時間最早的祖師公廟，是位於鹿谷村的靈鳳廟。廟方今日仍供奉犁頭為地基主，反映出與開疆拓土的早期農業信仰有關。該廟開基恩主邱國順據載為乾隆22年（1757）自福建南靖來臺，[9]今廟內仍奉其長生祿位。

從閩粵原鄉到臺灣新鄉，慚愧祖師大變身，將近一千年間的衍演與轉折，使得慚愧祖師的神格不斷地累積、形塑、創化。這必然地受到時

了拳。

7　「南投縣陰那山慚愧祖師文化協進會」正式成立於2003年1月13日，旨在宏揚慚愧祖師慈悲濟世精神，同時促進縣內各宮堂寺廟的團結聯誼。首屆理事長由南投市祖玄宮主任委員王炳勳當選，共有十五席理監事。成立大會見網址：http://tw.myblog.yahoo.com/for-dow/article?mid=25。2010年6月4日閱覽。

8　見謝佳玲，〈從開山防蕃到保境安民—南投縣慚愧祖師信仰研究〉，國立臺北大學民俗藝術研究所碩士論文，2008年，頁33。

　　另，據內政部民政司公佈之《各縣市寺廟一覽表》總計：登記以慚愧祖師為主神的寺廟共29座，其中，南投一地計24座。南投各鄉鎮中再以中寮鄉、鹿谷鄉為最多。因未登記者不計，故與實際存在狀況落差頗大。然，亦顯見集中於南投一地。網址：http://www.moi.gov.tw/dca/03download_001.aspx?sn=12&page=0（檔案時間：2010年8月6日）。2010年9月1日閱覽。

9　見靈鳳廟，〈恩主邱國順功績事錄〉。該文張掛於靈鳳廟神龕前龍邊壁面。

空環境背景的影響，也因應了百姓的生活內容需求。慚愧祖師不僅是一個受到尊重的高僧，更是濟世救民的能神。

惟，固然慚愧祖師宏法與得道皆在粵東陰那山區，但渡海來臺的先民們或來自粵，或來自閩，或奉金身渡臺，或佩香火隨身，則祖師公傳說與形象之異是臺地原發之創化？抑或閩地已現些許差別？如臺灣最早的祖師公廟靈鳳廟奉祀慚愧祖師大、二、三公，皆王冠跣足手持七星劍，靈鳳廟來臺開基恩主邱國順祖籍福建南靖，而今日南靖南坑鎮新羅祖師廟所供奉的祖師亦頭戴王冠、持七星劍，並有黑令旗、宮印、籤詩等法器，與臺灣祖師公頗為相似。[10] 此為南靖本地原像？或後來交流影響所致？雖尚未能查知，但兩岸祖師公的形象與職能的重疊或歧出現象，及其與居民拓墾移動間的關係，皆仍待進一步的釐清探討。

三、慚愧祖師文獻之考察

在神像實體與傳說軼聞之外，書面文獻的考察是瞭解祖師公的重要途徑。綜合觀察關於慚愧祖師的各項文獻記錄，其關係最為緊密者，應為史籍與宗教兩大類。茲分項尋檢之。

（一）史籍類

1. 正史

查《新唐書》、《舊唐書》、《新五代書》、《舊五代書》、《宋史》、《遼史》、《金史》、《元史》、《明史》、《清史稿》皆未見相關記載。

2. 地方志

（1）廣東方志：元代陳大震《南海志》未見相關記載。至明代者，有嘉靖戴璟《廣東通志初稿》、嘉靖郭春霞《潮州府志》、李士淳《陰

10　不詳撰人，〈探討臺灣祖師與福建南靖慚愧祖師的淵源〉，2010 年 1 月 19 日發表，附照片。
　　網址：http://tw.myblog.yahoo.com/for-dow/article?mid=493&prev=536&next=475。2010
　　年 6 月 4 日閱覽。

那山志》均有記載。清代者，有順治吳穎《潮州府志》、康熙劉廣聰《程鄉縣志》、雍正郝玉麟《廣東通志》、乾隆周碩勳《潮州府志》、乾隆王之正《嘉應州志》、道光阮元《廣東通志》、嘉慶洪先燾《大埔縣志》、光緒溫仲和《嘉應州志》、民國溫廷敬《大埔縣志》等均有記載。

（2）福建方志：宋代者，《淳熙三山志》、《臨汀志》皆未見相關記載。至明代者，有何喬遠《閩書》。清代者，有康熙金鈜《福建通志》、乾隆曾曰瑛《汀州府志》、道光陳壽祺《福建通志》、福建通志局《福建通紀》、民國徐元龍《永定縣志》、新修《永定縣志》、《三明市志》等均有記載。

方志中的慚愧祖師大約出現在明代之後。關於廣東與福建地區方志的釐清，張志相〈閩粵志書所見慚愧祖師寺廟與信仰探考〉[11]一文，已論述甚詳，是很好的參考。

（3）臺灣方志：清代者，有倪贊元《雲林縣採訪冊‧沙連堡》、屠繼善《恆春縣志‧祠廟》。民國者，有劉枝萬《南投縣風俗志宗教篇稿》、陳哲三《竹山鎮志》均有記載。而尋之於清代《彰化縣志》、民國《臺灣省通志稿》、《臺灣省通志》、《重修臺灣省通志》等，皆未見相關記載。分述如下：

A. 倪贊元《雲林縣采訪冊‧沙連堡‧寺觀》

此志成書於清光緒20年（1894），是臺灣地區所見對於慚愧祖師的最早記錄。載曰：

> 祖師廟：在林圯埔下福戶，祀三坪祖師。街眾於每年十一月初六日演劇祀壽。前為里人公建：一在大坪頂漳雅莊，祀陰林山祖師。七處居民入山工作，必帶香火，凡有兇番「出草」殺人，神示先兆；或一、二日或三、四日，謂之禁山；即不敢出入。動作有違者，

11　張志相，〈閩粵志書所見慚愧祖師寺廟與信仰探考〉，《逢甲人文社會學報》18期。2009年6月，頁119-148。另氏著〈慚愧祖師生卒年、名號與本籍考論〉亦足參考，見《逢甲人文社會學報》16期，2008年6月，頁159-181。

　　恆為兇番所殺，故居民崇重之，為建祀廟。光緒十九年，莊董黃
　　謀倡捐修建。

顯示祖師公在防止番害方面格外靈驗知名，百姓入山無不攜帶祖師公香
火以護身，是漢人向山區前進墾拓時的保護神。冊中所載奉祀陰林山祖
師的大坪頂漳雅莊，即今鹿谷鄉大坪頂漳雅莊，廟名今稱「祝生廟」。

　　　　B. 屠繼善《恒春縣志・祠廟》

　　此志與前書同樣成書於清光緒 20 年（1894），卻是南臺灣所見對於
慚愧祖師的最早記錄。載曰：

　　祖師公廟：在潭仔莊。正殿一門，拱亭一座，距縣城南十二里。
　　光緒元年，潮州客民建。

志中特別載明為「潮州客民建」，此與慚愧祖師發源地為潮州、梅縣交
界，正乃同出一源。以淵源推知：此「祖師公廟」應即是慚愧祖師廟。
且祖師公與客家移民間的關係，亦可推知。

　　　　C. 劉枝萬《南投縣風俗志宗教篇稿》

　　本書綜理南投縣境內的宗教發展，將縣境各寺廟的建立概分為四大
階段。關於慚愧祖師，則在日治時期《南投廳寺廟調查書》[12] 的基礎上，
調查縣境內各祖師公廟。謂：南投素以逋逃藪聞，初期拓墾時墾民多由
本籍隨帶鼎盛寺廟之香火為護符，如開墾化險有成，即歸功神明，醵資
造祠，靠山地區尤然，首要為祖師崇拜，次為關帝崇拜，諸語。並首先
觀察到慚愧祖師乃「頭戴王爺冠，身著半文武裝，跣足」的特殊造型，
提出與清水祖師、三坪祖師等的差異比較。

　　　　D. 陳哲三《竹山鎮志》

　　此志成書於民國 90 年（2001），依據前人記錄，分別傳述了道光九
年（1829）祝生廟的創建、光緒元年（1875）吳光忠獻匾鳳凰山寺佳話，
及明治三十五年（1902）竹圍仔建祖師公廟祀陰林山祖師三事，並於王

12　南投廳，《南投廳寺廟調查書》，南投：南投廳，1915 年。

志宇主筆〈宗教志〉佛教項下有專節詳述。[13]

（二）宗教類

1.佛教書籍：查《大藏經》、《景德傳燈錄》、《續傳燈錄》、《五燈會元》皆未見相關記載。《中華佛教百科全書》、《中華佛教人物大辭典》、《中華佛教人名辭典》等有簡要記載，基本上是傳鈔地方志資料。

2.道教書籍：查《正統道藏》、《道藏輯要》、《藏外道書》、《莊林續道藏》、《中國民間諸神》、《三教搜神大全》等皆未見相關記載。惟，仇德哉《臺灣廟神大全》中列入祖師公，另有《陰林慚愧祖師真經》一部流傳於臺灣民間。

《陰林慚愧祖師真經》，是目前所見唯一一部的祖師公經書。此部經書據版權頁記錄，乃臺中瑞成書局出版於民國93年（2004）3月一版二刷。筆者電話詢問此書來源[14]，該書局表示：為民眾得自魚池鄉龍鳳宮，轉至該書局，欲出版推廣之。再詢問龍鳳宮人員[15]，亦表示：該部真經確實為該宮持誦，時日甚久，本源已不可考。歡迎流通。這部真經彙整臺灣民間流傳的祖師公淵源、神能、異事、造型、影響等，諸說雖大異於原鄉佛徒形象，卻能顯示經臺灣在地演化後的新面貌，可謂為臺灣地區關於慚愧祖師傳說的集成之作。

諸如上述的典籍文獻，顯見地方志與《陰林慚愧祖師真經》，是最重要的兩項記錄。綜觀以上的文獻考察可見得：

1.從時間發展上而言。慚愧祖師潘了拳為唐代高僧，然而在唐代以下歷經宋、元的四、五百年間，在書面文獻上的記錄，至目前仍尚未能見。惟明代以降的方志中卻屢載不鮮。這固然是因為早期志書缺乏，無從稽考所致；再則，顯見慚愧祖師蓄積了民間長時期的崇拜能量，有其

13　陳哲三主編，《竹山鎮志》，南投縣：竹山鎮公所，2001年，分見頁115、127、145、1362。

14　筆者電話訪問瑞成書局店長林小姐，2010年6月8日。

15　筆者電話訪問龍鳳宮執事先生，2010年6月8日。

一定的飽滿度，細水而長流，方能至今不絕。臺灣地區的慚愧信仰來自於原鄉香火的延伸，因此必然地與移民者的來臺期程密切相關，各地祖師公廟的建立，似乎也可視為唐山渡臺先民們開墾腳步先後的一項標誌。

2. 從空間延展上而言。慚愧祖師生前活動範圍在閩粵，圓寂後的信仰圈主要也在閩粵交界一帶區域，在大陸其他地區似乎並未見有太大的拓展。再則，正史中未曾得見，而地方志則傳錄不絕。顯然雖非朝廷注重的神祇，卻是地方上重要的信仰對象，慚愧祖師明顯屬於區域性的人物及神祇，是地方守護神。隨著閩粵移民來臺，慚愧祖師的香火因而遠播臺灣，客家人便是重要的傳播途徑之一。臺灣方志中的記載雖有限，但客家聚落與南投地區明顯是主要的信仰重鎮。巧合的是，慚愧信仰在臺灣一如其在原鄉，都是地方守護神，都同樣具有鮮明的區域性，並未隨著拓墾版圖而延伸至全島。

3. 從宗教傳衍上而言。閩粵方志中記載的慚愧祖師原為唐代高僧，臺灣傳說中的祖師公則道法高強，是佛又近道。然而在佛教與道教的經典及神仙譜系中，卻難尋其蹤跡。則慚愧祖師應是自成於民間的禪師崇拜，逐漸風俗相沿演化成為俗神信仰，也因此而出現了源於民間的《陰林慚愧祖師真經》誦本。從原鄉到海外，關於祖師公事蹟和形象的傳說不斷地累積，慚愧祖師信仰的內涵，顯然受到時間和地域差異而有所轉變，神格的轉化也份外引人注意。

四、臺灣慚愧祖師的神格型態

閩粵志書所記載的慚愧祖師，是佛教高僧的俗世崇拜。以祖廟靈光寺為例，至少自明代歷清以來，即致力為民祈造功德，擅長消災、祈福、度亡諸法會佛事，康熙《程鄉縣志》所稱「陰那教寺」便是顯例。[16]

16　明太祖洪武 15 年（1382）將佛寺各依性質分為禪、講、教三等，僧眾分別專業。「教」即瑜伽教，瑜伽教僧專職經懺誦唸諸行儀，居明代僧眾之大半。參何孝榮，《明代南京寺院研究》，高雄：佛光山文教基金會，2001 年；釋明復，《中國僧官制度研究》，臺北：明文書局，1981 年，頁 76-89。

從原鄉渡海流傳至臺灣的慚愧祖師信仰，基本上依然沿續其世俗化趨勢而踵事增華，主要是先民因應了臺灣特有的艱困環境而衍生出來的生存需求所使然。觀察臺灣慚愧祖師的神格，約可有四類，茲分述之。

（一）拓荒保安的移民守護神

瀏覽各祖師公廟的歷史，許多是源於渡臺移民者自大陸分香奉請而來。試觀現今可見的各祖師公廟沿革文獻，例如：

鹿谷鄉新寮靈鳳廟：「渡臺開墾恩主邱國順於乾隆廿二年來臺，並奉請慚愧祖師金像。……在小半天開墾時，亦奉請慚愧祖師金像供奉。」[17]

鹿谷鄉鳳凰村鳳凰山寺：「清康熙年間，莊姓先祖率其同夥數十人，由福建渡海來臺至頂城庄……，故乃結草為廬，開荒墾拓，並安奉隨隊攜帶之慚愧祖師香火以為守護神，設座禮拜。」[18]

中寮鄉中寮村長安寺：「（本寺慚愧祖師）嘉慶元年由本村曾姓先祖宗傳公自福建省永定縣恭迓來臺落紮本縣鹿谷鄉新寮，護佑信徒拓荒斬棘。」[19]

草屯鎮新庄里新興宮：「（本宮慚愧祖師）相傳拓墾初期，由先覺洪志忠從唐山奉迎來臺之守護神。」[20]

諸如以上的記述，同樣可見於鹿谷鄉秀峰村武聖廟、鹿谷鄉羌仔寮中厝祝生廟、鹿谷鄉竹豐村德峰寺、中寮鄉龍岩村文山宮、竹山鎮雲林里三元宮、埔里鎮枇杷里天旨宮、集集鎮和平里祖師公壇……等許多大小宮廟。慚愧祖師是移民守護神的角色十分鮮明。

臺灣拓墾初期，先民篳路藍縷，以啟山林，既要適應瘴癘瀰漫，颱風洪水時來，又要與毒蛇、猛獸、凶番搏鬥。環境惡劣，備嘗酸苦。而

---

17 見鹿谷鄉鹿谷村靈鳳廟〈恩主邱國順功績事錄〉。文張掛於靈鳳廟神龕前龍邊壁面。
18 見《中華民國九十九年鹿谷鳳凰山寺農民曆》，南投鹿谷：鳳凰山寺，2010年。
19 見中寮鄉中寮村長安寺壁面〈沿革〉碑文。
20 見草屯鎮新庄里新興宮壁面〈沿革〉碑文。

請靈伴隨的神明香火或雕像，成為內在勇氣與信心的重要支柱，也是恐懼無助時的最佳依賴。人們透過神明崇拜寄託精神，慰藉心靈，而能克服種種艱難險阻。人與神是命運共同體，神明是陪同移民一起拓荒新鄉、保安身心的守護神。慚愧祖師來臺的原始神格即此。

（二）防番之神

先民渡海抵臺之後的一大挑戰，是必須與原住民爭地，特別是高山族，雙方的流血衝突時起。防番正是清代移民初期山區信仰中的重要課題，一路陪伴移民來到山區的祖師公，必然的成為百姓祈求避番、抗番的精神依賴。如：

> 中寮鄉廣興村天隆宮：「明末清初先人初來，時地尚屬瘴雨蠻烟，即奉『蔭林祖師』金身朝夕奉拜以為守護之神，……此後凡有兇蕃出來殺人時，祖師必先兆示民眾，暫停出入工作，違者均遭蕃所害。又有居民患疾病或家畜禽罹瘟，凡求於祖師藥方，服用即霍然痊癒，靈驗異常。」

南投市東山里紫雲寺：「相傳嘉慶年間，閩省吳姓者隨眾來臺從事墾殖，當其時蠻荒初闢，南投堡一帶常有高山族出沒其間。幸得祖師威靈顯赫，得以一方寧靖，凡有所求，其應如響，因此汴仔頭居民均之為守護神。」[21]

埔里鎮桃米里福同宮：「邱阿文先生曾向鹿谷鄉（古稱羌仔寮）靈鳳廟叩求陰林慚愧三祖師香火，隨行護佑一群黎庶。蒙塵沐雨櫛風，克盡艱難險阻，隨時隨地，凡遇土蕃將出草禍民劫掠時，必預前發爐附乩指示。同心協力防擊方位，藉得脫災迎福，悉蒙顯化扶持之力。」[22]

類似的傳說在鹿谷鄉內湖村龍山廟、中寮鄉八仙村受玄宮、魚池鄉大林村福順宮、魚池鄉日月潭龍鳳宮、集集鎮林興宮……等宮廟，多可

21　見許伯卿，《紫雲寺沿革》。南投：紫雲寺管理委員會，1980年，頁5。
22　見王梓聖，〈福同宮簡史〉，南投埔里：福同宮。福同宮，原為福同堂，俗稱祖師公廟。又參林衡道，〈桃米坑祖師公廟--民國六十九年一月調查--〉，《臺灣文獻》，31卷2期，南投：臺灣省文獻會，1980年，頁120。

聽聞。而祖師公防番事蹟可以中寮鄉廣興村天隆宮（蕃仔吧）為顯例，據傳：早期先民初來時即奉「蔭林祖師」金身為守護之神，居民朝夕奉拜，祈求香火保平安。此後，凡有兇蕃出來殺人時，祖師必先兆示民眾，出令禁山，暫停出入，凡違者均遭蕃害。當年逢祖師公聖誕廟會，慶祝之際祖師公靈感，即降乩指示眾弟子，謂：蕃人聚集在途中等候殺人，若此時返家恐將遇害，因此叮嚀眾善信暫時留守庄內勿回，等天亮再走，方可保全性命。由於當夜天氣嚴寒，兇蕃群聚在一處燒木炭的窟洞內圍坐取暖，同時等候見機出草，但因人數眾多窟洞不勝負荷，終於崩塌，所有兇蕃屍首全數烤成焦巴，此地亦因而別稱「蕃仔吧」。而祖師公顯靈拯救村民們的聖蹟，從此長流遠播。[23]

另一千秋佳話的神蹟是：據傳清代福建福寧總兵吳光忠、吳光亮兄弟開闢八通關古道時，曾有頭裹紅布巾的小兒挺身擊退蕃民，而眾人咸認此乃慚愧祖師顯靈庇佑。路成之後，吳光忠於光緒元年（1875）正月敬奉「開山佑民」匾額答謝鹿谷鄉祝生廟、同年2月恭呈「佑我開山」答謝鳳凰村鳳凰山寺，以酬神恩。

祖師公屢次的靈感庇佑，防番有成，百姓們因此奉為「防番之神」，盛名不脛而走，大大強化了信眾們的虔誠崇拜與擴大追隨。如：

鹿谷鄉和雅村鶴山廟：「同治年間有陳朝魁者計畫拓墾深坑，當時深坑草昧初開，居民稀少，尚有兇番常出草殺人。陳朝魁有聞祖師專為山居人民護安，民眾皆奉為防番之神，則向（竹山三塊厝）林家懇求二公至深坑墾荒。……群番屢次侵入深坑，祖師必先示兆降乩，發出禁山令，不許莊眾出入。」[24]

魚池鄉新城村養龍宮：「光緒五年三月總理陳新顏聽說：祖師公在蕃害避難時有顯靈，為了避免於其遭難而來（向祝生廟分香）奉祀。」[25]

凡入山者無不知祖師公，各方請神、分香、迎靈駐駕者紛紛不絕，

23　見中寮鄉廣興村天隆宮壁面〈沿革〉碑文。
24　見鹿谷鄉和雅村鶴山廟壁面〈沿革〉碑文。
25　見魚池鄉新城村養龍宮壁面〈頭股祖師公廟廟史〉。

使得慚愧祖師的信仰程度，在山區較平地為盛。以現今祖師公廟的分佈數量來看，南投縣鹿谷鄉、中寮鄉、魚池鄉、竹山鎮四個山區鄉鎮的祖師公廟都超過 10 座以上，其他鄉鎮則都低於 5 座。[26] 懸殊的比例，明顯的反映了慚愧信仰與臺灣山區漢番相爭的歷史連結。

防番保民的神蹟傳說盛行，使得慚愧祖師的神格在臺灣特定時空環境影響之下，由原鄉的悲智高僧，轉化為兼具智慧與武勇的防番之神。也因此，臺灣的慚愧祖師神像多見手持寶劍者，而世俗認為此劍即是防番斬妖的利器。另有謂為玉帝賜劍，代天巡狩者。[27] 凡此都是與唐代佛徒神格迥異的一大轉化。

只是慚愧祖師神格的轉化，可能不完全是來臺之後方才丕變。且看集集鎮林尾里永全宮：「明中葉後，福建一帶流寇四處騷擾打劫地方。陰林山慚愧祖師屢顯神威，嚇退寇賊。劉家祖先有感其靈驗，雕其金身，供奉於家，其間為大明宣德年間。明末清初，鄭成功攻克臺灣，……劉家先祖劉大郎於此時攜家眷，並親奉祖師金身，祐其安渡來臺。」[28] 如上所述的歷史淵源，或許正是臺灣防番之神的前身。亦即祖師公早已是福建百姓心目中的「防倭之神」，來臺後持續顯其威靈，加以臺灣清代特定環境的因緣際會，終於成為臺島的「防番之神」。福建地區山多平原少的環境，與南投山區極為近似；倭寇進犯的威脅，和面對原住民出草同樣是生死交關。臺閩雙方地理樣貌的類同，異族武鬥的拼搏，成為慚愧祖師神格跨海轉化的連結鏈。

只是百年後，當異族衝突趨向緩和或消失之後，防番的需求不再，慚愧信仰仍然要回到「保安」的基本神格，在民眾的道德崇拜與現實需求中，延續對神明的依賴。

26　據謝佳玲田野調查南投縣祖師公廟分佈為：鹿谷鄉 14 座、中寮鄉 12 座、魚池鄉 10 座、竹山鎮 13 座、南投市 4 座、草屯鎮 4 座、埔里鎮 3 座、水里鄉 3 座、集集鎮 3 座、名間鄉 1 座。仁愛、信義、國姓三鄉不計。合計共 67 座。見氏著〈從開山防蕃到保境安民 -- 南投縣慚愧祖師信仰研究〉，國立臺北大學民俗藝術研究所碩士論文，2008 年，頁 33、35。

27　如集集鎮林尾里永全宮謂祖師公領有尚方寶劍，可先斬後奏，代天巡狩。

28　見集集鎮林尾里永全宮壁面〈沿革〉碑文。

（三）靈醫天尊

慚愧祖師在臺灣的另一重要神格是醫神。不論是山區或平地的祖師公廟，都長期廣泛地流傳慚愧祖師專擅開方醫診的神蹟。如：

鹿谷鄉新寮靈鳳廟：「祖師非常靈驗，……後來到了草靴屯（草屯）行醫救世。」[29]

草屯鎮北投里集仙宮：「陰那慚愧祖師，民初本庄善信吳錐罹患腳疾，延醫無法痊癒，經人告知，往集集林尾林興宮筊允請回慚愧三祖師香火供奉後，腳疾竟不藥而癒。此後聖靈事蹟時現，神威顯赫，治癒疑難雜症不計其數。」[30]

中寮鄉龍岩村龍安宮：「居民咸信祖師公顯化，凡諸疾病禱之多驗，故而香火日盛。」[31]

竹山鎮雲林里三元宮：「祖師公自幼精通醫理，……在生前雖曾治癒皇太后有功，但將歸仙時，仍有眾多信眾之病，未克診治救度，而自感慚愧，於是得名慚愧祖師。」[32]

鹿谷鄉和雅村鶴山廟旁山中溪泉更因祖師公醫病甚為靈驗，被人們稱為「神龍水」，每年端午節舉行隆重儀式取祖師神龍水保平安。2003年 SARS 事件期間，取水民眾特多，據傳庇佑無數。而魚池鄉麟鳳宮甚至有煉丹爐，傳說正是祖師公製藥救世的煉丹爐。

《南投縣風俗志宗教篇稿》中所紀錄的祖師公生平，便是自幼練武習醫，曾經治癒皇太后的痼疾，靈醫有功。[33] 這是祖師公宿世以來的專業，亦是其本行，以此觀察民間虔誠誦唸的《陰林慚愧祖師真經》，全篇重心其實正是側重宣揚其「靈醫」的神格。前述的「防番之神」，于書中

29　見鹿谷鄉鹿谷村靈鳳廟〈恩主邱國順功績事錄〉。文張掛於靈鳳廟神龕前龍邊壁面。
30　見草屯鎮北投里集仙宮壁面〈沿革〉碑文。
31　見中寮鄉龍岩村龍安宮壁面〈沿革〉碑文。
32　見竹山鎮雲林里三元宮壁面〈沿革〉碑文。
33　見劉枝萬，《南投縣風俗志宗教篇稿》，南投：南投縣文獻委員會，1953 年，頁 3。

則僅是眾多救苦助民的事項之一。《陰林慚愧祖師真經》推尊祖師公為「孔德濟世天尊」、「顯應靈醫天尊」、「玄靈救苦天尊」，而總稱為「孔德醫靈大天尊」。試觀其〈奉請〉文曰：「聖神祖師在天臺，玄靈醫道降臨來。眾等志心虔拜請，祈求錫福並化災。」便是以「醫神」奉請之；其〈完經讚〉亦云：「玉闕內殿，陰林三賢。醫靈真宰，啟教懸壺。性命雙修，文經武緯。慚愧洞□（天＋明），濟危饑荒。孔德玄明，擅長岐黃。」慚愧祖師以擅長醫術，救病無數而受到崇拜，民間之供奉祖師公因有以醫神專奉之，如：臺中潭子鄉三界混真壇[34]便是。

（四）靈乩之神

慚愧祖師生前由於人格崇高而為民敬奉，慚愧信仰的中心思想原是佛教的慈悲謙懷。來臺後雖未全然泯沒祖師公為佛教僧侶的原始身份，但也可見到已逐漸融合了道家之德、道派之法、丹道之學。如《陰林慚愧祖師真經》誦曰：「上天好生之德，立志斯成道斯行。道心惟一精微，夫神好靜心擾之。枉尋千歲之藥，空想靜心萬年謨」、「神與氣精，三寶在焉。運行五氣，精化為氣。靜氣化神，三寶凝成。心地開朗，結成大丹。」類此藉由民間誦念、傳播，產生了佛道雙修交融，不同於原貌的祖師公認同概念逐漸轉化成形。

臺灣慚愧祖師最為信眾所熟悉的防番與靈醫，傳說中常常是透過示兆、示文來濟民，正所謂「凡有兇番先示兆，謂文禁山定有日。」（《陰林慚愧祖師真經》）。如魚池鄉魚池村靈池宮有載：「據傳祖師公於咸豐十年在夢中指示⋯⋯，第二年開始，鍛乩救世。據傳靈藥、靈符非常靈驗，後改為用所謂玉輦降筆濟世。」[35]唐代高僧與信眾的溝通偏屬道教或巫術的方式，透過降乩深入到信眾的日常生活細節中，實際上慚愧信仰在臺灣很早已納入道教系統。

34　臺中縣潭子鄉大富村三界混真壇，成立於民國 95 年（2006）丙戌，奉慚愧祖師為主神，同祀法主公與鬼谷仙師，分別代表醫、法、術。筆者訪問壇主羅林法師，2010 年 3 月 20 日。

35　見黃茂堂，〈魚池靈池宮簡史〉，收在《南投縣陰那山慚愧祖師萬人行腳植福大會師暨遶境手冊》，南投：靈池宮，2008 年，頁 2。

　　奉祀慚愧祖師的宮廟，大多都設有法師、乩童，能開立藥方、問事、看地理、收驚、消災、解厄等濟世諸事。祖師公於聖誕日時常降乩指示，平時則不同宮廟各有不同乩日。降乩、玉輦降筆可以直接轉達神意，是人、神近距離溝通的方式，既玄且妙。且多定期犒軍，祭五營。如埔里鎮枇杷里天旨宮、鎮南村鎮南宮等，皆是以鍛乩、辦法會聞名的祖師公廟；再如魚池鄉日月潭村明德宮防番之神祖師公，曾感召許多當地邵族原住民擔任乩身；甚至祖師公也為部分鸞堂供奉，如魚池鄉大林村麟鳳宮啟化堂等。對照原鄉文本來看，這些都是在臺創化出來的現象。

　　祖師公靈乩降示的神格，由來已久，降乩的內容因人、因時、因地適應，可見慚愧信仰在臺灣的基礎之一，是鮮明地呼應著民眾現實生存的需求，祖師公的「靈驗」性，促使其信仰傾向較大的功能性、現實性，而呈現了時代性與區域性的演變。臺灣慚愧祖師乃為靈乩之神。

五、結語

　　陰林慚愧祖師由人格可敬的高僧，逝後為人紀念追祀成神；其神格則由品德模範伸張為保民護生的能神。在時間的長流中，祖師公的異能逐漸擴展、層累。隨著移民者的腳步渡海來臺，尤其邁進到原住民生活的內山地區，祖師公頻頻顯靈示現，為信眾斷吉凶、擇地理、雜問事之外，又廣開濟方、救疾病，更屢屢示禁文、防番害，種種神能，不可思議，慚愧祖師的神格遂為百姓冠上「防番之神」、「靈醫天尊」等讚嘆。而降乩靈示在百多年間盛行不輟，降筆濟世的慈悲，增益其靈乩能神的神格。慚愧祖師在臺灣多元神格的變異與演化，是臺灣移民開發史上的一個有力註腳，也是庶民俗神信仰在地化的一項實例。

　　只是，臺灣慚愧祖師的在地神格，在兩岸交流日益頻繁的未來中，是否又會產生怎樣的轉變？未來將可以繼續觀察。

【本文原載《東海大學圖書館館訊》109 期。2010 年 10 月。】

臺灣太乙救苦天尊的信仰與傳播

摘要

　　臺灣太乙救苦天尊的信仰與傳播，主要表現在兩大面向，其一是道教凡為亡魂舉行普渡拔薦或渡亡功德法會時，均奉祀太乙救苦天尊為主神，以祈求庇佑亡靈離苦得樂。其二是宗教宮廟團體的奉祀敬拜。臺灣以太乙救苦天尊為主祀神明的宮廟數量有限，多以祈穰解厄、普渡救亡、祭解消災等醮典為主。值得關注的，是高雄藏應道師創立太乙真蓮宗法門後，立廟佈教，濟世度眾，一脈傳承接續連綿，推動太乙淨土—東方長樂世界，注重臨終關懷，別具特色。總體來看，道教太乙救苦天尊悲憫救亡的精神，深植於民間信仰，在臺灣具有一定程度廣化且深化的傳布與實踐。

　　關鍵字：太乙救苦天尊、臺灣信仰、太乙淨土、藏應道師、九陽道善堂

一、前言

太乙救苦天尊是道教「最尊、最貴、最聖、最靈」（《太一救苦護身妙經》）的神聖。唐代以後的道教宮觀，一般都有供奉太乙救苦天尊的神像或神位。宋元以來道教科儀中，以太乙救苦天尊為主神者，名目繁多。如：《太乙救苦天尊說拔度血湖寶懺》、《靈寶煉度》、《九幽燈儀》等。在此類科儀中，可以看到太乙救苦天尊的慈悲與奮勇，度眾離苦。道教徒通常在上元、中元、下元的三元之日，或為亡魂舉行超渡之時，均奉祀太乙救苦天尊為主神，拔薦超渡，普救群靈，至聖至神。

臺灣太乙救苦天尊的信仰淵源自華夏，至少在清代前期已有所見。[1] 而觀諸歷史發展以來，臺灣太乙救苦天尊的信仰與傳播，主要表現在兩大面向，其一是道教科儀中的拔度救苦的大尊，其二是宗教宮廟團體的奉祀敬拜。本文即擬透過此兩大面向，觀察太乙救苦天尊在臺灣的信仰與傳播情況。

二、臺灣道教科儀中的太乙救苦天尊

太乙救苦天尊兼具有天上接引、人間解厄、地獄救苦的三種神格。一是對於積德行善，功行圓滿的人，太乙救苦天尊會「乘九師之仙御，散百寶之祥光」，接引登天升仙，前往東極妙嚴宮，是為東方長樂世界。二是凡人在世間危難之時，只要誠心念誦太乙救苦天尊聖號，天尊隨即聞聲趕赴，前往解厄救苦。三是太乙救苦天尊主持水火煉渡亡者，主持清蕩血湖地獄，破獄拔度罪魂等，是職司超拔亡魂並往度東方的神尊。《太一救苦護身妙經》有言：「此聖在天呼為太一福神，在世呼為大慈仁者，在地獄呼為日耀帝君，在外道攝邪，呼為獅子明王，在水府呼為洞淵帝君。」[2] 太乙救苦天尊集佛教阿彌陀佛接引西方淨土、觀世音菩薩

1　例如：閩縣陳恭甫太史壽祺有〈海外紀事詩〉八首，為乾隆 52 年（1787）林爽文之役而作，事載《通史》。詩曰：「萬里曾勞太乙幡，百年荒徼幾蜂屯。蒼垠作霧霾鯤島，碧海回潮撼鷺門。四野儲胥防日蹙，千夫難弭想星奔。巖疆臥閫承恩久，文武何當答至尊。」

2　《太一救苦護身妙經》，見《正統道藏・洞玄部・本文類・字字號》第 10 冊頁 513，臺北：新文豐圖書公司，1988 年 12 月。又，《中華道藏》第四冊頁 326。北京：華夏出版社，2004

人間聞聲救苦、地藏菩薩地獄拔薦三種神格於一身，是「**神通無量，功行無窮，尋聲救苦，應物隨機**」（《太一救苦護身妙經》）的大神聖。

　　雖然經典中記載太乙救苦天尊具有天上、人間、地獄三種神格，但自六朝道典起，太乙救苦天尊已經偏重在地獄救苦方面。[3] 太乙救苦天尊以「**救苦**」入名，鮮明標示其以救苦為主要職志的大慈悲心。《太一救苦護身妙經》云：「**每月三、九日，多降人間。常於净室中，焚香禮拜，柳枝净水，時花藥苗，如法供養，自然壽滿一百二十，五福常臻，八難遠離。**」天尊悲憫世人，每月依時降臨人間，解凡人三災八難之危，普救眾生，因稱「**大慈仁者**」。又《太上三元賜福赦罪改厄消災延生保命妙經》有云：「**出離地獄，永離苦難，徑往人天，超生净土，快樂無量。**」[4] 最大的救苦是出離地獄之苦，太乙救苦天尊在幽暗的冥界地獄拔渡苦魂，一如暗夜中光耀的陽日，因稱「**日耀帝君**」。天尊能拔渡冤苦，徑往人天長樂世界，是大福神，是大明王。道教凡為亡魂舉行超渡法會之時，均奉祀太乙救苦天尊為主神，祈求主持庇佑有成。

　　臺灣道教行普渡拔薦或渡亡功德法會時，太乙救苦天尊均居於重要的位置。首先，法壇奉太乙救苦天尊為主神[5]，統領諸天神明進行超度事宜，是道場法壇中的最高主管者。若設有三清壇，奉玉清元始天尊、上清靈寶天尊、太清道德天尊為內壇最高聖神，則或奉太乙救苦天尊於三清尊神

太乙救苦天尊居超度法壇中尊

左側尊位，職司慈悲救度，賑濟幽魂之責；或奉九天應元雷聲普化天尊

年1月。

3　蕭登福〈周秦至六朝太一神格的源起與演變〉，收在《東方長樂世界—太乙救苦天尊信仰道教净土觀》，頁36。高雄：九陽道善堂／真誠靜修會，2010年6月。

4　《太上三元賜福赦罪改厄消災延生保命妙經》，見《續道藏・隸書號》，《正統道藏》刊本第58冊頁277。

5　以太乙救苦天尊為中尊主神，常見左側奉九天康元帥，右側奉雷府趙元帥為其護法。

於右側。這五聖天尊法力無邊，同度亡靈，也顯見太乙救苦天尊地位之崇隆。也有法壇中高懸三清道祖聖像，未另奉太乙救苦天尊，而直接以法師化身太乙救苦天尊來進行科儀者。壇場內均布置莊嚴，呈獻花燈果酒茶品牲禮等供品，虔誠行儀誦經，火供金銀財帛以禮敬祈願。

在行儀過程中，法師會誦念經文，拜請太乙救苦天尊出天門，來超昇拔度眾靈。執行法會儀式的高功法師，也會變身為太乙救苦天尊，手持引魂幡，招引領導亡魂聚集跟隨，所謂「**救苦天尊，薦拔亡靈早超生。一炷神幡通法界，九泉使者引魂來**」[6]，進行施法、施食、引魂、帶領過橋受度等科儀，也誦經告誡幽魂遵守戒律不傷害生人，勸說眾靈聞經聽法覺悟超生，以脫離苦海。很具象地呈現太乙救苦天尊的慈悲度亡濟孤，以成全功德。

法會豎立的引魂幡，又稱靈旗，用于藉助上天靈力，招引並帶領魂魄方向。靈旗正面中央直書「太乙救苦天尊」聖號，稱為「太乙幡」，其下可壓符膽，使凡物旗幡產生靈動力量，祈請太乙救苦天尊發揮靈力，帶動諸天仙聖兵將，有秩序地引領亡魂前往昇天。幡腳也稱劍帶，若從陰事便以偶數為之，從陽事則以奇數為之。

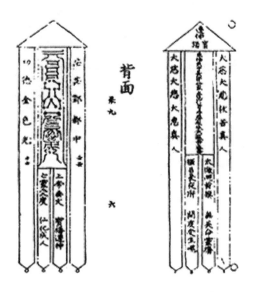

太乙救苦天尊遷神迴黃幡

前於南宋甯全真授，王契真纂《上清靈寶大法》卷三十三頁七，已載錄有「太乙救苦天尊遷神回黃幡」正、反面圖像，作招引亡魂之用。靈幡上的文字及神祇全稱：靈幡正面，中央主幅為太乙救苦天尊全號「東極天中長樂世界大慈仁者尋聲赴感太一救苦天尊」，右長條為「**大慈大悲救苦真人**」，左長條為「**大慈大**

---

6 見臺中市潭子區三界混真壇拔薦超度科儀本。

悲大惠真人」，幡腳共四足，中間兩足，右足書「太微回黃旗，無英命靈幡」，左足書「攝昭長夜府，開度受生魂」。靈幡背面，中央主幅為篆文符籙，右長條為「茫茫酆都中」，左長條為「功德金色光」，幡腳中間兩足，右足書「上帝垂文，寶旗邁神」，左足書「亡靈受度，仙化成人」。此幡是依太乙救苦天尊、救苦真人與大惠真人為主。引魂幡為拔薦救贖科儀重要法物，現今在臺灣佛道渡亡法事中，太乙幡仍然是最經常使用的法物。惟兩側真人及幡腳字樣，則或有或無或變化。有僅書太乙救苦天尊聖號，其餘皆素面者。也有將兩側真人換作他字，例如：左側換書作「聽法超昇」，右側換書作「願登仙路」等字樣。有增加蓮花仙草雲水裝飾、或太極八卦篆籀圖樣等不一。

又，法會中公告的「靈寶大法司」榜文或各式文牒中，常見書有如「東宮慈父太已救苦天尊接引生方」、「東極宮太乙救苦天尊拔度罪魂證盟」、「大慈仁者太乙救苦天尊證盟功德」[7]⋯⋯等依需求或對象而不同的文書字樣，其要皆以太乙救苦天尊為祈請對象，太乙救苦天尊是道教度亡「最尊最貴，最聖最靈」（《太一救苦護身妙經》）的神聖。

三、臺灣奉祀太乙救苦天尊的宮廟

太乙救苦天尊在臺灣道教科儀中是為人熟悉的至尊神祇，而以太乙救苦天尊為主祀神明的宮廟，則並不多見。經查中華民國內政部宗教司全國宗教資訊網，全臺登記在案的宗教團體中，主祀神祇為「太乙救苦天尊」者有二，分別為宜蘭市妙嚴宮與新竹縣寶山鄉溪源洞。

宜蘭市妙嚴宮[8]，源始於民國 31 年（1942）11 月 11 日，由信仰同好為感召太乙救苦天尊之聖蹟，遂成立「天尊會」，每年辦會一次，起初名為金光社，後稟天法旨，命名為妙嚴宮。妙嚴宮是傳說中太乙救苦天尊所居的神界宮殿，《救苦寶誥》有云：「青華長樂界，東極妙嚴宮。

7　參見臺中市潭子區三界混真壇超薦法會相關法物，由主持羅林大法師慷慨提供。敬致謝忱！

8　妙嚴宮，參見內政部宗教司全國宗教資訊網・妙嚴宮・歷史沿革：htt ps://religion. moi. gov. tw/Religion/FoundationTemple?ci=1。

七寶芳蕘林，九色蓮花座。……萬真環拱內，百億瑞光中。玉清靈寶尊，應化玄元始，浩劫垂慈濟，大開甘露門。妙道真身，紫金瑞相。隨機赴感，誓願無邊。大聖大慈，大悲大願。十方化號，普度眾生。億億劫中，度人無量。尋聲赴感太乙救苦天尊。」

寶山鄉溪源洞[9]，緣起於明治40年（1907）發生於寶山鄉的一則仙翁救人的傳奇，及日後的屢屢顯靈應驗，地方百姓因此立祠奉祀這位救苦救難的大仙。受到新竹寶山、峨嵋、北埔、竹東一帶百姓的崇拜，是地區性的靈驗信仰神祇。而且，救苦大仙爺聖誕日訂在當年顯靈的農曆7月23日，與太乙救苦天尊聖誕為11月11日不同，則救苦大仙爺實非太乙救苦天尊。

臺灣民間也有將太乙真人視同於太乙救苦天尊者，[10]因此再以主祀神祇為「太乙真人」者查詢，得有四個單位，分別為臺南市將軍區天上明世宮、宜蘭縣羅東鎮救安宮、臺中市霧峰區南聖宮、新北市新店區太乙道堂。

臺南市將軍區天上明世宮[11]，緣於民國44年（1955，乙未）正月初一子時，乾元山金光洞太乙真人示現，傳授道法濟世。至56年（1967）奉太乙真人為主神，是為東極青華大帝、青玄上帝九陽上帝，雕刻金身供奉，賜號天上明世宮。

宜蘭縣羅東鎮救安宮[12]，緣於清代先賢至羅東竹林勸世堂奉請救世

9　寶山鄉溪源洞供奉救苦大仙，傳說日治時期明治40年（1907）農曆7月23日早晨，新竹寶山仙鎮村大壢地區手殘腳缺的少婦彭李妹，遇見一位坐在路邊石頭上的白髮老翁。老翁吩咐她回去生父家，一腳跨過正門時，喊一聲「阿爸」，病就會好。老人講完就不見蹤影。彭李妹依叮囑照作，手腳馬上就復原如前。從此後民間尊稱老翁為「救苦大仙」，老翁坐過的石塊常有人來膜拜祈求。北埔望族姜滿堂等集資就地鑿洞祭祀，命名「溪源洞」，又稱大壢老仙爺廟。參：劉還月〈下凡救苦真神仙—大隘三鄉的救苦大仙爺傳奇〉，見劉還月的避秦山：http://liu580220.pixnet.net/blog/post/175069246。

10　若文獻中所見太乙救苦天尊與太乙真人則有所別異。《青玄救苦寶懺》載太乙救苦天尊居於東極妙嚴宮，《封神演義》中的太乙真人居於乾元山金光洞，二者不同。參蕭登福，《東方長樂世界—太乙救苦天尊與道教之地獄救贖》，頁46。高雄：九陽道善堂。2008年5月。

11　將軍區天上明世宮，參見內政部宗教司全國宗教資訊網‧天上明世宮‧歷史沿革：https://religion.moi.gov.tw/Religion/FoundationTemple?ci=1。

12　羅東鎮救安宮，參見內政部宗教司全國宗教資訊網‧救安宮‧歷史沿革：https://

真人、穆真人供奉。現所供祀救世真人等,「依勸世堂沿革記載:係數百年前奉請至羅東東安里震三宮三王公。」也奉太乙真人為主神。

臺中市霧峰區南聖宮[13],奉太乙真人即太乙救苦天尊青玄上帝為主祀神。天尊聖誕日舉行盛大聖壽醮典。

除上列之外,供奉太乙救苦天尊、但未在內政部宗教司全國宗教資訊網之列的宗教團體,自當還有。例如:臺北市文山區木柵元太道堂。[14]緣於太乙真人於民國66年(1977)以來屢屢降駕為信眾解厄。民國82年(1993)聖誕金身開光,定名「乙明道堂」,主殿供奉太乙救苦天尊(太乙真人)為主神,有太乙救苦天尊與座騎九頭獅法像。民國93年(2004)賜名改頒「元太道堂」,並向臺北市道教協會登記立案。另如臺南縣西港鄉無極玉旨龍鳳宮等[15]。

四、臺灣太乙救苦天尊信仰的傳播
──以郭藏應道師為例

太乙救苦天尊是道教地位崇高的神祇,神格兼具天上、人間、地獄三方於一身,實則以地獄冥界的拔苦救贖為主,臺灣凡拔薦度亡的法會上,太乙救苦天尊幾乎是不可或缺的主神。但衡諸全臺灣,以之主祀的道廟宮觀,卻是屈指可數。太乙救苦天尊的信仰,似乎主要是憑藉著地獄救贖的法會科儀而存在。此外,則如臺北元太道堂,在常態辦理祈穰、普渡、祭解、點燈等法事之餘,致力於人文慈善公益的推廣,是主祀太乙救苦天尊諸宮廟中較特出者。元太道堂於民國100年(2011)4月成立「社團法人臺北市元太慈愛人文推廣協進會」,以「普救眾生、關愛社會、愛護萬物、教化人心」為四大宗旨,推廣「慈愛世界行」,辦理各項文

religion. moi. gov. tw/Religion/FoundationTemple?ci=1。

13　霧峰區南聖宮,參見內政部宗教司全國宗教資訊網・南聖宮:https://religion. moi. gov. tw/Religion/FoundationTemple?ci=1。

14　臺北市文山區元太道堂,官網:http://www. yuantai. tw/index. php。

15　無極玉旨龍鳳宮,約於民國80年前後創立,之前曾提供乩身問事服務,現僅供參拜。筆者電訪日期:2018年7月27日。

教公益活動及課程。再於民國 101 年（2012）奉天尊指示發行「元太心道」月刊[16]，期望藉以落實公益、傳播知識技能、充實道教知識，增長智慧，並促進不同宗教的互相理解與包容。

　　試觀道藏中和太乙救苦天尊有關的經典有高達一百餘種以上[17]，不僅顯示太乙救苦天尊在地獄救亡上的崇高地位，也闡釋了天尊悲憫的思想義理。臺灣對太乙救苦天尊的思想發揚與信仰傳播，於救贖崇拜的科儀實務運用之外，高雄藏應道師創立「道教太乙真蓮宗」，推展東方長樂世界的淨土嚮往，取得了可觀的發展成果，影響顯著。

　　郭藏應道師（1923-1998），原名郭騰芳，藏應是其道號，早歲留學日本，研究儒道釋三教聖典，返臺後用心宣教，曾於民國 44 年（1955）擔任省道教會傳教師，假高雄市舊大港保安宮開設全國首創道教佈教所，義務宣導傳教佈道。民國 47 年（1958）在高雄市八德路創立「道善堂」，開始有了固定佈道講經的處所。至民國 49 年（1960）終於在金獅湖畔建立高雄道德院，奉祀太上道祖為主神，同時對太乙救苦天尊有獨特的重視。於民國 70 年（1981）成立「道教太乙真蓮宗法門」，專修道家淨土法門。以發揚太乙救苦天尊東方長樂淨土思想，傳衍太乙救苦天尊慈悲度化救苦精神為創立宗旨。民國 71 年（1982）建立太乙救苦天尊的神像一座於「太乙殿」，供奉身騎九頭獅的東方長樂救主大慈仁者太乙救苦天尊大金身，也稱太乙金仙，是全臺最大的太乙救苦天尊神像。[18]民國 73 年（1984）修建完成道德院後殿，名「萬神總元殿」，神龕分上下兩層，上層供奉三清和玉皇大帝，下層即奉祀太乙救苦天尊。當年依太上道祖指示，擇於同年農曆 11 月 11 日太乙救苦天尊聖誕日，舉行高雄市各道廟聯合護國祈安大醮，盛況空前。[19]民國 77 年（1988）年舉辦「道教太乙真蓮宗第一屆團體皈依大法會」，同年 10 月在道德院內成立「修真道

16　元太心道月刊電子書，http://www.yuantai.tw/list_edit.php?path=電子書刊%20。

17　見蕭登福《道教地獄教主太乙救苦天尊‧太乙救苦天尊神格的形成及其所屬相關經典》，頁 165-178，臺北：新文豐出版公司，2006 年 11 月。

18　參見康詩瑀，〈從寺廟發現歷史——以高雄道德院的創建過程與社會變遷為例（上）〉，《高雄文獻》2：2，頁 24-56，2012 年 6 月。

19　見王賢德編，《高雄市寺廟文化專輯》，頁 88，高雄市：高雄市文獻委員會，2003 年。

學院」，信奉 太乙救苦天尊為傳度真師，教導信奉太乙真理，講性修命，修真證道，據傳為全臺最早開辦的道教學院。民國78年（1989）年於高雄甲仙購地興建「三清真道修鍊院」，做為道德院出家法師與眾多皈依信徒的靜修道場。藏應道師主張以宣揚道教義理與經典為修道的方式，結合對太上道祖與太乙救苦天尊的信仰，落實性命雙修，以符合推廣太乙真蓮宗自我修持的精神。

藏應道師為加強倡導太乙救苦天尊度化及救苦之精神，特於民國86年（1997）12月將位於高雄市三民區九如二路的道場命名為「九陽道善堂」[20]，並親自題名書匾。此一題名有所典故，乃出於《太乙救苦護身妙經》有云：「**元元之祖氣，妙化九陽精，威德布十方，恍恍現其真。**」太乙救苦天尊秉元始天尊之祖氣，而成青玄九陽上帝，又稱九陽帝君，救生度亡，德布十方三界。九陽道善堂成為高雄道德院之外，另一個推展太乙真蓮宗的聚所。此二者前者為公廟，後者為私堂，皆是一脈道統傳襲，均秉持藏應祖師的志業及願力，共同宣揚太乙真蓮宗。

藏應道師極力鼓吹眾信眾信奉太乙救苦天尊，不遺餘力。於民國86年親撰〈太乙法門入門須知〉、〈太乙真蓮宗真理〉[21]，認為：「**太一者，謂天地混沌未分之元氣也。太者，至極之名。一者，不二之意。太一者，上天之載大道根源而為理之至極者也。**」強調太一乃是形成天地萬物的元氣，是至高的大道原力，先天一炁稱大太乙。以無極生太極（道生一）、太極生陰陽（一生二）為因，以陰陽動靜清濁為緣。「**太極，又謂中天太乙，在人身心中稱小太乙。**」人心即太乙，太乙即太一，人的言行活動會聽從於人心內在的神靈，太乙（太一）的存在是道的自然原理活動，並非一種意志的存在。據《道德經》第三十九章：「**天得一以清，地得一以寧，神得一以靈，谷得一以盈，萬物得一以生。**」所謂「一炁化三清，三清生五老」，五老乃太易（水）、太初（火）、太始（木）、太

20　九陽道善堂位於高雄市三民區九如二路532號10樓。

21　藏應道師親撰〈太乙法門入門須知〉手稿，至今仍受到珍藏。〈太乙法門入門須知〉、〈太乙真蓮宗真理〉，1997年9月5日。參九陽道善堂官網：http://www.sctayi.com/front/bin/cglist.phtml?Category=15132。

素（金）、太極（土）之先天五行祖炁。天命就是人先天真純的本性，萬物之生亦莫不由此來，太一是生命，是人身中的「小太一」。煉到性命真正合一時，得一心不亂，人身心中的「小太一」與先天一炁的「大太一」相合，學道合真，惟心（太乙）淨土便是太極。當歸根復命之時，元靈充實，境界高尚，以心印心，安得其所。別世後靈魂蒙受太乙救苦天尊接引，到太乙救苦天尊的東華長樂淨土修行，是為東方長樂世界，修成上界神仙遠離地獄，了無罣礙，永脫輪迴之苦。藏應道師認為應皈命於三清道祖、玉皇至尊、太乙保命延生天尊，堅信《太乙救苦護身妙經》及《三官感應妙經》之經義。呼籲修習靈命，徹悟清靜至理，以經義渡化凡心，真誠持守不退，感應天尊慈悲願力，實踐太乙真理。太乙法門實行心身合一靜坐，以「**修身積善、行功立德、守戒虔誠、慈心廣度、虛心謙讓**」，為其法門之修鍊總原則。 而凡人欲往中天太乙淨土，應真守仁、義、禮、智、信五常，或奉持道教忠、孝、仁、信、和、順六訣。具備此大人之品德修養，作為升天人之資格。與太乙同聲相應，同氣相求，心心相印，不可有絲毫退轉。

藏應道師於民國 87 年（1998） 農曆 5 月 6 日仙逝成道，至今年 2018 年 6 月 19 日（農曆 5 月 6 日）恰逢藏應道師成道 20 周年紀念日。長公子郭國賢道長繼承父志遺願，主持九陽道善堂，致力推展祖師在世時傳播太乙信仰的流風遺志，使之成為修行太乙法門的方便道場，善續至今。更於民國 101 年（2012）1 月 15 日成立「中華太乙淨土道教會」，以宏揚中華文化道教宗脈，義承太乙救苦天尊慈悲聖願之精神，弘揚「道教太乙淨土觀」，致力倡導社會正信觀念、善良風氣，道德淨化心靈，以崇善至德為宗旨，以推展道教徒性命歸屬東方長樂世界「太乙淨土」為使命。[22] 有別於佛教西方極樂世界的淨土觀，中華太乙淨土道教會倡導道教徒往生東方長樂世界，是臺灣第一個以太乙淨土為標目與宗旨的道教團體，也是第一個推動東方長樂世界觀念的宗教團體。其日晚課誦的主要經典就包括了《太上老君說清靜經》、《太乙救苦護身妙經》等。

---

22 參〈組織章程草案〉，《中華太乙淨土道教會成立大會暨第一屆第一次會員大會手冊》頁 6。中華太乙淨土道教會編印，2012 年 1 月。

為了強調道教東方淨土的殊勝性，住持郭國賢認為：往生的佛教徒，有「西方三聖」阿彌陀佛、觀音菩薩、大勢至菩薩接引至西方極樂世界。而往生的道教徒，則有太乙救苦天尊協從大惠真人、救

道教東方三聖圖

苦真人，一同接引眾生長生於東極長樂界。道教為「東方之教」，則此三聖稱為「東方三聖」應為適當。郭住持的想法得到學者蕭登福教授的贊同，並認為合乎道教神道觀、生命觀的精神，於是郭住持始創「東方三聖」聖號。並邀請道教神像畫家陳萬串先生繪製「東方三聖聖像圖」，於民國 96 年（2007）7 月完成繪圖，從此公開宣揚道教淨土觀。[23] 是為史上第一幅東方三聖聖像，確立道教淨土接引神聖的視覺形象，這對於推展太乙淨土觀及道教臨終關懷，都大大提供了信眾心理依歸的方便，是兼具新意與實用貢獻的創舉。

九陽道善堂供奉東方三聖神像

民國 106 年（2017）農曆 10 月 16 日（國曆 12 月 3 日），由郭明一住持主持舉辦了大惠真人暨救苦真人開光儀式，侍立於太乙救苦天尊兩側，正式供奉「道教東方三聖」。在此之前，道教界未曾將「道教東方三聖」一同塑像供奉，因此可謂，九陽道善堂為「道教東方三聖」之祖庭。

東方三聖太乙救苦天尊、大慧真人、救苦真人見諸於不少道典中，如：在南宋金允中編《上清靈寶大法》卷三十二〈昇度符誥品〉中記載云：

<hr />

23　見許英雪〈「東方三聖」聖號聖像緣由略述〉，《中華太乙淨土道教會成立大會暨第一次會員大會手冊》頁 29。

「東極天中，金樓玉殿之中，**見太乙救苦天尊**，衣九色雲霞羽服，乘九頭獅子玉蓮寶座，左執甘露碧玉淨瓶，右執空青枝，從**大惠、救苦二真人，青玄童子，八十一靈官**。頂中出白毫相，光如刀劍，在赤日圓光中，一一分明。」[24]證之以前引南宋甯全真授，王契真篡《上清靈寶大法》卷三十三頁七，引魂幡正面中央所書神名為太乙救苦天尊，右為救苦真人，左為大惠真人。於此，東方三聖已然成形。

其他經典如：《青玄救苦寶懺》記載云：「黃籙大道師尋聲赴感**太一救苦天尊，大慈大悲救苦真人，大慈大悲大惠真人**，東極宮中，長樂境內。」[25]

《太一救苦天尊說拔度血湖寶懺》記載云：「志心朝禮，后土皇地祇。志心朝禮，**太一救苦天尊**。……志心朝禮，**大慈大悲救苦真人**。志心朝禮，**大慈大悲救度真人**。志心朝禮，大慈大悲大惠真人。……爾時救苦真人曰：再行懺悔，壇下善男信女及所薦亡魂，……今對三清御前，一一懺悔之後，即俾生生雪淨，世世冰清，永消積罪之愆。」[26]

《太上青玄慈悲太乙救苦天尊寶懺》記載云：「至心朝禮，九蒼天闕大慈祥青玄救苦天尊　九拜，**大慈大悲救苦真人、大慈大悲濟生真人、大慈大悲度死真人、大慈大悲拔罪真人、大慈大悲度厄真人、大慈大悲大惠真人、大慈大悲妙行真人、黃籙會中諸大真人**。」[27]

東方三聖救苦度亡的神聖願力，落實到人間，自古以來主要是透過法會科儀對亡靈進行拔薦超渡。時至現代，以太乙真蓮宗、中華太乙淨土道教會為例，是在度死之外，也注重濟生。透過道教對於人類生命的深層體悟，宣導認識生命真義，從生死學、宗教學等方面來輔助生命最

24　《上清靈寶大法》卷三十二〈昇度符誥品〉，見《正統道藏・正一部・威儀類・獸─靈字號》第 52 冊。臺北：新文豐出版社。

25　《青玄救苦寶懺》，見《正統道藏・洞玄部・威儀類・被字號》第 16 冊頁 614。臺北：新文豐出版社。

26　《太一救苦天尊說拔度血湖寶懺》，見《正統道藏・洞玄部・威儀類・被字號》第 16 冊頁 606。臺北：新文豐出版社。

27　《太上青玄慈悲太乙救苦天尊寶懺》，見《道藏輯要 ・ 柳集三・懺法大觀》 第 21 冊頁 9325。臺北：新文豐出版社。

終的圓滿，特別是發展出對瀕亡者的臨終助禱關懷。即一般常見佛教徒於往生之際，親人會為其助念「阿彌陀佛」聖號，以祈求往生西方極樂。而道教徒於往生之際，親人應為其助念「太乙救苦天尊」聖號，祈請 太乙救苦天尊、東方三聖，帶引往生者前往東方長樂世界太乙淨土。[28]

此外，更重要的是在世預修功夫的養成。人身難得，在世時就要努力修持，充實對太乙淨土的認知，安身立命，積累生命素質福德，辭世後靈命終得太乙救苦天尊、東方三聖牽引，復歸道教東方長樂世界太乙淨土的聖境，修成上界金仙，遠離地獄，永脫輪迴之苦。惟，現今社會大眾對於道教東方太乙淨土的了解仍然有限，九陽道善堂多年來致力推廣道教淨土觀，與世界各地道教界進行廣泛的宗教交流。也陸續出版《太乙淨土畫冊》、《東方長樂世界—太乙救苦天尊信仰 道教淨土觀》等多種書籍流通、舉辦「2013 兩岸道教太乙淨土學術論壇」[29]、「國際道教2018 生命關懷與臨終助禱論壇」[30] 學術論壇……，凡此活動多元而頻繁，對推展正道正教正信可謂不遺餘力，在臺灣太乙救苦天尊信仰的傳播上，成果十分顯著。

五、結論

太乙救苦天尊於道典中呈現具有天上、人間、地獄三種神格，但一千多年來，實際上已經偏重在地獄救苦方面。試觀道教凡為亡魂舉行超渡法會之時，均奉祀太乙救苦天尊為主神，以祈求庇佑度亡離苦得樂。臺灣道教行普渡拔薦或渡亡功德法會時，太乙救苦天尊也同樣都必定居於重要的主神位置。科儀進行中，太乙救苦天尊會手持引魂幡，引領亡

28　見郭國賢〈道教徒的靈魂救度與東方三聖及臨終助禱的作用〉，2015 年 9 月 2 日。參九陽道善堂官網：http://www.sctayi.com/front/bin/ptdetail.phtml?Part=life-011&Category=15149。

29　2013 兩岸道教太乙淨土學術論壇，於 2103 年 7 月 6 日假高雄市國立科學工藝博物館南館舉行，影音實錄參見：https://www.youtube.com/watch?v=B1bdx4yDGKo&t=100s。同年出版《2013 兩岸道教太乙淨土學術論壇論文集》，高雄：九陽道善堂，2013 年 11 月。

30　國際道教 2018 生命關懷與臨終助禱論壇，於 2018 年 9 月 1 日假高雄市國立科學工藝博物館南館舉行。影音實錄參見：http://www.sctayi.com/front/bin/ptdetail.phtml?Part=video25&Category=15175。

魂，並進行施法、施食、過橋、誦經、受度等儀式，以幫助眾靈早早覺悟超生，脫離苦海。

　　太乙救苦天尊在臺灣道教科儀中是為人熟悉的至尊神祇，但以太乙救苦天尊為主祀神明的宮廟，實際上並不多見，且多以祈穰解厄、普渡救亡、祭解消災等醮典為主，太乙救苦天尊的信仰，似乎主要是憑藉著地獄救贖的法會科儀而存在。而臺北元太道堂，在法事之餘致力於人文慈善公益的多元推廣，是較為特出者。此外，自藏應道師創立太乙真蓮宗法門後一脈傳承接續連綿，有高雄道德院的立廟供奉佈教，濟世度眾，有九陽道善堂、中華太乙淨土道教會的推動太乙淨土—東方長樂世界，注重度眾關懷，都吸引了很多的善信參與加入。太乙淨土的理想，透過在世預修福德、臨終助禱關懷、別後拔薦超渡的三層功夫，力求生命的終極圓滿。道教太乙救苦天尊悲憫救亡的精神，已經在臺灣得到了一定程度廣化且深化的傳布與實踐。

　　【本文原載《2018 國際道教生命關懷與臨終助禱學術論壇論文集》，高雄：中華太乙淨土道教會，2018 年 10 月。】

林爽文事件案首王勳神化崇祀考

提要

王勳，清乾隆年間臺灣沙鹿蔴園人。清宮檔案與方志皆名「王芬」，沙鹿鄉親尊稱「王勳大哥」，鹿港當地稱「王恩大哥」。性格豪邁，慷慨尚義。加入天地會，與林爽文聯手武裝抗清，封「平海大將軍」。在清領朝廷眼中，王勳與林爽文二人並稱賊首。王勳起事後不久被殺，頭在鹿港，身在清水，心繫沙鹿。民間奉祀稱「王勳千歲」、「福興公」。現今臺灣主祀王勳的宮廟，已知有六處：沙鹿蔴園福興宮、鹿港福靈宮、清水永定宮、鹿港寶成工業福靈宮、龍井福興公廟、西屯林厝庄無名小廟，皆香火連綿不輟。

由凡人升格成為神明的「神化」過程，一般需要具備二項要素：一為強大的人格魅力，二能有騰於眾口的豐偉功績，二者缺一不可。王勳是道地的臺灣本土神明，形象突出，性格豪邁，事功顯著，早已累積獨特的魅力與廣受流傳的功業事蹟。世代子弟蒙受王勳盛靈陰助守護者多矣，八方善信領受千歲神威庇佑者無數。

本文依據清廷史料、地方志書、民間傳說，以及筆者廟宇田野調查所得，綜述王勳的生平事蹟、成神經過、民間信仰概況，以為探討臺灣本土神明典型特徵的參考。

關鍵詞：王勳、王芬、林爽文、沙鹿、福興宮、福靈宮

一、前言

　　清朝統治臺灣，自康熙 22 年（1683）派遣施琅發兵攻滅臺灣明鄭王朝起，以迄光緒 21 年（1895）簽訂《馬關條約》割讓臺灣予日本為止，前後共計 213 年。二百餘年間，大陸來臺移民快速增加，墾荒隊伍前仆後繼，開發建設快速成長。但隨著明鄭「反清復明」意識的遺存，加之以清廷在臺吏治不良、民間墾荒衝突時起等等因素，臺灣內部衝突不斷，分類、械鬥、抗官、革命等暴動反抗事件頻傳，據統計，清代臺灣大小反抗暴亂事件竟高達百餘次，而規模較大者至少四十餘次[1]，與俗諺所稱臺灣「三年一小反，五年一大亂」，恰是不謀而合。其中最為震動的三大民變事件，乃是康熙 60 年（1721）的鳳山朱一貴事件、乾隆 51 年（1787）的彰化大里杙林爽文事件，及同治元年（1862）的彰化四張犁戴潮春事件。

　　在清領朝廷的立場而言，叛亂無分大小，皆是罪無可逭，按律必當處死懲治。只是，這些朝廷眼中的亂臣賊子，在民間卻不盡然被視為是罪人，有些甚至受到百姓同情、愛戴、感念，甚至暗中奉祀。例如：朱一貴在高雄市內門區「興安宮」與臺南市小南門「城隍廟」都入廟受祀；戴潮春夫婦在其本家臺中市北屯區「合福祠」、戴氏本人在嘉義民雄「廣興宮」都入廟受祀[2]。類似的情況，再如：屏東縣內埔鄉「逆杜君英庄界」石碑小祠奉祀與朱一貴並肩起事的杜君英、南投竹山鎮「聖義廟」奉祀戴潮春的部屬張阿乖[3]、新北市八里區「漢民祠」奉祀日治時期義賊廖添丁等，凡此諸香火都至今不絕可稽。

1　根據《臺灣省通志・人口篇》（臺北：臺灣省文獻委員會，1970 年）統計，清領時期臺灣共有 42 次民變；張菼〈臺灣反清事件的不同性質及其分類問題〉（《臺灣文獻》26：3，1975），統計清領時期臺灣「反清民變」總共發生 116 次；劉妮玲《清代臺灣民變研究》（臺北：國立臺灣師範大學歷史研究所碩士論文，1983.9）則認為民變共有 73 次。

2　臺中市北屯區仁美里「合福祠」，以「查封公、查封婆」之名奉祀戴潮春夫婦。嘉義縣民雄鄉松山村「廣興宮」，以「戴代王公」之名奉祀戴潮春。參林翠鳳《陳肇興及其陶村詩稿之研究》（臺中：弘祥出版社，1999），頁 5。

3　林文龍〈悲劇英雄今已矣—「平海大將軍」崇祀探源〉，《臺灣中部的人文》（臺北：常民文化事業公司，1998），頁 148。

　　前所言三大民變的領袖中，卻唯一只有林爽文未見入祠廟，但地方上以其名為學校、道路、公園等命名紀念他的所在多有[4]，這也是其他民變領袖所少見的[5]。林爽文雖未受祀，而當年抗清陣營中地位僅次於林爽文的第二號人物——王勳，則不僅生前受林爽文倚重，冊封為「平海大將軍」，身後更受百姓供奉，受饗香火至今，且有大小共計六座祠廟奉祀他為主神。較諸於前所言多位本土神明，供奉規模如此之廣，是極其罕見的，十分特殊的。

　　王勳，清乾隆年間沙鹿蔴園車埔（今臺中市沙鹿區北勢頭福興里）人。參與林爽文事件，起事後不久被殺。鄉人及中部地區多處立廟崇祀至今。

　　王勳，史上確有其人。也作王芬、王溫、王恩，諸名稱在臺語發音上都極為相似。現今則以靈明的神威受到信眾崇祀，稱王勳大哥、王勳千歲、王府千歲、福興公、王芬公等，各地域稱名稍異而顯赫則一。在清宮檔案與清代方志中所見皆記名「王芬」，在其故鄉沙鹿則後輩鄉民皆尊其為「王勳大哥」，鹿港當地則有稱「王恩大哥」。有以其神格崇高敬稱為「王府千歲」，有不敢直呼名諱因尊稱為「福興公」。作為人的王勳，及作為神的王勳千歲，有歷史事實作基礎，而放大了他的神奇事蹟。

　　作為一個「人」的王芬，他的事蹟第一次見諸於史料文獻，便是清廷剿滅林爽文事件時的往來奏疏檔案。在此之前的生平，乃由民間口耳相傳的見聞傳說所累積。作為一個「神」的王勳千歲，則在其身後屢屢不絕的靈異事蹟中，推高了信眾的緬懷與虔敬信仰，更從歷史後端的崇拜向前逆推，放大了王勳的生平經歷。

　　神祇的形成大致有二種途徑：一是人們想像塑造的，如玉皇大帝、王母娘娘、倉頡等；另一是凡人離世後演變而成的，如關公、孔子、朱

4　以「林爽文」之名命名者如：臺中市大里區爽文路、爽文國中、爽文壘球場、爽文公園；南
　　投縣中寮鄉爽文村、爽文國中、爽文國小、爽文派出所；苗栗縣卓蘭鎮爽文路等。

5　朱一貴在高雄市內門區有朱一貴文化園區；戴潮春在臺中市北屯區四張犁有潮春公園。

一貫等。不論是想像塑造，抑或是由人演變成神，在將凡人高舉至神明地位的「神化」過程中，都需要具備二項基本要素：其一，需具備強大的人格魅力，其二，擁有騰於眾口的豐偉功績，二者缺一不可。[6]此二者相互連結，從而塑造神祇的獨特職能性格，讓信仰精神得到形象化的體現，反射出人們內在的心靈想望。人可得神之助而圓滿如意，神能得人之力而顯赫綿長，相輔相成。正如臺灣俗語所謂的「也得要人，也得要神」。王勳千歲如何由人而神？現今的崇祀又如何？本文試為耙疏探索之。

二、王勳大哥的形像特色

　　凡人之所以成神，往往有異於常人的異相、玄迹或奇遇，從而凝聚成其獨特的形象魅力。王勳其人，在隨林爽文起事之前的經歷，據其故鄉《沙鹿鎮志》記載：

> 王勳（1749-1786），又名工芬，曾參與反清活動。清乾隆年間，生於大肚山西麓的蒜園車埔（今福興里），長於田仔湖（六路里過洋仔湖），祖籍福建省泉州府晉江縣。幼時入書房求學，鑽研兵法，喜好練武，性格豪邁，急功好義。
>
> 二十餘歲，體格魁梧，臂力驚人，頭如斗大，身高七尺，孔武有力，揮舞百二十斤大刀，鄉里異之。時大肚上盜匪猖獗，搶劫商旅，王勳遂率鄉民壯丁，圍剿盜匪於公山口（今弘光科技大學附近），盜匪懼而逃遁，騷擾遂止。王氏保衛鄉里的義舉，一時傳為美談，從此庄民尊稱他為「王勳大哥」。（〈人物篇〉）[7]
>
> 王勳，乾隆十九年（西元一七五四年）生於蒜園車埔庄（福興里）。父王丁，母陳月雲，世居福建省晉江縣安海西街第八島，以農為業。王勳，自幼習武，臂力驚人，慷慨尚義。先以砍材燒炭為主，後改駕大車（即牽牛車），為人搬運貨物，往來於沙轆、牛罵頭、大莊、梧棲、大肚和鹿港之間。是時漳泉械鬥頻仍，他常出面排

6　林翠鳳〈臺灣文昌信仰研究—從文昌到六文昌〉，廣州道教協會、香港道教學院主辦《第2屆道教與星斗信仰學術研討會論文集》，廣州，2014年12月13-14日。

7　見王仲孚總編纂《沙鹿鎮志・人物篇・先賢先德》（臺中：臺中縣沙鹿鎮公所，1994年），頁603。

　　難解紛，並掃蕩地方賊匪，鄉里得以安寧，人尊之為「大哥」。
　　（〈宗教篇〉）[8]

《沙鹿鎮志》〈人物篇〉、〈宗教篇〉分別記述王勳的生平傳略，雖此
兩單元所記生年彼此歧異，但就人物形象事蹟的記載可互補有無，從而
呈現王勳的早年樣貌風格。

　　在形象上，王勳以「體格魁梧，臂力驚人，頭如斗大，身高七尺，
孔武有力，揮舞百二十斤大刀」為最大特色，突顯出壯大、高強、有力、
霸氣的強者姿態，宛如一座大山般的穩重可靠，而「鄉里異之」強調了
他的非凡特異。且以百二十斤的超重大刀作為其武器，更具像地強化了
王勳過人的武壯力量，可令暴者望而生畏的同時，也足令弱者產生依賴
感。王勳的大刀就像是關公的大刀，可以在輕鬆揮舞中除暴敵而安良民，
也藉此延伸了人們對王勳更多可能性的想像。

　　在性格上，透過「幼時入書房求學」、「自幼習武」的文武養成歷程，
王勳被形容為具有「鑽研兵法，喜好練武，性格豪邁，急功好義，慷慨
尚義」的俠義性格，這樣的性格為他後來的人生際遇作了很大的伏筆。
王勳好於鑽研兵法，可見不是愚勇的莽夫；他練武而能好義，故而不是
欺壓善良的惡霸；他急功慷慨，應該是不拘小節的率性男兒。凡此豪邁
而正派，已是英雄的性格了，將為小老百姓所仰望。

　　在事功上，王勳藉由先天條件及後天培養上所累積的根柢，由小我
而及於群體，王勳「率鄉民壯丁，圍剿盜匪，盜匪懼而逃遁，騷擾遂止」、
「漳泉械鬥頻仍，他常出面排難解紛，並掃蕩地方賊匪」。王勳故鄉沙
鹿地區背山面海，群盜時出，擾亂鄉民頻仍，而乾隆年間臺灣各地分類
械鬥嚴重，是社會亂源，百姓深受其苦。青年王勳將其武勇發揮為保鄉
衛里的義勇，將其好義慷慨發揮在排解漳泉械鬥的紛爭上，他的義行保
護了良民、維護了鄉里安寧，更成就他在地方上受到尊崇的地位。庄民
尊稱他為「王勳大哥」，不僅是一時傳為美談，其實還延續至今不絕，
地方上一句「王勳大哥」，仍然是安定人心最有力的呼喚。王勳，不只

8　見王仲孚總編纂《沙鹿鎮志・宗教篇・福興宮》，頁598。

是個英雄，其實更像是有膽識、有能力，卻無比親和的自家「大哥」，是地方百姓心中的依靠。

從形象上、性格上、事功上來說，王勳有型、有心、有能、有力，彷彿天生注定不凡。在民間傳聞中，還可以看到比方志上更為豐富生動的描述[9]。而大致上他的英雄性格與形象已具骨架，這對現實生活中常感到無力或無奈的人們而言，無非是具有吸引力的。加之以王勳所從事的是砍材燒炭、駕車運貨的辛苦工作，從基層出身的形象鮮明，更貼近一般民眾。更何況正是這樣的經歷，得以往來於沙轆、牛罵頭、大莊、梧棲、大肚和鹿港之間，結交八方豪傑，溝通南北聲氣，為他日後與天地會和林爽文的相遇搭起了橋梁。作為真正英雄，還需要更豐偉的事功。

三、林爽文事件中王勳將軍的武烈事蹟

市井小民王勳躍登歷史舞臺，在於他加入天地會，之後還與林爽文一同起兵抗官，動搖臺灣治安，震驚北京朝廷。史載：「（乾隆）四十八年，有漳人嚴烟者，渡臺傳天地會，爽文與劉升、陳泮、王芬，及淡水之王作…等均入會。其法隨處聚眾，設香案歃血瀝酒，誓為黨援。」[10]天地會以反清復明為號召，聚眾糾黨與朝廷對立。臺灣有明鄭遺脈素懷漢志者多，加以社會不良結黨自保者不少。王勳本來慷慨好義，豪邁熱血，加入天地會與角頭林爽文等兄弟同結聲氣，必想有一番作為。

民變之舉，固然林爽文是整起事件的主要核心，但從檔案資料中在在都清楚顯示：事件興起時，王勳與林爽文是會黨中地位並駕齊驅的二大巨頭，是朝廷眼中的一雙賊首、首惡。早在乾隆51年（1786）12月14日臺灣道永福移稟福建巡撫徐嗣曾向乾隆報告林爽文事件時，王芬即與林爽文並稱：「訪聞北大里杙等莊，有奸民林爽文、王芬等結黨搶劫。」[11]

9　民間傳述刊行者中，以王憲堂《福佬人英烈－王勳大哥傳奇》（臺中：海洋文化事業出版社，1999）內容最豐。

10　周璽編《彰化縣志・雜識志・兵燹》（臺灣文獻叢刊第156種，臺北：臺灣銀行經濟研究室，1961），頁363。

11　清高宗敕撰《欽定平定臺灣紀略・卷一・乾隆五十一年十一月至五十二年正月初三日》（臺

直至剿滅後期，仍以林爽文、王芬二人並稱論究，如乾隆 52 年（1787）1 月 29 日上諭：「至林爽文、王芬二犯係此案首惡渠魁，如經官兵生獲，著該督等派委妥幹員弁解京審辦。」[12] 再如，同年 2 月 2 日上諭曰：「至賊首林爽文、王芬二犯，及此外有名頭目，如經官兵生獲，即選派員弁解京審辦，以彰憲典。」[13] 又 2 月 7 日上諭：「務將賊首林爽文、王芬及此外有名頭目擒拿解京，盡法懲治，不可任其逸入內山。」[14] 條條所稱俱是與林爽文相提並論，可見王勳地位之重要，也可見清廷必欲去之而後快的惱恨深重。

王勳加入天地會結識林爽文，尊林爽文為首，積極拉攏各路英豪一同入會。從清廷的檔案中，也可以看到王勳號召了許多人加入會黨，在陣營中擁有一定的群眾勢力。王勳邀招的夥伴，包括有乾隆 51 年（1786）3 月招彰化西門大街林萬，5 月招彰化莿桐腳張文，夏季招彰化大肚陳樵，10 月招彰化莿桐腳朱開、彰化咬走庄劉實（黃實）等人，這些人紛紛受王勳邀請感召入會，並於日後參與大小戰役。如：林萬 11 月 29 日隨王勳攻入彰化縣，並留守城中，堅守至 12 月 12 日官兵收復彰化時被殺；朱開參加 11 月 27 日大墩之役，29 日隨王勳攻入彰化縣；劉實（黃實）與彰化下埔姜崙庄林天球等人也於 11 月 29 日隨王勳攻入彰化縣[15]。此外，還有郭盞、吳帶、陳榜、吳汴、李積、郭卻、阮擇、薛指、林倚、趙榮、林載生等人，都是投赴王勳而入會的弟兄[16]。

林爽文被認為是角頭大哥，王勳本來就為百姓尊為大哥，兩位大哥領導了這次的武裝抗官民變，聲勢浩大。林爽文起兵帶領的是以大里杙

灣文獻叢刊第 102 種，臺北：臺灣銀行經濟研究室，1961），頁 103。

12　乾隆 52 年 1 月 29 日上諭命軍機大臣傳諭閩浙總督李侍堯、兩湖總督常青。清高宗敕撰《清高宗實錄選輯・選輯（二）・乾隆五十二年春正月》（臺灣文獻叢刊第 186 種，臺北：臺灣銀行經濟研究室，1961），頁 329。

13　乾隆 52 年 2 月 2 日上命軍機大臣傳諭李侍堯、常青、藍元枚、徐嗣曾。清高宗敕撰《欽定平定臺灣紀略・卷四・正月二十七日至二月初五日》，頁 150。

14　乾隆 52 年 2 月 7 日上命軍機大臣傳諭李侍堯、常青、黃仕簡、任承恩。清高宗敕撰《欽定平定臺灣紀略・卷五・二月初六日至十一日》，頁 157。

15　清高宗敕撰《欽定平定臺灣紀略・卷五・二月初六日至十一日》，頁 162。

16　清高宗敕撰《欽定平定臺灣紀略・卷四・正月二十七日至二月初五日》，頁 152。

為中心的臺中山屯地區的聯盟，王勳則是以沙鹿沿海地區的聯盟，山線與海線聯手抗官，再加以天地會的號召、其他縣城的呼應，對官府造成的威脅很大，顯得來勢洶洶，聲威驚人。在這場戰役中，王勳不僅要保鄉衛土，更要反清復明；他不僅是大哥，而且是平海大將軍；他不僅要行義舉，更要起義革命。他自地方大哥，一躍而成為民族英雄、臺灣英烈。

　　林爽文事件的起事，從醞釀之初，王勳即是決策核心人物之一[17]。乾隆51年（1786）11月27日夜，林爽文與王勳協力帶領天地會眾揭竿起事，首先襲擊大墩（今臺中市），知縣俞迅即遇害。29日攻陷彰化縣城[18]，出榜建元「順天」，隨後黨眾擁護林爽文為盟主，封王勳為「平海大將軍」[19]。12月初八日王勳率眾攻竹塹城，[20] 之後返回沙鹿蔴園，為同鄉紀春、蔡運世等人聽聞，遂糾眾包圍追擊，王勳寡不敵眾遭到襲殺，時在乾隆51年12月底[21]。

　　還原王勳慘遭殺壞的歷史詳情，據學者許雪姬爬梳當年審訊供單等史料文獻後描述[22]：住在牛罵頭（今臺中市清水區）的同鄉紀春，探知王勳回到蔴園，乃向義民首同鄉蔡運世、饒凌碧兩人報知，一同前往蔴園。王勳見勢不佳，騎馬逃去。義民鄭岱趕上前去，用長槍戳倒王勳，予以

17　見《平臺紀事本末》載：「乾隆五十一年，……當是時，林爽之勢漸張，附合者日益眾。於是以林泮、陳奉先、王芬、劉井、林禮生、嚴煙、董喜之徒為謀主，以……等為羽翼。」（不著撰人，臺灣文獻叢刊第16種，臺北：臺灣銀行經濟研究室，1961），頁2。

18　乾隆51年12月27日（丙寅），閩浙總督常青奏言：「十一月二十七夜，彰化俞知縣在大墩地方挐匪，遇害。彰化失陷，路途梗塞，不能前進。」見清高宗敕撰，《欽定平定臺灣紀略‧卷一‧乾隆五十一年十一月至五十二年正月初三日》，頁102。

19　《平臺紀事本末》：乾隆51年11月29日「彰化縣既陷，官吏皆被執。賊目分居官署，出榜安民曰：順天元年，大盟主林為出榜安民事。……林爽文自為大盟主，於是眾賊目各授偽職。以王芬為大將軍，陳泮、何有志為左右都督，董喜、陳奉先為軍師，其餘授職各有差。」（不著撰人，臺灣文獻叢刊第16種，臺北：臺灣銀行經濟研究室，1961），頁6。

20　〈軍機處月摺包奏摺錄副〉，乾隆朝，038815號，王茶（葫蘆墩人）供詞。

21　王勳率眾攻竹塹城失敗，於12月15日回蔴園老家。後遭蔡運世等人襲殺。乾隆52年1月6日，福建陸路提督任承恩率兵增援鹿港。蔡等人於9日得知此消息，一夥人乃將王勳頭送往鹿港領賞。因推知，王勳乃於乾隆51年12月15日-乾隆52年1月6日之間遭到殺害。見許雪姬〈誤讀乾隆、誤解清制－王芬的官家記載與民間傳說〉，《故宮學術季刊》21：1，頁194，2003年10月。

22　許雪姬〈誤讀乾隆、誤解清制－王芬的官家記載與民間傳說〉，頁181-214。

生擒，押送回蔴園庄，隨後帶之前往牛罵頭。時有陳秀成者，「因王芬從逆作亂，一時痛恨，拿刀將他砍死，割下頭顱手足」，「用石灰醃貯桶內」，以待時機送官領賞。乾隆 52 年（1787）1 月 6 日，福建陸路提督任承恩率兵二千人到達鹿港增援[23]。蔡運世等人於 9 日得知此消息，乃和陳秀成等將屍桶送往鹿港。為證明所送呈頭顱確為王勳本人，甚至將王勳曾穿過的狐皮、馬褂與腰帶一同送往。提督任承恩甫抵臺灣，即收到義民送來的王勳頭顱一顆的大禮，經問明後，遂將王勳首級梟示警眾。

王勳是這次民變中的首惡渠魁，他的被義民殺死是一件歷史大事。官方文獻《平臺紀事本末》僅以「圍蔴園，殺王芬」六字輕輕帶過[24]。但對於所謂義民送來的頭顱究竟是不是王勳本人？乾隆皇帝卻是十分謹慎，一再指示務必「著覆驗明確……不可不慎也。」[25]經過再三審查訊問方才確認，始終不敢大意。

王勳敗亡而使大業功敗垂成，民間對於王勳的死，不得不接受，但遭遇不幸的歷程則似乎在情感上是不大願意接受。首先是王勳的死在距離與林爽文一同起事大約一個月前後，深有壯志未酬身先死的遺憾；再則，以堂堂大將軍而慘死於無名小輩之手，其時間之短暫、死況之不堪，實難滿足對於英雄神威的期待。民間的傳說紛紛，多多少少都加添了些想像與美化，以便較為符合民眾內心的期待。此於如陳炎正〈北勢頭王勳大哥軼聞〉、丁正雄〈民族英雄王芬撰略〉、王錦賜〈反清復明的王勳先生〉[26]等篇章中均可得見，而情節辭采突出的王憲堂《福佬人英烈─

23　中國社會科學院歷史研究所明史研究室編《清代臺灣農民起義史料選編》（福州：福建人民出版社，1983. 11）頁 123。

24　參《平臺紀事本末》，頁 22。又，《天地會》（一），頁 350。〈閩浙總督常青奏王芬確係陳秀成所砍殺片，附：殺害王芬之蔡運世供單〉，乾隆五十二年（月日缺），軍錄。見許雪姬：〈誤讀乾隆、誤解清制－王芬的官家記載與民間傳說〉，頁 188。

25　如《欽定平定臺灣紀略》載：二月十三日（辛亥），任承恩奏言：「又王芬首級，訊之賊黨林里生等合認屬實」同日，上又命軍機大臣傳諭李侍堯、常青曰：「其呈出之王芬首級，並著覆驗明確，查明系何人所殺；若此時不能詳加辨認，設將來又有王芬其人，尚復成何事體？該督不可不慎也！」十四日，上命軍機大臣傳諭李侍堯、常青、黃仕簡、任承恩曰：「著常青等確查覆奏。若此時未經驗明確據，將來他處又有王芬其人，一經發覺，惟常青等是問。」見清高宗敕撰《欽定平定臺灣紀略・卷六・二月十三日至十六日》，頁 168、171、174。

26　陳炎正〈北勢頭王勳大哥軼聞〉，1962 年前後。丁正雄〈民族英雄王芬撰略〉（未載日期，

王勳大哥傳奇》，尤堪稱為皇皇巨著。即使是作為地方志書的《沙鹿鎮志》，關於王勳遇害一節，也承襲民間傳說，未與史實同步。《沙鹿鎮志》提到王勳計有宗教篇、人物篇、藝文篇三處，其中收錄於〈藝文篇〉的王緒侯〈王勳大哥傳〉可為代表。錄示如下：

> 乾隆五十三年，林爽文失敗被捕，王勳逃至虎頭山亦為清兵所執，就地正法。（〈宗教篇〉）
> 林爽文被俘，勳仍以孤軍奮戰，與清兵週旋到底。（〈人物篇〉）
> 爽文先生被俘後，革命之大計便落在王勳先生的肩上，呼號奔走，矢志為反清復明抵抗到底。天有不測，正在清水東側，鰲峰山（牛罵頭山）麓謀策抗清兵，走漏風聲，清兵趕至。奮戰疲乏力盡，又加上清兵團團圍住，無法突破重圍，王氏見大勢已去乃仰天大呼：「天啊！為何不容我！」。旋而將所持大刀擲棄，竟傷死二名清兵，可見力大無比，於是就從容自願就捕，清廷本要活擄王氏進京，清兵無能，恐難如願，又加王氏力大無比，從牛罵頭山虎頭崎押解至鹿港就地處決。（〈藝文篇〉）

以《沙鹿鎮志》為例來看，民間傳說所添加的架構主要有二點：其一，王勳的死是在林爽文失敗被捕之後。其二，王勳最後孤軍奮戰與大批清兵週旋到底，無奈形勢比人強而壯烈就義。此二項均與事實相左，但此一改變則大大塑造了王勳勇敢堅毅威武的形象，而成就出英烈的傳奇雄姿。

四、王勳千歲的神而聖之

英勇偉烈的王勳，在民間添枝加葉的集體想像中，有幾分真實，也不免參雜想像誇飾，但終究形塑了完美的人格與神格。其由凡人而升格成為神明，則加之以更多身後助佑百姓的靈感事蹟，使得歷史的王勳首先成為傳說的王勳，再變異為神化的王勳，累積成為至今崇祀不已的王勳千歲信仰。

王勳身後的靈異玄奇，人們至今津樂道，茲舉數例以窺一斑：

未刊稿）。王錦賜〈反清復明的王勳先生〉，《臺灣教育月刊》第 256 期，1972 年。

1. 威靈顯赫始終保護家鄉

沙鹿位於大肚山麓，是沿海居民到大墩或彰化縣城經商的重要途徑，時常有盜匪出沒騷擾，甚至到沙鹿街上搶奪居民財貨。王勳生前曾組織地方青年保衛家鄉，成功嚇阻盜匪。王勳遇害之後，大肚山盜匪某年月又預備再次下山搶劫，走至山麓即將行動時，赫然看到蔴園莊內戒備森嚴，草木皆兵，連大石頭下也藏有兵馬，頗有枕戈待旦、一觸即發的態勢。群盜嘍囉因而不敢前來，乃速折回山。居民們都認為，是王勳大哥英靈庇佑所致。

王勳遇害之後的乾隆晚年，臺中地區發生嚴重的漳泉械鬥，雙方死傷慘重，大肚溪水為之變紅。唯有蔴園庄民幾無死傷。庄人以為係令漳州人懼怕的王勳大哥顯靈庇佑所致[27]。

2. 大肚山上練兵神火清晰，喝聲振振

王勳生前常於大肚山上操練兵馬，遇害之後，居民仍時常遠遠看到大肚山上火光飄飄，望之在南，忽焉在北，變換迅速，形似兵馬部隊移動訓練的樣子，甚至彷彿可聽到兵將操練的吆喝聲。地方百姓都說：那是王勳大哥正在操練士兵，持續保衛家園。至今耆老們仍然言之鑿鑿。福興宮中的牆壁上，還特別刻劃了神火操兵演將、定旗拜帥等浮雕，生動地勾勒出王勳千歲的傳奇故事，更添王勳千歲的風采。

3. 空中接炸彈護衛家鄉

日治後期臺灣中部時常受到美國軍機投彈轟炸，生命財產損失慘重，然海線大肚山一帶大多無事。據傳每當美軍前來轟炸時，蔴園一帶天空經常雲霧瀰漫視線不佳，美軍因而放棄投彈。甚至曾有人看到王勳大哥顯靈，騰空接住砲彈，使其不落地爆炸，而護衛了地方父老子弟生命家園的安全。

27　見王錦賜〈反清復明的王勳先生〉。

4. 跨海庇祐子弟平安返鄉

二次世界大戰期間，日本政府強拉臺灣本地男子赴戰場當軍伕，或誘導擔任志願兵，遠離家鄉投入戰局。地方青年離鄉前大多會到王勳大哥聖前祈求香火隨身庇祐。戰爭結束後，蔴園子弟陸續平安返鄉，許多人不約而同都說在南洋戰場上槍砲激戰時，忽有動作矯健的男子在危急時將人拉入防空洞避難，事後回到原野，只見早已中彈夷平，眾人咸認為，那正是王勳大哥顯靈救世，跨海庇祐的結果[28]。

5. 暗助乙未抗日義士

甲午年（1894）中國戰敗，割讓臺、澎，乙未年（1895）全臺志士發起全面武裝抗日。有志士迷失於大肚山區，據說當時王勳曾以燐火引導出路，順利協助脫困，發揮民族義氣。[29]

6. 護土衛民免受震災之苦

例如昭和 10 年（1935）關刀山大地震，震央后里墩仔腳與沙鹿同在臺中地區，距離並不遠。但這次日治時期最嚴重的地震，蔴園庄一帶大致完好，鄉民咸認為是王勳大哥庇祐所致。

凡此種種神蹟不勝枚舉，多有玄奇不可思議者。然而正是這些超乎常態邏輯的傳說層出不窮，累積了王勳的神威靈感顯赫，特別是他對故鄉的執著守護，不論生前死後，都同樣是家鄉父老子弟的有力保護。故鄉人對他的眷懷依賴，因此更加綿長久遠。

民間為王勳立神位建宮廟者，現今已知有六處，分述如下：

1. 沙鹿蔴園福興宮

沙鹿蔴園是王勳出生成長的故鄉，最初，王勳遭遇斬首不幸之後，

28　沙鹿福興宮主任委員陳西瓊訪問紀錄，林翠鳳採訪於福興宮，2011 年 9 月 17 日。
29　王仲孚總編纂《沙鹿鎮志·藝文篇》，頁 912。

庄民不忍其英魂飄零，以「福興公」之名潛祀供奉。在當年風聲鶴唳的緊張時勢中，人們暗中蓋了簡易的小廟安奉香火，為避免外界注意，遂稱「王勳」。由於王勳千歲神蹟不斷，靈威感應，居民世世感戴，香火連綿不絕。至咸豐5年（1855），北勢庄民陳溪水發起興工建廟，刻木為像，向居民募捐建廟奉祀。是年八月動土，十月竣工，名之曰「福興宮」（位於今沙鹿區福興里）。此後靈蹟不斷，鄉民敬祀有加。以農曆六月十四日誕辰，農曆正月十七日忌辰為主要祭典日，每年由蔴園十二庄[30]信眾舉行盛大祭典[31]。1966年重修，2008年成立「福興宮重建委員會」重建新殿，同年4月奠基，2011年12月正式落成，隆重舉辦祈安入火安座安龍謝土大典。殿內配祀王勳千歲父、母、妻子等眷屬神，及開臺聖王、天上聖母、文昌帝君、註生娘娘、神農大帝、財神等神祇。王勳千歲的大刀重達百二十斤，同時配置於大殿，供信眾瞻仰，以顯神威非凡。2014年發行《王勳千歲真經》[32]，是王勳信仰史上的第一部經典，廟方頌經團定期課誦，體制規模更顯周備。

沙鹿蔴園福興宮

30　沙鹿蔴園十二庄，指北勢頭、車埔、過洋仔、坑仔底、晉江堺、六路厝、三角仔、南勢坑、埔仔、後厝仔、三塊厝仔、鹿仔港堺。

31　鈴木清一郎《臺灣舊慣冠婚喪祭と年中行事》（臺北：臺灣日日新報社，1934），頁308。

32　《王勳千歲真經》，陳西瓊發行，陳火盛編輯，林翠鳳敬撰，沙鹿蔴園：福興宮印行，2014年季春。

王勳千歲神像　　　　　　沙鹿蔴園福興宮《王勳
千歲真經》

2. 鹿港福靈宮

王勳早年曾到鹿港拜少林五祖傳人洪德謙正式學武，學成之後，被禮聘擔任鹿港八郊會館總教頭之職，保護八郊、幫助地方人士，在鹿港地區頗具聲名，地方人士尊稱為「王芬大哥」。王勳參與林爽文事件失敗，於牛罵頭（今清水區）遇害後，屍體就地埋葬，清軍將其頭驗收後交鹿港人士安葬於鹿港崙仔頂，王勳竟致身首異處。鹿港人在墓塚旁建小祠供鄉人膜拜，初稱為「王芬大哥塚」，後漸改稱「王恩大哥廟」，後擴建改為「福靈宮」（位在今鹿港鎮復興路），尊稱為王恩公或王芬大哥。[33] 福靈宮廟前早期是墳墓區，據傳王勳氣壯專治厲鬼，也因此能常居墳塚間。

比較特別的是，1971 年福靈宮因年久失修重建時，決定將塚桶中王勳的頭桶掘出，並返回清水尋找王勳遺骨，欲以使之合體。果然找到了王勳屍骨，其埋葬處尚發現數件早期文物，包括乾隆通寶枚、瓷碗一件、福壽杯一件、酒杯一件、鼻煙壺一件、大明宣德爐一件，由福靈宮

33　參〈鹿港福靈宮沿革誌〉，鹿港福靈宮牆石碑。鹿港福靈宮主任委員紀添富訪問紀錄，林翠鳳採訪於福靈宮，2011 年 12 月 12 日。

保存[34]。王勳生前所使用的大刀,據說為味全企業黃氏家族保存,所以供奉於鹿港福靈宮的大刀為後來所仿製[35]。

福靈宮後於 1986 年再度重修。以農曆六月十四日誕辰,農曆正月十七日忌辰,逢時舉辦祭典。

3. 清水永定宮

清水(昔稱牛罵頭)與沙鹿僅一線之隔,地理上很接近,也可說是王勳熟悉的成長活動區域。只是想不到,這竟是他殞命之處。王勳正是在虎頭山區遭到痛殺肢解,砍斷其頭手足。其頭顱被送去報官領賞,其屍體則就地草草埋葬。傳說就在他下葬後,此地區便靈異不斷,庄人指陳歷歷,於是建一小廟祭拜以安亡靈(在今清水區鰲峰山虎頭崎石埠邊),廟前三株榕樹為顯著標記。庄人有求者皆有應驗,尤其牲畜疑難如走失、染疾、求藥等多有解,鄉民崇祀愈勤,威靈聲名不脛而走。1947 年間天降連續暴雨,洶湧的山洪將三株老樹與小廟沖毀。當地百姓不忍,因以鐵皮搭起簡單小寮供奉神像,名為「王府千歲永定宮」[36]。

4. 鹿港寶成工業福靈宮

位於福興工業區內,世界最大的鞋品製造商龍頭寶成工業廠區,甫一入大門的龍邊設置一座精巧小廟,額題「福靈宮」,供奉的便是王勳千歲。據傳,過去曾經在寶成企業宿舍內傳出鬧鬼事件,當時請來以專治厲鬼著稱的鹿港福靈宮王恩大哥分香到此鎮壓,果然迅即恢復平靜,至今敬奉不輟。

相傳原為味全企業黃氏家族所保存的王勳生前使用的大刀,後來已輾轉為寶成企業所收藏,但此說目前尚未能證實[37]。

34　丁正雄〈福靈宮沿革〉(未刊本,1974)。

35　參〈鹿港福靈宮〉,文化資源地理資訊系統,網址:http://crgis.rchss.sinica.edu.tw/temples/ChanghuaCounty/lugang/0702004-LGFLG

36　清水永定宮主持王丁旺訪問紀錄,林翠鳳採訪於永定宮,2011 年 12 月 12 日。

37　筆者詢問王勳大刀是否確實為寶成工業蔡氏家族所收藏?接待秘書並未證實。鹿港寶成工業

5. 龍井福興公廟

臺中市龍井區龍岡村竹師路二段 62 巷田野產業道路旁，矗立一座色彩鮮亮裝飾華麗的廟屋，額題「福興公」，廟內供奉「福興公神位」石牌一方，並列木刻神像一座，手持關刀威風凜凜，此即福興公王勳大哥，原係沙鹿蔴園福興宮的分靈。民國六十多年大家樂風行時，一位從事土水行業的信徒有感於福興宮王勳千歲的靈驗，特地分靈至此地建廟奉祀。原為土屋，1978 年始建廟宇，2010 年又重建完成，佔地雖不大，而石獅、五營、金爐俱全 [38]。

6. 西屯林厝無名小廟

臺中市西屯區林厝庄永興宮後方偏僻田野中，緊鄰中部科學園區廠房，有一座由磚頭砌成的無名小廟，相傳為抗清英雄王勳大哥的英靈在此練兵，因此村內居民時常於日落時分，望見成對火焰，於田野間，忽東忽西，忽上忽下。居民還發現有一火焰到了現今祭拜地點便消失無蹤，經常如此。百姓咸認為此即為王勳大哥歇息處，因此在火焰消失處建一小屋，擺上石頭祭拜，祈求王勳大哥能安息，並保佑村民安全，從此再無火焰出現。林厝庄永興宮主祀林、李、池三府千歲，因此每年永興宮王爺慶典時，主事者均會順道前往祭拜，相沿成習，已為地方盛事 [39]。

五、結語

王勳由凡人而成神的過程中，其形象從體格魁梧、臂力驚人、頭如斗大、身高七尺、孔武有力、喜好練武起，就已相當突出地形塑了強者的樣貌，加之以百二十斤大刀的懾人武器，讓王勳與關刀緊密結合，形象特色十分鮮明。在性格上，豪邁而正派，好義而慷慨，對家鄉充滿忠愛，對民族懷抱節義，是熱血率性男兒。在事功上，王勳除惡保安，出

福靈宮接待秘書訪問紀錄，林翠鳳採訪於寶成工業福靈宮，2011 年 12 月 12 日。

38　龍井福興公廟主持陳火盛訪問紀錄，林翠鳳採訪於龍井福興公廟，2011 年 12 月 12 日。

39　〈林厝庄的信仰中心永興宮〉，見《臺中鄉圖》13 期，頁 133-134，2013 年 1 月。

面排難解紛，掃蕩地方賊匪，功在鄉里，是奸匪的剋星，是百姓的依靠，是家鄉的守護神，生前如此，死後依然。他加入天地會，廣結各路英豪協助林爽文起兵抗清，襲大墩，陷彰化，挺建元，武勇剛烈，在臺灣歷史舞臺上鼓動風雲，成就個人的最大事功。

可惜王勳終究功敗垂成，更遭到斬首斷肢，頭在鹿港，身在清水，心繫沙鹿，如此奇悲，魂魄如何安定？二百年來，靈異何曾減少？眷懷者，設牌位敬奉以撫慰之；憂懼者，建祠屋尚饗以安鎮之。世代子弟蒙受王勳盛靈陰助守護者多矣，八方善信領受千歲神威庇佑者無數。王勳是道地的臺灣本土神明，早已累積獨特的魅力與廣受流傳的功業事績，只要其靈感事蹟不斷，則其傳奇將繼續生動地鋪寫下去。

【本文原載《東海大學圖書館館刊》第 6 期，2016 年 6 月。】

沙鹿蔴園福興宮合照。2016 年 1 月 10 日。
前排右二臺中科技大學陳弘明教授賢伉儷、右四臺中科技大學許華青教授、右五福興宮陳成雄先生、右六福興宮主任委員陳西瓊賢伉儷、右八福興宮陳采蓉女士、右九臺中科技大學林翠鳳教授、右十一靜宜大學溫宗翰執行長。後排青年群為臺中科技大學學生。

附錄：沙鹿蘇園福興宮沿革誌

蘇園福興宮主祀王勳千歲，自清代以來至今二百餘年，深受蘇園十二庄民共同信仰，為沙鹿地區唯一受鄉民感念而奉祀的神明。

千歲俗名王勳，亦作王芬，清乾隆年間沙鹿蘇園車埔庄人。知書達禮，慷慨重義，勤習武藝，保鄉衛里，庄民尊為「王勳大哥」。乾隆五十一年林爽文起義抗清，受封為「平海大將軍」，親率鄉壯與役，助戰有功。可惜終因天命時勢難違，英年早殉，壯志未酬。

地方百姓不忍英魂飄零，以「福興公」之名潛祀供奉。乾隆五十五年，沙鹿地區漳泉械鬥激烈，死傷慘重，唯蘇園庄民犧牲甚微。眾人咸信乃千歲顯靈庇佑所致，故共議建廟安奉。是年八月動土，十月竣工，名之曰「福興宮」。此後靈蹟不斷，鄉民敬祀有加。咸豐三年，北勢庄民陳溪水曾倡重建。

時至二次大戰，盟軍戰機屢屢空襲轟炸，期間庄民曾見千歲顯靈騰空護衛。日本殖民政府廣徵臺灣民兵，鄉里子弟遠征前必至聖殿求得千歲香火隨身，因此多能逢凶化吉，平安返鄉。千歲名揚八方，威靈益顯崇高。

民國五十五年，廟宇殘頹重修。九十七年，為擴大廟務發展，仕紳倡議新建，委由耆老陳西瓊先生主事籌備，成立「蘇園福興宮重建管理委員會」，幸賴千歲神助庇佑，再經全體委員與信眾同心協力，同年四月行奠基典禮，於民國九十九年（西元二〇一〇）十二月正式落成，隆重舉辦祈安入火安座安龍謝土大典。殿內配祀千歲父、母、妻子等眷屬神，及開臺聖王、天上聖母、文昌帝君、註生娘娘、神農大帝、武財神等神祇。千歲生前使用的大刀，重達百二十斤，同時配置於大殿，供信眾瞻仰，以顯神威非凡。如今殿宇嶄新堂皇，肅穆莊嚴。禮拜真靈，伏敬崇威。並祈同沐神恩，共庇福澤，隆盛寰宇，長昭永遠。

沙鹿蘇園福興宮重建管理委員會

主任委員　陳西瓊　　　　廟祝　王萬成

常務委員　顏清通　王國材

委　　員　楊偉鈞　陳瑞勇　陳炳同　陳耀卿　周賜福　陳　勇
　　　　　趙文和　陳來生　蔡永華　王錦添　陳振順　林招桔
　　　　　翁陳阿珠

常務監事　楊垂芳

監　　事　余昭龍　陳耀彬　蘇　山

　　　　中華民國一〇三年甲午年仲秋立　礦溪　林翠鳳　敬撰

沙鹿蔴園福興宮沿革誌

鹿港福靈宮。2011 年 11 月 12 日。

清水永定宮。2011 年 11 月 12 日。

鹿港寶成工業福靈宮王勳千歲。
2011 年 11 月 12 日。

龍井福興公廟福興公。
2011 年 11 月 12 日。

臺中西屯林厝庄無名王勳廟。截自《臺中鄉圖》。

臺灣臨水夫人信仰的發展歷程探析

摘要

　　中國神祇在臺灣的傳播，基本上是依隨著唐山過臺灣的移民腳步前進。臨水夫人在臺灣的傳播與發展，也大致是早期福建先民從原鄉攜帶香火神像而來。若從時間的縱軸上看，不同時代／朝代裡的臨水夫人信仰，其發展歷程究竟有如何的獨特內涵呢？本文從史志文獻開始著手，觀察自明清以來臺灣臨水夫人的載錄情況，可歸納各時代的發展特色如下：

　　以移墾社會為背景的清代是萌發茁壯期，臨水夫人信仰在臺灣初播萌發，逐漸茁壯，香火連綿至今。

　　以殖民社會為背景的日治時期是飄搖沉潛期，臨水夫人信仰可謂是在飄搖艱困裡，展現出沉潛堅韌的毅力。

　　以民主社會為背景的戰後至當代是活潑擴張期，臨水夫人信仰煥發出活潑的熱情，持續地擴張發展，正邁向無限可能的未來。

關鍵字：臺灣，臨水夫人，順天聖母，陳靖姑，三奶夫人

一、前言

臨水夫人陳靖姑，又名進姑，人稱陳奶夫人、大奶夫人等，曾受朝廷封誥為順懿夫人、通天聖母、順天聖母等。是以守護婦女順利孕產、保護兒童順利成長而聞名的神祇；也是具備高超道術法力、為民除妖斬邪而受倚重的道法教主。她是女，也是母；祂是巫，也是神。相傳她為民脫胎祈雨，卻因此難產而亡，臨終發下豪願：「吾必死為神，救人產難！」後果然化身助產，屢次救胎護婦於生死交關之際。一般凡是神祇多以婦經產血為污穢，常避諱禁忌之。但惟獨臨水夫人不僅毫不避諱，更深入產房，在第一線守護婦幼的安全。臺灣民間立廟敬奉臨水夫人，也在產婦床頭供奉，視其為床母以祭拜祈福。

中國神祇在臺灣的傳播，基本上是依隨著唐山過臺灣的移民腳步前進。從明末清初以來，從原鄉一路伴隨著開墾者的艱辛，而成為人們面對生存挑戰時，內心最重要的精神後盾。臨水夫人在臺灣的傳播與發展，也大致是早期福建先民從原鄉攜帶香火神像而來。在種種的神蹟與心靈的慰藉下，受到百姓的供奉不輟，而相沿至今。在臺灣從荒野到繁華的開發過程裡，歷經了荷蘭、明鄭、清代、日治，到現今的民國政府，於民間信仰中獨樹一格的臨水夫人信仰，從時間的縱線上來看，在不同時代／朝代裡，其發展歷程究竟有如何的獨特內涵呢？從臺灣的史志文獻上搜檢資料，是否能有一貫的紀錄呈現呢？本論文嘗試從這些面向上著手，期望藉以了解臨水夫人信仰在臺灣各階段的盛衰發展歷程。

二、清代時期

臺灣方志之纂修始於清代，康熙 23 年（1684）蔣毓英纂修《臺灣府志》，此為臺灣第一部方志。搜索清代方志，未見明鄭時期有臨水夫人宮廟，且可見之清代臨水夫人廟僅有三處，為：臺南臨水夫人媽廟、高雄旗後臨水宮、高雄大社區三奶壇三奶廟（今碧雲宮）。

臺灣方志上最早出現臨水夫人的紀錄，當推乾隆 5 年（1740）劉良

璧主編《重修福建臺灣府志》。其卷九〈典禮（祠祀附）‧祠祀（附）‧
臺灣府〉載：「臨水夫人廟：在寧南坊」。[1] 計「祠祀（附）‧臺灣府」
共收錄 36 個祠寺宮廟單位，其中臨水夫人廟厝僅在此寧南坊一處[2]。雖
然如此，亦可見臨水夫人廟信仰在臺灣淵源甚早，是早期即受到信眾供
奉的原鄉神祇。乾隆前中期的范咸纂《重修臺灣府志》、余文儀纂《續
修臺灣府志》[3] 皆承襲此說。府城為明鄭時期的政經中心，是以來自於福
建為主的人文結構，源自於福建古田的臨水夫人信仰，隨著鄭軍兵民遷
臺，成為庇祐離鄉遊子的精神依靠。

關於臨水夫人的事蹟，則至王必昌《重修臺灣縣志‧祠宇志‧廟‧
臨水廟》才於方志中首見詳載，曰：

> 臨水廟　在寧南坊。神名進姑，福州人，陳昌女，唐大曆二年生，
> 秉靈通幻。嫁劉杞，孕數月，會大旱，因脫胎祈雨，尋卒，年僅
> 二十有四。訣云：「吾死後必為神，救人產難。」建寧陳清叟子婦，
> 懷孕十七月不產；神見形療之，產蛇數斗，其婦獲安。古田縣臨
> 水鄉有白蛇洞，巨蛇吐氣為疫癘。一日，鄉人見朱衣人仗劍索蛇
> 斬之，詰其姓名，曰：「我江南下渡陳昌女也。」遂不見。乃立
> 廟於洞上。凡禁魅、卻魁、祝釐、祈嗣，有禱必應。宋淳祐間，
> 封「崇福昭惠慈濟夫人」，賜額「順懿」；復加封「天仙聖母青
> 靈普化碧霞元君」。[4]

臨水夫人因脫胎祈雨而卒，雖濟渡大眾免於乾旱之苦，卻犧牲了自己與

1　清代劉良璧主編：《重修福建臺灣府志‧典禮（祠祀附）‧祠祀（附）‧臺灣府》（臺灣文
　　獻叢刊第七四種，臺北：臺灣銀行經濟研究室，1961），頁 308。
2　寧南坊是臺灣明鄭時期的承天府四坊之一，位於府城南方，清朝末年臺灣府城內從四坊改成
　　八坊時，寧南坊是唯一一個保持舊稱而未分拆的坊。涵蓋區域包含府前路、大同路、府連
　　路、健康路、西門路街廓為範圍。境內知名廟宇有臺南孔子廟與延平郡王祠等。見范勝雄：
　　〈認識寧南坊〉，收在《寧南飄桂‧府城采風圖錄》（臺南：臺南市文化資產保護協會，
　　2010. 3），頁 1-6。
3　范咸：《重修臺灣府志》（臺灣文獻叢刊第一〇五種，臺北：臺灣銀行經濟研究室，
　　1958. 10）。此書完成於乾隆 12 年（1747）。
　　余文儀：《續修臺灣府志》（臺灣文獻叢刊第一二一種，臺北：臺灣銀行經濟研究室，
　　1962. 4）。此書完成於乾隆 28 年（1763）。
4　王必昌：《重修臺灣縣志》（臺灣文獻叢刊第一一三種，臺北：臺灣銀行經濟研究室，
　　1958. 10），頁 180。此書完成於乾隆 17 年（1752）。

胎兒的寶貴性命。死後猶斬妖救世，功德非凡。百姓感恩戴德，立祠奉祀，凡有所求必有所應，朝廷屢次封號加銜，自夫人而元君，無上顯赫尊榮。志書中清楚描述臨水夫人的時代、來歷、神蹟、封誥等傳說，鮮明呈現因產難而為護產女神，以及斬蛇除妖的高道法師兩種形象。嘉慶年間謝金鑾、鄭兼才纂《續修臺灣縣志》、道光年間李元春纂《臺灣志略》[5]，皆承襲此說。

　　寧南坊臨水夫人廟後來遷建於東安坊，嘉慶年間謝金鑾、鄭兼才纂《續修臺灣縣志》載：「臨水夫人廟：在寧南坊。今移在東安坊山仔尾，乾隆五十一年里人梁厚鳩眾建。」[6]後道光年間陳壽祺纂《福建通志臺灣府》、李元春纂《臺灣志略》[7]均承此說，連橫著《臺灣通史》時亦在東安坊[8]，該廟一直受到信眾們的供奉，至當今不輟。志書所載東安坊山仔尾臨水夫人廟，即今臺南市中西區建業街臨水夫人媽廟。據廟方刊行的〈簡介〉記載：

> 臺南臨水夫人媽廟創建於清乾隆年間（西元一七三六年），當時，福州人到臺灣時便落腳在臺灣府（即現在臺南市），並在東安坊山仔尾小丘陵上建立一座小廟宇，以臨水夫人為主神，稱呼臨水夫人廟。清咸豐二年（西元一八五二年），再由地方仕紳修建加奉三奶夫人中二媽林紗娘、三媽李三娘，至今已有兩百五十餘年歷史。[9]

上文補充了建廟族群是福州人。臨水夫人陳靖姑相傳為福建古田縣人氏，古田在地理上接近福州而略偏北，福州人民因地利之便而更多一些信仰臨水夫人，移民者攜其香火，受其庇祐，渡臺的奮鬥中有臨水夫人的一

5　李元春：《臺灣志略》（臺灣文獻叢刊第一八種，臺北：臺灣銀行經濟研究室，11958.10）。此書完成於道光年間。

6　謝金鑾、鄭兼才：《續修臺灣縣志》（臺灣文獻叢刊第一四〇種，臺北：臺灣銀行經濟研究室，1958.10）。此書完成於嘉慶 12 年（1807）。

7　陳壽祺：《福建通志臺灣府》（臺灣文獻叢刊第八四種，臺北：臺灣銀行經濟研究室，1958.10）。此書完成於道光 14 年（1834）。

8　連橫：《臺灣通史》（臺灣文獻叢刊第一二八種，臺北：臺灣銀行經濟研究室，1962.2），頁 588。此書完成於大正 7 年（1918）。

9　不著撰人：〈臨水夫人媽廟簡介〉（臺南：臨水夫人媽廟自印），頁 7。

路護持，百姓居安感恩，崇奉有加，代代相承。

　　凡臺灣府／縣志所記載皆同樣是指東安坊臨水夫人廟，此外於方志中尚可見者在鳳山縣。據《鳳山縣采訪冊》記載：

> 臨水夫人廟，在旂後山腰（大竹），縣西南十五里，屋十間（額「順懿宮」），光緒五年林軫董建。[10]
> 旂後山，在大竹里，縣西十五里，適當港門之左，與打鼓山對峙，高里許，長二里許，舊為漁人採捕之所，近置炮臺，可容駐兵五百。旁設燈樓一座，所以瞭望船隻往來。腰有臨水夫人廟及呂仙祠諸勝。[11]
>
> 觀音里，在縣治北方，距城十里，轄莊一百零八。…楠梓阬、三奶壇、大社莊、…[12]
> 三奶壇市，在觀音里，縣北二十里，下午為市。[13]
> 觀音里社學二十五處：楠梓阬街七處、三奶壇六處、籬仔內一處…[14]

依據完成於光緒20年（1894）12月的《鳳山縣采訪冊》，可以看到高雄市旂後山與觀音里兩處有臨水夫人廟與三奶夫人廟。

　　旂後山山腰順懿宮，即今旗津臨水宮前身。據旗津臨水宮簡介：

> 清康熙32年（1693）任職清廷之陳老爹…奉派駐臺時，恭迎順天聖母娘娘及大太保、二太保金身來臺，落腳於今旗津燈塔下臨高雄港邊之旗后山麓，興建草茅之臨水宮。迨至清光緒五年（1879）修建臨水宮，林軫董師爺銜命前往對岸福州洽購時，發現所需建材石木瓦等，已由順天聖母娘娘化身為中年婦女洽妥，並在建材恭書「順天聖母」四字為誌，就此付款雇船運回，並品請師傅來臺。歷經數載，辛苦構築，…古色古香，宮殿式建築。[15]

10　盧德嘉：《鳳山縣采訪冊‧規制‧祠廟》（臺灣文獻叢刊第七三種，臺北：臺灣銀行經濟研究室，1958.10），頁186。此書完成於光緒20年（1894）12月。

11　盧德嘉：《鳳山縣采訪冊‧諸山》，頁32。

12　盧德嘉：《鳳山縣采訪冊‧地輿（一）‧疆域》，頁5。

13　盧德嘉：《鳳山縣采訪冊‧規制‧街市》，頁138。

14　盧德嘉：《鳳山縣采訪冊‧規制‧社學》，頁162。

15　見《臨水宮2014甲午年農民曆‧沿革》。

旗后臨水宮 1928 年留影。（廟方
提供，2015 年 9 月 4 日）

依上文其創始年代甚早，可惜直接文獻尚
待補缺。旗津臨水宮後於二次大戰期間遭
日人拆除，神像不得已而寄祀於旗津天后
宮。直至民國 79 年（1990）宮廟重建落成，
神像及古匾方移出天后宮，均改奉於新宮。
民國 94 年（2005）10 月再遷於鼓山區哨船
街，額曰「玉敕臨水宮順天聖母行宮」。[16]

2009 年旗津新殿落成，12 月臨水夫人返回旗後入宮安座，煥然一新。

　　觀音里三奶壇因該地有奉祀三奶夫人的三奶廟而得名。三奶廟所在
位置即今高雄市大社區的碧雲宮。[17]《鳳山縣采訪冊》記載：清代晚期環
繞該廟週邊不僅有「三奶壇市場」（今稱「建興市場」），這可說是南
臺灣紀錄年代最早的下午市。還設有六處社學，相當於為地方小學，以
教育兒童或少年，僅次於楠梓阬街而已，足見是人口較為密集的市鎮，
經濟與文教俱興。宮廟常是地方的活動中心，若此，則三奶夫人是大社
地區早期的主要信仰。而該宮於重建拆除過程中無意間發現了一個明朝
宣德年間（1426-1435）的三界公爐，[18] 若確為該宮早期所有，則是臺灣目

旗津臨水宮另有一簡介，謂：清康熙年間，鳳山知縣奉旨在旗後山麓、臨港口邊興建順天聖母廟。
廟宇建地五百多坪，採用福州建材，聘請福州師傅，是一座構造堂皇，古色古香，極具風格
的宮殿是廟宇。見魏永竹主編：《臺灣順天聖母協會會刊》第二期（宜蘭：臺灣順天聖母協會，
2007. 10），頁 19。然而康熙年間臺灣改隸清廷不久，以當時人口稀少，財政有限，旗後非
縣邑所在地等環境和背景，是否真有此大手筆之建設？再者，若前之「陳老爹」即此「鳳山
知縣」，則查閱《鳳山縣志・秩官志・知縣》（臺灣文獻叢刊第一二四種），知康熙 29-34
年間時任鳳山知縣者為閻遷，非陳姓。會刊所載說法恐有過簡之虞。現今農民曆所載較合理。

16　見魏永竹主編：《臺灣順天聖母協會會刊》第二期，頁 19。旗津臨水宮再遷於鼓山區哨船街，
　　據載，乃緣於民國 89 年 5 月 16 日高雄市政府強行將宮廟封閉，臨水宮委員黃添平熱心提供
　　哨船街屋宅供作順天聖母行宮至今。

17　根據先民傳述，碧雲宮現址原為一片空地，中有一株大榕樹，於明朝神宗萬曆年間，一位從
　　大陸來臺人士路經此地，將所攜帶的「三奶夫人香火」暫掛於樹枝上，離去時忘記帶走。從此，
　　每當夜晚時，香火即發出紅色光芒，原鄉人皆稱奇，引為吉祥之兆。於是便擲筊請示，神明
　　表示要在此結緣、濟世救人、興盛此地。原鄉人於是在原地搭建神壇奉祀，乃稱為「三奶壇」。
　　清康熙 46 年（1707）鄉紳建廟奉祀，稱「碧雲宮」。供奉主神為閭山三奶派教祖三奶夫人。
　　見碧雲宮：〈順天聖母陳奶夫人聖傳〉（高雄：碧雲宮，2000）。惟其中所稱「清康熙 46 年
　　建廟」一說，志書未見，亦尚未見於其他文獻。

18　碧雲宮藏明朝宣德年間的三界公爐照片，爐底「大明宣德年製」，字樣清晰可見。見大社區
　　區公所網站「觀光導覽－三奶廟」簡介，網址：http://www.dsrtg.gov.tw/tourism/p0403.

前保留年代最早古文物的臨水夫人宮廟。

　　禮失求諸野。臺南白河臨水宮廟前聳立「助國夫人廟碑」一方，[19] 係清光緒 19 年（1893）11 月臨水宮所立，額刻「**立石碑助國夫人**」，詳列廟產水田、四至範圍、納租情形，以為徵信。臨水宮主祀臨水夫人，又稱助國夫人，碑文載云：

> 助國夫人雍正拾壹年有自置水田五宗，在本庄東勢洋；廟地壹所，東西南北石灯為界。[20]

可證知：白河臨水宮於雍正 11 年（1733）之前已然存在的事實。是現今有關文獻資料中最早的年代，廟方因此大書「**臺灣開基臨水夫人廟**」於門額，彰顯其在臺灣臨水夫人信仰上的早發地位。

臺南白河臨水宮助國夫人碑。
（2015 年 9 月 4 日）

　　嘉義縣竹崎鄉三水宮供奉臨水夫人，其簡介云：

> 清雍正年間，時有蔡成雲者，屢受臨水夫人拯救之恩，於乾隆二年，乃塑金身迎歸漳州府平和縣家宅禮拜，於是家中有事或出遠洋捕魚，均蒙指點，無不安全順

臺南白河臨水宮 1996 年舉辦入火作醮法會燒王船典禮中，臨水夫人顯靈照。
（廟方提供，2015 年 9 月 4 日）。

> 利，嗣後蔡成雲於乾隆十六年（西元 1750 年）遷到臺灣，擇固番仔潭坪頂，即今竹崎鄉義仁村將暫鑾駕安置蔡家祠堂時，凡有危難者，乞香煙食用，無不見效。……臨水夫人降乩時，自謂來臺

---

html。2015 年 5 月 20 日讀取。另，據現場管理人高憲一的夫人口述表示：該香爐現已保存於保險箱中妥置。據 2015 年 9 月 4 日筆者採訪紀錄。

19　助國夫人廟碑，花崗石，117*37 公分。外以臺灣造型石固之。

20　黃典權：《臺灣南部碑文集成》（臺灣文獻叢刊第二一八種，臺北：臺灣銀行經濟研究室，1966），頁 746。

已有二百六十餘年。依此推算，蔡成雲先生遷臺應在乾隆之前雍正年間了。[21]

竹崎三水宮成廟已久，惜未見諸於《諸羅縣志》等清代史志記載。其相傳之說可聊備一格，而降乩之說玄妙，皆尚待更有力的文獻以資印證。

鹿港鎮宮後臨水宮主祀臨水夫人，相傳亦淵源於清代。其簡介云：

> 順興里臨水宮供奉陳靖姑，該神像是當年先民遷徙至臺灣時，他們供奉在船上庇佑平安。順利登岸後，為了感念保佑，在清雍正三年時（西元 1725 年）建廟，成了宮後信仰中心。但隨著天后宮香火愈來愈鼎盛，臨水宮反成了巷弄間不起眼的小廟。[22]

此外，高雄阿蓮區石安三奶宮，相傳建廟於清代嘉慶 22 年（1817），時稱三奶壇，只供奉三奶夫人和周倉爺，民國 35 年改建後改稱三奶宮等。[23]

經搜檢清代臺灣方志中有關臨水夫人/靖姑/三奶之載錄，計得三處：臺南一處（臺灣府縣）、高雄二處（鳳山縣）。餘如彰化、諸羅、澎湖、淡水、噶瑪蘭、苗栗、金門……等，俱無所見。此一現象反映出：臺灣臨水夫人信仰以南臺灣為始，清代長達二百多年間也以臺南與高雄地區為主要信仰範圍，此外之臺灣其他各地並不興盛。推其原因，或者宮廟規模較小，未受史家青眼；再或者位在配祀，未得採訪錄入；亦或者地僻路遠，未便聽聞記取。以至於以清代臺灣方志著述之豐富，[24] 而臨水夫人之文獻卻極其稀有，能不憾哉！

然而慶幸的是，清代臨水夫人宮廟，包括方志記載與田野調查所知者至少有八座[25]，從當初唐山過臺灣時的一點馨香心火，歷經清代、日治

21　見魏永竹主編：《臺灣順天聖母協會會刊》第二期，頁 17。

22　見鹿港鎮宮後臨水宮龍邊牆壁張貼之〈鹿港臨水宮歷史〉簡介文宣。2015 年 8 月 18 日採訪。該宮創建年代，另一說在乾隆 19 年（1754），復於民國 61 年（1972）重建。見許雪姬：《鹿港鎮志·宗教篇》（鹿港：鹿港鎮公所，2000），頁 86。

23　高雄縣政府：《高雄縣宗教之美》（高雄：高雄縣政府，2010），頁 119。

24　臺灣方志之編纂，於清代時期計刊行：府志 7 種、縣誌 10 種、廳志 33 種。各府、縣、廳志書之完備，幾為中國各省之冠。

25　本節前述計得七座，另日治時期福田增太郎《臺灣本島人の宗教》載有嘉義東石福安宮，創

到當代至少二百多年，臨水／三奶夫人能夠一路相伴、受到敬奉而延續不斷，至今茁壯成為臨水夫人信仰文化中的一記標竿，臨水文化也融和庶民生活，成為臺灣傳統文化中的一部分。清代可謂為是臨水夫人信仰在臺灣的萌發期，也是香火連綿的茁壯期。

三、日治時期

日治時期所修之方志，除由臺灣人所修之幾部方志，如鄭鵬雲／曾逢時所纂《新竹縣志初稿》、蔡振豐所纂《苑裡志》、林百川／林學源所纂《樹杞林志》、不詳作者所纂《嘉義管內采訪冊》四部方志[26]之外，其餘皆為現代形式志書。與傳統志書不同之處在於，多廢典禮、方伎、藝文諸目，增加經濟、氣象、人口、財政等部門。[27]檢閱此四部傳統志書，凡關於臨水夫人／靖姑／三奶關鍵字之載錄，俱無所見。

臺灣總督府在明治 34 年（1901）成立「臨時臺灣舊慣調查會」，對臺灣舊慣進行調查。關於臨水夫人信仰，則除了清代以來建立的宮廟之外，似僅增加零星紀錄，如：東石福安宮[28]等。東石福安宮位於嘉義縣東石鄉塭仔村後埔，在地村長如是介紹道：

> 「後埔」位於塭仔的西北方，人口較少，僅七十戶。祖先多半來自福建漳州，以顏、鄭、林、吳為大姓。信仰中心為福安宮，奉祀主神為三奶夫人（陳、林、李三婦人）並合祀池府千歲、淵王爺、城隍爺。福安宮創立於乾隆末期（西元一七六三年），至今約有

建於乾隆末期，總計為八座。待下文「日治時期」一節詳述。

26　鄭鵬雲、曾逢時：《新竹縣志初稿》（臺灣文獻叢刊第六一種，臺北：臺灣銀行經濟研究室，1959.11）。

蔡振豐：《苑裡志》（臺灣文獻叢刊第四八種，臺北：臺灣銀行經濟研究室，1959.6）。

林百川、林學源：《樹杞林志》（臺灣文獻叢刊第六三種，臺北：臺灣銀行經濟研究室，1958.10）。

不著撰人：《嘉義管內采訪冊》（臺灣文獻叢刊第五八種，臺北：臺灣銀行經濟研究室，1958.10）。

27　見王世慶：〈日治時期臺灣官撰地方史志的探討〉，《漢學研究》（臺北）3:2，（1985.12），頁 317-350。

28　見〔日〕福田增太郎：《臺灣本島人の宗教》（臺北：南天出版，1983）。昭和 11 年（1936）首次發行。

兩百年歷史；於民國四十四年重新動土興工，並於四十八年重新
油漆刷新廟貌。[29]

據此耆老所述，可知該宮廟的淵源亦始自清代乾隆年間的福建移民，歷
史可謂悠久。或許正由於是位在人口稀少的庄頭小廟，以致於在清代史
志上紀錄有闕。

然而創建於日治時期的臨水宮廟，並非
全然皆無。嘉義縣新港鄉南港村巡安宮，即是
初興於明治35年（1902）。據巡安宮簡介表示：

> 西元一九〇二年，北港朝天宮乩童陳蛙
> 從朝天宮請出臨水夫人陳靖姑，在山腳
> 小壇（即現今北港鎮新街里）用手轎辦
> 事救世。民國22年臨水夫人降示由乩
> 童陳玉蘭領旨，到北部地區渡世救人，
> 神威顯赫，信眾日眾，遂有信眾倡議建
> 宮。迨民國49年由乩童陳秋義在北港
> 文星路建宮，54年命名為「巡安宮」。
> 56年正式動工，期間歷經數年才竣
> 工。[30]

嘉義新港鄉南港村巡安宮廟埕
前臨水夫人塑像。（2015年9
月4日）

現今廟貌巍峨的巡安宮，日治初期自私人小壇
起家，歷經近一甲子的經營之後，方才有正式
宮廟，殊為不易。在此私人壇期間，是較不會
被著錄的，但全臺類似的私人壇數量，恐怕難以估量。這其實也是一股
傳承文化的民間力量。

另外，屏東縣枋寮鄉的慈天宮可能也淵源於日治初期。據慈天宮簡
介：「陳奶夫人在此地受人供奉已有一百多年。」[31] 以此簡介出版於96

29　見東石鄉公所－村庄巡禮－塭仔村（村長陳明川介紹），網址：http://dongshih.cyhg.
gov.tw/form/Details.aspx?Parser=2,7,43,,,,61

30　見魏永竹主編：《臺灣順天聖母協會會刊》第二期，頁18。

31　見魏永竹主編：《臺灣順天聖母協會會刊》第二期，頁23。

年（2007）逆推一百年，則為明治40年（1907）的日治初期，至少也是清末到日治初期之間。

　　臨水夫人信仰早期以護產、護幼為最鮮明的特色。日治時期雖然已經開始導入西方醫學，但傳統的產育觀念和習俗，仍然為大多數地區所執守。日治時期以彙集臺灣風俗習慣聞名的《臺灣風俗誌》中收錄了二則與臨水夫人信仰相關的風俗，載曰：

> 迷信一換斗：「換斗」，就是變換胎兒性別的法術。方法是……。孕婦這時參拜的廟是奉祀臨水夫人或註生娘娘，都是授子的神明。

> 出姐母宮：小孩長到十六歲時拜註生娘娘，這稱「出姐母宮」。因小孩是註生娘娘所賜，十六歲以前要受祂保護，十六歲即「成丁」離開神明保護，可以獨立，所以必須準備牲禮香燭到神前，焚香燒金行三跪九拜之禮，叩謝神恩。[32]

上文中拜的「註生娘娘」也常是指臨水夫人陳靖姑。雖然臨水夫人與註生娘娘並不相同[33]，但臨水夫人因具有註生、護幼的功能，所以臺灣民間經常將註生娘娘與臨水夫人混為一談。「換斗」是出於早期人們對胎兒男女性別的高度期待，通常是為求子，較少求女。此舉以現代醫學反觀雖屬無稽，但當人力無法掌握時，自然求諸於神明，真實地反映了過去時代中重男輕女的現象。「出姐母宮」，是紀錄臺灣「作十六歲」的成年習俗，此一習俗仍然沿襲至今。臨水夫人廟或註生娘娘廟常配祀婆姐，規模大者達三十六尊，小者二或五尊或無配祀，職司協同助產、護幼、合和等。[34]

　　《臺灣風俗誌》還收錄了一則對臨水夫人不敬而遭禍的傳說〈臨水

32　〔日〕片岡巖原著，陳金田譯：《臺灣風俗誌》（臺北：眾文圖書，1990.11），頁2、8。大正10年（1921）首次發行。

33　參：魏永竹：〈順天聖母和註生娘娘之不同〉，2014年首屆海峽兩岸宗教文化學術論壇，網址：http://culturalrecorder.pixnet.net/blog/category/2540922

34　臺灣主祀註生娘娘的宮堂有四，為：高雄橋頭區註生宮、新北市三芝區玉仙宮、宜蘭市南興廟、新竹湖口鄉註生宮、屏東竹田鄉永福堂。據李孟霖：〈臺灣註生娘娘信仰之研究－以主祀廟宇為例〉，臺南大學臺灣文化研究所碩士班，2011年。頁37-38、78-80。

婦人送子收子〉[35]，其大意說道：民國二年（大正二年）一月，楠梓坑街有一個少婦，在臺南臨水夫人廟祈禱，果然得一麟兒，欣喜萬分。孩子長到兩歲都十分活潑健康，有一天突然倒地昏迷不醒，不久身亡。算命先生說：此兒是臨水夫人所授，因為婦人得子後沒有到廟裡答謝，觸怒夫人，所以神明將此兒召回。婦人因此膽顫，急回臨水夫人廟備供祭拜。這則傳說彰顯了赫赫神威，說明百姓對臨水夫人的敬畏，其實也反映了凡人照護幼兒平安成長不容易，呼應臺灣俗語有言：「也要人，也要神」的謹慎謙懷的態度。

　　若此，可見日治時期民間還是延續地保持著臨水夫人信仰，似乎在部分地區還有一定的盛況。至少國分直一在其《臺灣的歷史與民俗》一書中指出：

> 臺灣的臨水夫人廟宇，在很多廟宇神祇威信墜地時，卻連同嶽帝廟、天壇、大天后宮、興濟宮、大士殿等寺廟，吸引許多善男信女。在日治時代，存在八十八所寺廟中，只有六間廟成為信仰集中的對象，頗耐人尋味。信仰和現實生活密不可分，至少在臺南，考慮到這六所的神祇性質和現實中人民的生活關係，可以想像民眾精神生活的一面。[36]

上文中的六所神祇，是指今臺南地區香火興盛的六大宮廟信仰，即臨水夫人廟陳靖姑、嶽帝廟東嶽大帝、天壇玉皇上帝、大天后宮媽祖、興濟宮觀音菩薩、大士殿觀音菩薩。

　　固然民政長官後藤新平主政臺灣期間（1898－1906）根據生物學原則，對臺灣傳統宗教提出「舊慣溫存」政策，在日治前期官方所持的態度大致是溫和而適度放任，不時予以導正。但畢竟日本以異民族強勢入主殖民臺灣，社會壓抑氛圍沉重，尤其前期武裝抗日持續了二十餘年，文化抗日接力持續至終戰，後期的二戰因戰事擴大，官方推動皇民化運動，對臺灣的宗教施予政治力的高度控制，都使臺灣長期瀰漫著專制甚

35　〔日〕片岡巖原著，陳金田譯：《臺灣風俗誌》，頁434。
36　〔日〕國分直一著，邱夢蕾譯：《臺灣的歷史與民俗》（臺北：武陵出版社，1998.9），頁108。原著書名《臺灣の民俗》（東京：岩崎美術社，1968）。

至肅殺的氣息。因此總體而言，造成了上引國分直一文中所謂的「很多廟宇神祇威信墜地」的實況。日治時期曾進行全臺宗教登記與調查[37]，在文獻登錄上可見的臨水夫人宮廟確實很少，這自非單一現象。在日本統治的五十年期間，臺灣各地傳統信仰基本上延續著清代時期的基礎，但由於思想同化與專制體制的政治力使然，使得人群活動受到較大的監督管制，也使得新增的宮廟有限，成長率因此極低。

只是，在看似日方強力優勢的表象之下，其實展現了臺灣文化中沉潛堅韌的一面。矢內原忠雄在其名著《日本帝國主義下的臺灣》中曾直言道：日本佔領臺灣之後，在政治、資本及教育上，取得壓倒性的優勢。惟有關於宗教，日本人的活動不甚振奮；對於臺灣人原有的寺廟信仰，及外來的基督教傳道，幾乎完全不能染指。在佔領臺灣後，日本的神佛教卻僅與住在臺灣的日本人發生關係，其活動並未影響到臺灣人及先住民。[38]

矢內原忠雄所觀察到的現象，其實是忠實地反映了日本治臺的真相。臺灣在受到日本異民族統治的時期，固然不可免地吸納了部份日本文化，但另一股力量卻是更珍視臺灣原有的文化，如：臺灣古典詩詞的寫作熱情在日治時期達到巔峰、臺灣固有文化的整理在日治時期蔚為風氣、臺灣民間信仰未被日本神佛教取代…，此一精神其實是明鄭遺民在滿清統治下「陽從陰不從」[39]意志的延續，即使時局艱困，也要維持原鄉祖先的文化，祈望延續一線香火，凡此都可見臺灣人固守傳統的韌性。

37　臺灣總督府於明治32年8月7日頒佈〈依照舊慣之社寺廟宇等建立廢合手續〉，規定各寺廟、齋堂、神明會等，應至地方管轄長官處清楚登記各項資料，如名稱、地址、創建年月、財產等。可惜未有良好成果。再於明治34年（1901）成立「臨時臺灣舊慣調查會」，對臺灣舊慣進行調查。丸井圭治郎在大正4年（1915）起、增田福太郎在昭和4年（1929）起、宮本延人在昭和15年起（1940），分別先後受聘主持宗教調查工作，並陸續出版研究調查報告。

38　〔日〕矢內原忠雄著，周憲文譯：《日本帝國主義下之臺灣》（臺北：帕米爾書店，1985），頁154。日文原著出版於1929年岩波書店。據傳當年曾被臺灣總督府以妨害統治為由列為禁書，雖然在日本出版，但禁止輸入臺灣。

39　滿清入關取得中國政權，以少數滿人統治多數漢人，民間曾流傳「十從十不從」（亦稱「十降十不降」）的說法，包括：男從女不從、生從死不從、陽從陰不從、官從隸不從、老從少不從、儒從而釋道不從、娼從而優伶不從、仕宦從而婚姻不從、國號從而官號不從、役稅從而文字語言不從。

　　國分直一記載日治時期臺南府城為例的信仰現象，不僅呼應了矢內原忠雄的說法，也印證了神祇信仰和民眾精神生活的緊密度。傳統臺灣庶民的精神生活，有很大一部分是寄託在各地區的民間信仰上，因此宮廟往往是人們的精神依靠站，也是地方意見匯流中心。臨水夫人廟之所以成為信仰集中的對象之一，或者正與日治高壓之下子女產護不易的生活現實是有關係的。

　　總體而言，日治時期包括臨水夫人信仰在內的不少臺灣民間宗教，多在飄搖的環境中沉潛延續。

四、戰後至當代

　　二次大戰之後迄今，臺灣是自由民主的開放社會。目前登記在案的宗教團體類別達二十七種之多，統計至 2015 年底為止，全國登記在案的寺廟計有 1 萬 2,142 座，教會（堂）計有 3,280 座，合計達 15,422 座，私人壇堂尚且不計，而數量仍持續增長中。[40] 數量之多，是過去臺灣歷史以來所未曾出現過的盛況；密度之高，恐怕是全世界極為罕見。可見寶島人民的信仰既自由且活潑。

　　此一自由且活潑的氣息，也發揮在地方志的纂修上。綜觀臺灣戰後自 1945 至 2010 年底之間短短 65 年，全臺（含金門縣、連江縣）共有 23 個縣（市）、368 個鄉鎮（市、區），已完成編纂、出版之全志、通志、縣（市）志、鄉鎮（市、區）志，官修、私纂方志，合計近 300 部。[41] 戰後修志的頻率、密度都遠遠超越過去，展現出多元化、產量化、現代化的特色。

40　依據內政部宗教司民國105年（2016）7月9日統計處統計公告「105年第28週內政統計通報－104年底宗教寺廟、教會（堂）概況」顯示：截至民國104年底國內登記有案之寺廟計1萬2,142座，教會（堂）數計有3,280座。寺廟類近5年來計增加250座或2.1%。按宗教別分，以道教寺廟占78.5%最多，佛教寺廟占19.3%次之。見內政部宗教司，網址：http://www. moi.gov.tw/stat/week.aspx。2017年3月4日讀取。

41　徐惠玲：〈戰後臺灣方志纂修的總體考察與論析〉，《世新中文研究集刊》（臺北）第七期，2011.7。頁91-132。

　　若能通檢現今全臺方志彙整臨水宮廟，或者可以有所得。惟「臺灣順天聖母寺廟宮堂統計表」[42]的刊出，已經為現代臺灣臨水夫人供奉的現況，提出了最清晰明確的顯像。列表中詳載各寺廟宮堂的稱號、負責人職稱姓名、管理人職稱姓名、地址、電話/手機、奉祀神等資料，依其所在地彙集，自北而南及東順序排列，條理而具體。「臺灣順天聖母寺廟宮堂統計表」的完成，得力於魏永竹先生與臺灣順天聖母協會。

　　首先是主編魏永竹先生於任職臺灣省文獻委員會期間，已先進行了全省順天聖母寺廟的田野調查，[43]奠定了良好的基礎。其後致力於推動兩岸順天聖母寺廟交流，遂促成「臺灣順天聖母寺廟聯誼會」於 1999 年 12 月 26 日成立，翌年（2000）11 月 11 日改組為「臺灣順天聖母協會」，於 2007 年 10 月同時發行《臺灣順天聖母協會會刊》第一與第二期。臺灣順天聖母信仰的宣教，期望透過建立協會，凝聚臨水夫人信眾的團隊力量進行組織化推動，以弘揚順天聖母慈悲神威的精神。

　　據「臺灣順天聖母寺廟宮堂統計表」的統計，全臺崇祀臨水夫人之寺、廟、宮、堂、壇、院等共計 134 所，而以配祀或私人神明壇奉祀者應還有更多。雖然此表可能還有遺珠，但這仍是目前整理全國順天聖母宮廟最齊全的列表。

「臺灣順天聖母寺廟宮堂統計表」分區統計表

區	北				中				南					東			
縣市	臺北	新北	桃園	新竹	苗栗	臺中	彰化	南投	雲林	嘉義	臺南	高雄	屏東	宜蘭	花蓮	臺東	外島
數	5	28	6	0	0	25	6	1	4	8	11	17	8	8	5	1	1
合計	39				32				48					15			
	134																

統計依據：魏永竹主編，《臺灣順天聖母協會會刊》第二期（宜蘭：臺灣順天聖母協會，2007.10），頁 98-103。

42　魏永竹主編：《臺灣順天聖母協會會刊》第二期，頁 98-103。

43　魏永竹主編：《臺灣順天聖母協會會刊》創刊號（宜蘭：臺灣順天聖母協會，2007.10），頁 4。

　　此表顯示出臨水夫人信仰宮廟數與分布情況。分區來看，以南部地區居冠，這與過去的歷史發展背景是相符合的。以縣市來看，最多的是新北市，其次是臺中市，數量都遠遠高於其他縣市。這兩大都會區的臨水夫人宮廟較多，可能與其區域幅員較遼闊有關，再者此二地區都繁盛於近代，則其中的許多宮廟當是近代成立的。與「臺灣順天聖母寺廟宮堂統計表」相輔的，是該刊內有20座宮廟的全頁簡介，均附有廟貌照片。以此為建廟年代的觀察抽樣，此20座宮廟中有高達15座宮廟的建立都在1945年終戰之後，比例甚高。

　　據臺灣順天聖母協會理事長、臺中龍井無極天道監修宮主任委員趙守堯先生表示：現今臺灣主祀臨水夫人的宮廟約100多間，加計配祀宮廟則達300~400多間，信眾逾1000萬人以上。[44] 戰後如此激增的臨水夫人宮廟數量，已經在臺灣臨水夫人信仰史上達到了最高值。以日治時期之壓抑與戰後之開放對比，可證知民間宗教信仰的是否蓬勃，與整體社會環境的開放程度是有密切關係的。

　　臺灣如此擴張與密集的臨水夫人宮廟，讓人看到現代社會強調科學理性的同時，人們在宗教信仰上卻同時十分熱情嚮往。這可以反映出現代人生活緊張忙碌，其內在精神卻積累著尋求平靜、慰藉與依靠的渴望。從時間的縱軸來看，臨水夫人信仰先盛於臺南，次及於臺中、新北，其由南而中北的先後盛於三大都會，則臨水夫人信仰與群眾之貼近，正可見一斑。臨水夫人信仰專司庇護孕產助幼，在臺灣少子化現象日漸嚴重時，求子者眾，順天聖母也成為人們希望之所繫。當然，百多年來持續進展的現代化所帶來的社會變遷，使得原本職司鮮明的神祇，逐漸轉化成為多功能、甚至是萬能的神明。臨水夫人除了是註生護幼的守護神之外，原本同時也是斬妖除蛇的閭山派大法師，能為百姓驅魔祓煞，排憂解難，是大功能的神祇。[45] 而臺灣自1987年7月14日解嚴之後的近數十

44　據筆者2015年9月10日採訪紀錄。另，臺灣順天聖母協會2016年改選之新任第五屆理事長為馮隆原先生。

45　臺灣奉臨水夫人陳靖姑、李三娘、林九娘三奶夫人為宗師，以紅頭巾作為標記，稱作三奶派、夫人派，為法教閭山派的一支，稱「紅頭法師／師公」，專作節慶廟宇做醮等法事。

年來，臺灣順天聖母信眾多有致力於兩岸交流不遺餘力者，這樣追根溯祖的赤子至誠，促使臺灣臨水夫人信仰擴大了層面，展開了新局，實踐了順天聖母悲憫博愛的精神。總體而言，戰後迄今臨水夫人宮廟數量較前時代激增，活潑擴張，是令人振奮的事實。

五、結論

　　站在時間的縱軸上，從史志文獻開始，觀察自明清以來臺灣臨水夫人的載錄情況，可歸納各時代的發展特色如下：

　　明鄭時期尚無可確知者。

　　清代時期是萌發茁壯期：清代包括方志記載與田野調查可考者，目前有至少八座的臨水夫人宮廟，包括臺南市臨水夫人媽廟、高雄市旗後臨水宮、高雄大社三奶壇碧雲宮、臺南白河臨水宮、嘉義竹崎三水宮、高雄阿蓮三奶宮、彰化鹿港臨水宮、嘉義東石福安宮。以清代臺灣方志著述之豐富，而臨水夫人之文獻卻極其罕見，可見臨水夫人信仰初播臺灣發展不易。但可喜的是，此八座臨水夫人宮廟，至今香火猶盛，在二百多年時間的洗禮下，更顯得慈暉綿長，長耀人間。開啟並茁壯出後來的臺灣的臨水夫人信仰文化，是萌發的開端，也是屹立的示範。以移墾社會為背景的清代，可謂為是臨水夫人信仰在臺灣的萌發期，也是香火連綿的茁壯期。

　　日治時期是飄搖沉潛期：日治時期所修之傳統志書有四部，但就臨水夫人宮廟的載錄，卻無所見。即使臺灣總督府所進行的全臺宗教登記與調查紀錄、或現今透過田調所知創建於日治時期的臨水宮廟，均極其罕見。現可知者，包括有嘉義新港巡安宮、屏東枋寮慈天宮等。在日本強勢統治下，由於思想同化與專制體制的政治力使然，人群活動受到監督管制，或使新增宮廟有限。但各地傳統信仰基本上默默延續著清代時期的基礎，一則信仰是百姓的精神依靠，再則也延續原鄉文化的一線香火，「陽從陰不從」。以殖民社會為背景的日治時期，臺灣臨水夫人信

仰可謂是在飄搖艱困裡，展現出沉潛堅韌的毅力。

　　戰後至當代是活潑擴張期：二次大戰之後的臺灣是自由民主的開放社會，全國宗教多元自由發展，登記在案的宮廟教堂數量年年攀增，臨水夫人宮廟紛紛建立，信眾活動力旺盛。早先魏永竹先生統計全臺崇祀臨水夫人之寺廟宮堂共有134間，十餘年後的現今已經成長高達數百多間，信眾已逾千萬人。此宮廟數較前代大為增加，可證知現代臺灣社會的自由開放，大有利於包括臨水夫人信仰在內的民間宗教的蓬勃發展。特別是兩岸臨水夫人團體與信眾的交流活躍，是解嚴之後的一大特色。以民主社會為背景的戰後至當代，在臺灣的臨水夫人信仰煥發出活潑的熱情，持續地擴張發展，正邁向無限可能的未來。

【本文初稿發表於第九屆海峽論壇陳靖姑文化節專題演講，2017年6月13日於莆田臨宮水。原載《東海大學圖書館館刊》第19期，2017年7月。】

第九屆海峽論壇陳靖姑文化節與葉明生教授合影，2017年6月13日於福建莆田臨水宮

論關帝信仰的發展與扶鸞

摘要

　　關公距今千餘年，自人而成神，其靈威隨時代而顯著增益。扶鸞以玄靈為基，藉神人交感而啟示造著。言扶鸞，當言「靈」的存在。自唐代德宗時始記玉泉山上顯靈之事。北宋已常見召請關元帥的滅魔祕法，其神職主要是雷部護法神將。宋元朝皇帝屢次加封，關公信仰有逐步擴張的趨勢。明清以來關公頻頻降靈扶鸞揮筆，降著鸞書。明代嘉靖年間刊本《忠義經》，可能是史上第一本關公登壇降筆的鸞典。流傳最廣者首推《覺世真經》《桃園明聖經》，影響深遠。清代庚子年來，關帝扶鸞救劫頻頻，鸞訊先後批示：關帝升任玉皇上帝。此說在鸞堂系統中茁壯蔓衍，從華南向八方流傳。扶鸞活動，在近代關公信仰升揚的發展過程中，實為關鍵性的推手。

關鍵字：關公、關帝、關聖帝君、扶鸞、玉皇大帝

一、前言

關公飛昇迄今已一八〇〇年[1]，凡華人所到之處無不有關公信仰。而關公信仰隨著先民自唐山過臺灣，在臺灣的發展也有長達近四百年的歷史。關公忠義仁勇的道德精神，尤其影響普世人類至深，形成既廣且厚的關公文化。關公文化發展過程中，淵源久遠的扶鸞在民間信仰中扮演了重要的角色。當今世局變蕩，關公浩然正氣的形象，可以為提升正義能量，提供省思與方向。

關公（160-219）生於東漢末年世局變盪之際，憑藉其過人的武才，討董卓、破袁紹、過五關、斬六將，屢建戰功，不可勝數。及至水淹七軍大敗曹操，尤其威鎮華夏，名揚宇內。劉備拜為前將軍、蕩寇將軍，為五虎大將之首，曹操薦封為漢壽亭侯，戰績彪炳，號為「神人」。[2]曹操的讚嘆雖是小說中的情節，然而事實上，千百年後關公早為世人廣泛崇敬，其在生為凡人，而今確已為靈神。正如關帝廟楹聯所示：「儒稱聖，釋稱佛，道稱天尊，三教盡皈依。式瞻廟貌長新，無人不肅然起敬；漢封侯，宋封王，明封大帝，歷朝加尊號。物是神功卓著，真所謂蕩乎難名。」[3]關公是儒釋道三教共尊的唯一神祇，歷代朝廷封號疊增不斷，民間聲望逐代攀升。關公在世時的功蹟德行，及其去世後的威靈顯應，加以各時期朝野的崇拜附加擴增，讓關公不僅是功國神靈，更到達天尊、古佛、玉帝之至高地位[4]，放眼諸天神佛，可謂僅見。

無靈不成神，關公之靈動靈感，奠定了一個凡人成為神祇的基礎，也強化了其神格的昇延。三國諸賢名將於後世受奉祀者不少[5]，但如關公

1　《三國志・蜀書六・關羽傳》：「（建安）二十四年，先主為漢中王，拜羽為前將軍。…權遣將逆擊羽，斬羽及子平于臨沮。」又，《三國演義》第七十七回〈玉泉山關公顯聖・洛陽城曹操感神〉：「關公父子皆遇害。時建安二十四年冬十二月也。關公亡年五十八歲。」建安二十四年，西元 219 年。

2　關公斬顏良，曹操讚曰：「將軍真神人也！」詳《三國演義》第二十五回〈屯土山關公約三事・救白馬曹操解重圍〉。

3　見譚大江編：《道教對聯大觀》，頁 159。北京：宗教文化出版社，2002 年。

4　天尊，是道教對最高階神仙的尊稱。古佛，佛教稱過去佛，或對有德高僧之尊稱。玉帝，源自於中國對「天」的崇拜，在道教神系中，地位僅次於三清。

5　例如：道藏中離魏晉未遠的《真誥》中，魏國的曹操、吳國的孫策、蜀國的劉備等，均已位

一般在宗教信仰界地位崇隆者則極罕見。這其中有許多歷史上的因緣際會，而民間扶鸞活動對關公信仰的後來居上，則具有關鍵的推進影響力。

扶鸞又稱扶箕、扶乩、請仙、降筆等，是神人感通的過程，乃藉降靈於凡人與靈溝通，傳達神靈的旨意。這是一種古老的占卜法，有巫術遺風，富於神秘色彩，在中國、臺灣，乃至世界上許多原始民族中都可見。透過正派扶鸞請乩降示的文字，其實多有醒世寶章，甚至是傳世經典。例如《道藏》中便收錄了許多經由扶鸞降真所造著的經書，如《元始天尊說梓潼帝君本願經》《太上說朝天謝雷真經》等，明白地在書名上已顯示其為扶鸞之作；再如南朝時期的《真誥》、《道迹靈仙記》、南宋的《太上無極總真文昌大洞仙經 》等著名的道教要典，也都在文中清楚記載扶鸞降筆的經過，是明顯的例證。[6]數千年來扶鸞長綿不絕，鸞文鸞書傳達了許多道德信念的闡釋，發揮著代天宣化、教育渡眾的功能，時至今日依然發揮著不可小覷的影響力。

扶鸞以玄靈為基，藉神人交感而啟示造著。言扶鸞之前，當先言「靈」的存在。在關公信仰的形成與發展過程中，關公的靈威乃隨時代累積而增益其顯著。明清扶鸞活動鼎盛以後，關公頻頻降靈扶鸞揮筆，造著訓文經典以啟迪迷苦大眾。道法文獻與流傳於民間的諸多鸞書，都對社會教化發揮著巨大的影響，對關公神格也產生了明顯的推升作用。特別是近代關公升任玉皇大帝一說，扶鸞活動在其中實為關鍵的推手。本文因從歷史發展的脈絡中，觀察並梳理關公靈威之積累與扶鸞在關帝信仰推升中的角色與意義。

二、唐宋元朝關公之靈與威

關公於建安 24 年（219）為東吳軍將斬首，《三國演義》描繪了此後不久隨即傳出的種種靈異，包括：（1）關公英魂不散，悠蕩在玉泉山

入仙官之列。而今劉備、孔明、張飛等，依然受香火奉祀。如四川成都三義廟、臺灣南投魚池鄉孔明廟等。

6 參林翠鳳〈論扶鸞著述〉，收在東照山關帝廟發行，《2017丁酉年東照山關帝廟第四屆全國扶鸞觀摩大會鸞文彙集》，頁281-288。高雄市：東照山雜誌社，2018年10月。

上。遇普淨法師為之說法，皈依後而去。（2）東吳君臣慶功宴時，關公
附身於呂蒙，推倒孫權大聲喝斥。呂蒙後來倒地，七竅流血而死。眾將
無不恐懼。（3）曹操開匣見關羽首級時，只見關公面如平日，口開目動，
鬚眉皆張。曹操驚倒，急救良久。（4）劉備夜夢關公於燈影下往來，泣
請雪恨，驟忽不見。[7]《三國演義》是後起的小說，這些情節生動的創作
藝術，雖然無法完全作為史實，卻也反映了庶民大眾對關公英靈的敬畏
與不捨。然而小說上的情節可能並非純粹出自於想像。

（一）　關公顯靈的最早紀錄

關公離世之後，自南北朝以來的數百年間，雖然文獻上的記載極為
有限，也尚未形成普遍的信仰，[8]但在地方上已陸續建有關公廟奉祀，也
有靈感事蹟出現。其中最早的，當推關公在玉泉山上顯靈一事。此在唐
代董侹寫於德宗貞元 18 年（802）的〈裴公重修玉泉關廟記〉[9]一文中，
有詳細的記述。這是目前所見記載玉泉山關公顯靈一事最早的歷史文獻。
其文有曰：

> 玉泉寺覆船山，東去當陽三十里。……寺西北三百步有蜀將軍都
> 督荊州事關公遺廟存焉。將軍姓關名羽，河東解梁人。公族功績
> 詳於國史。先是，陳光大中智顗禪師者至自天臺，宴坐喬木之下。
> 夜分忽與神遇，云：「願捨此地為僧坊，請師出山，以觀其用。」
> 指期之夕，前壑震動，風號雷虩，前劈巨嶺，下堙澄潭，良材叢木，
> 周匝其上，輪奐之用則無乏焉。……嗚呼，生為英賢，歿為神靈，
> 所寄此山之下，邦之興廢，歲之豐荒，於是乎繫。……荊南節度
> 工部尚書江陵尹裴均曰：「政成事舉，典從禮順，以為神道之教，
> 依人而行，禳彼妖昏，祐我蒸庶，而祠廟墮毀，廄懸斷絕。豈守
> 宰牧人之意也耶。」乃令邑令張憤經始其事。爰從舊址，式展新
> 規。……其增創制度，則列於碑石。貞元十八年記。

7　參《三國演義》第七十七回〈玉泉山關公顯聖・洛陽城曹操感神〉。

8　參日本麥谷邦夫〈關聖帝君前史〉：「現在查考當時（六朝時代）的道教資料，其中言及關
　　羽的內容亦十分稀少。…流傳在北朝的道教經典中也不見關於關羽的記載。」收在蕭登福、
　　林翠鳳主編《關帝信仰與現代社會研究論文集》，頁 1-12，臺北：宇河，2013 年 10 月。

9　見《全唐文・卷六四八・董侹》。

　　玉泉寺與關羽身軀安葬處（今關陵），同在湖北當陽縣境內。這則唐代的廟記，是回溯了南朝陳朝光大年間（567-568）的關公顯靈獻地助建僧坊之事，強調了關羽的神威慈悲；也道出早在南朝之時，玉泉寺西北方早已另有一處玉泉關公廟，直到 200 多年後，唐代荊南節度工部尚書裴均慨歎關羽遺廟荒廢，於是下令在舊址上重建關廟之事。宋哲宗元符元年（1098）朝廷賜玉泉山關廟予「顯烈」廟額，應該也是在前述顯靈事蹟的基礎上而訂定[10]。時至明代萬曆年間地方縣令在山腳坡上豎立石望表，上刻「漢雲長顯聖處」六大字。至清代乾嘉年間，經學名家阮元（1764-1849）於望表之西另立石碑一通，楷書「最先顯聖之地」六大字。二通碑刻至今仍在，已成為遊客必訪之境，提醒世人莫忘關公最早的顯靈聖蹟。

　　唐代此廟記所載的民間傳說，可謂為元明時期《三國演義》所述關公玉泉山顯靈情節的原型。在這兩則記載中的關公很不同。廟記中的關公是熱誠靈驗的能神，《三國演義》中的關公原是滿腔怨憤的厲鬼，在頓悟後一變成為佛教護法。其形象的塑造鮮明而富於轉折，衝突性較強，是具有動人吸引力的情節。而董侹〈裴公重修玉泉關廟記〉一篇，為關公由人而神的神格轉化傳承，提供了可依據的文獻。

　　至唐代德宗建中 3 年（782），朝廷令武成廟新增古今名將為從祀時，「蜀前將軍漢壽亭侯關羽」首度被選入，奉祀於武成廟內，并受朝廷以國家規格於春秋兩季舉行釋奠。[11] 關公雖然只是六十四位從祀神之一，[12] 然其既受民間立廟供奉，也位居朝廷國祀之列，此朝野同祀，在關公信仰的形成過中，可為一重要的里程碑。

10　《續資治通鑑長編》卷四九八〈哲宗元符元年五月〉：「乙丑……詔賜荊門軍漢壽亭侯關羽以顯烈廟為額，從本路監司請也。」

11　據《唐會要・卷二三・武成廟》記載：武成廟主祀太公望呂尚姜子牙，始自唐玄宗開元 19 年（731），在兩京及天下諸州各建一太公廟，時僅配享張良一位。肅宗上元元年（760），追封太公望為武成王，因依循文宣王孔子之規格修建武成廟，配亞聖十哲祭祀。德宗建中 3 年（782），朝廷令武成廟效仿十哲七十二弟子作為從祀。命史館考定古今名將六十四位為從祀者，配享釋奠香火。

12　據《新唐書・卷一五・禮樂志五》，共繪有古今名將六十四人之像。王涇《大唐郊祀錄・卷一〇・武成王廟》亦載：東西壁共繪六十四人像從祀於武成王廟。

（二） 道教雷法中的關元帥

北宋以來，道教典籍中陸續出現與關公有關的內容。其中，雷法一度盛行天下，被認為是可以召喚雷電、祈請風雨，降妖伏魔、止澇抗旱的一種法術，曾為道教法術的重要代表。以宋元時期彙編雷法的主要經典《道法會元》、《法海遺珠》[13]等來看，書中可見召請關元帥滅魔祕法之處不少。

《道法會元》中以關元帥為主將的雷法有《卷二五九・地祇馘魔關元帥祕法》、《卷二六〇・酆都朗靈關元帥祕法》二大卷。[14]《地祇馘魔關元帥祕法》開卷介紹祕法主將稱為「雷部斬邪使興風撥雲上將馘魔大將護國都統軍平章政事崇寧真君關元帥，諱羽字雲長。元帥重棗色面，鳳眼，三牙鬚，長髯一尺八」，其主法為「聖師九極紫微大帝」。[15]其〈又一派〉一則另記一別法，是以「祖師三十代天師虛靖弘悟真君張，諱繼先」[16]為主法，將班則稱作「東嶽獨體地祇義勇武安英濟關元帥，諱羽。面紅紫色，紅袍，金甲，長髯，手執大刀，乘火雲自南方而來。」雖然都是關元帥，其職銜則透露了關公的神格職能的內涵。

《酆都朗靈關元帥秘法》開卷介紹祕法主將稱為「主將酆都朗靈馘魔大將關元帥，諱羽」，其主法為「祖師三十代天師虛靖張真君」，咒曰：「奉北帝敕命敕召大威德、大忿怒、大勇敢、大化身統天禦地潑托將軍酆都馘魔大將關」。內有〈遣咒〉曰：「關羽即今酆都大帝，令下排兵，急抵患家」。[17]凡此皆顯示出關元帥守正除邪的雷屬威德。

---

13 《道法會元》，收在《道藏》第二八～三〇冊；《法海遺珠》，收在《道藏》第二十六冊。北京：文物出版社。1988年3月。以下《道法會元》《法海遺珠》引文出處均同於此。

14 《道法會元・卷二五九・地祇馘魔關元帥祕法》見《道藏》第三〇冊頁588-594。《道法會元・卷二六〇・酆都朗靈關元帥祕法》見《道藏》第三〇冊頁594-597。

15 〈地祇馘魔關元帥祕法・事實〉載：關元帥因斬蛟有功，於帝前邀功不退，徽宗因封為崇寧真君。天師虛靖真君責其非禮，罰下酆都五百年，因此成為酆都將。見《道藏》第三〇冊頁594。

16 見《道藏》第三〇冊頁593。張繼先（1092-1127），正一天師道第三十代天師，北宋徽宗賜號「虛靖先生」。

17 〈遣咒〉見《道藏》第三〇冊頁597。

　　而《法海遺珠》中以關元帥為主將的雷法有《卷三九・酆都西臺朗寧馘魔關元帥秘法》及《卷四三・太玄煞鬼關帥大法》二大卷。[18]《酆都西臺朗寧馘魔關元帥秘法》開卷介紹祕法主將稱為「酆都大威德統天御地朗靈煞鬼馘魔大將關元帥，諱羽，字雲長。」內有〈符檄式〉載曰：「吾奉　紫微大帝專令，職掌酆都，部制魔靈，誅戮鬼神。九霄九地九州九宮，山林曠野，岳瀆水源，三界之內精靈鬼怪魍魎魑魅凶神惡祟，違犯天律，干吾正，今並行斬馘。如有金仙古佛，敕額神司縱容蓋庇，一例滅跡。天將關羽尊神常切遵守。如有違戾，女青無赦。」[19]關元帥統天御地，總管三界，誅除兇惡，執法行令，鐵面無私。實乃忠於職務，正氣凜然。

　　《太玄煞鬼關帥大法》開卷介紹祕法將班稱為「北帝酆都馘魔提刑上將太煞鬼關，諱羽，字雲長。赤棗面，勇猛相，乘赤馬」。〈召咒〉謂「北帝敕召關羽大將，禦地統天，馘魔煞鬼，威振魔王。聞令一召，速出幽關，疾速降臨」。從此召咒及其下諸符咒來看，關公乃是北帝屬下大將，可以號令酆都鬼域，馘魔煞鬼、斬凶滅殃，甚至治瘟、斷後，法力十分高強。另《卷十六・雷霆諸帥秘要》有〈關帥催生符〉一則，所言「關帥」也是指「馘魔大神關羽」。[20]關公能為產婦催生，此極罕見。

　　再者，雖非以關公為主將，卻仍有關公稱號出現的相關符法或雷法，還有不少。以《道法會元》為例[21]，可見者如：

「轟雷攝正青靈上衛上將關元帥」、「轟雷攝正青靈上將關羽」（卷十五〈玉宸鍊度符法上〉）、卷一六〈玉宸鍊度符下法下〉、卷三六〈正一靈官馬元帥大法〉）；

「地祇興風過雲大將關元帥羽」（卷一二七〈九州社令陽雷大法〉）；

18　《法海遺珠・卷三九・酆都西臺朗寧馘魔關元帥秘法》，見《道藏》第二六冊頁939-948。《法海遺珠・卷四三・太玄煞鬼關帥大法》，見《道藏》第二六冊頁978-983。

19　〈符檄式〉見《道藏》第二六冊頁819。

20　〈關帥催生符〉見頁《道藏》第二六冊頁941。

21　《道法會元》之外者尚有，如：南宋《無上黃籙大齋立成儀・卷五十二・神位門・左二班》，有稱「朗靈義勇關元帥」，收在《正統道藏》。宋末元初《東嶽獨體關元帥大法》，有稱「酆都大將，斬鬼馘魔」，也視關羽為北帝上將，收在《藏外道書》。

「黑虎大神皮明馘魔關羽」（卷一二八〈九州社令陽雷祈禱檢式〉）；

「護道崇寧威烈關將軍」（卷一八四〈上清五元玉冊九靈飛步章奏祕法〉）；

「酆都追攝元帥關」（卷二二〈清微玉宸鍊度奏申文檢〉）；

「酆都馘魔關元帥」、「酆都馘魔元帥關羽」、「酆都上將關羽」、「酆都朗靈元帥關羽」、「酆都郎靈馘魔義勇關元帥」、「朗靈馘魔關元帥」（卷四一〈清微言功文檢〉、卷四七〈神捷五雷祈禱檢〉、卷四八〈神捷五雷祈禱檢式上〉、卷四九〈神捷五雷祈禱檢式下〉、卷二二一〈神霄遣瘟治病訣法〉）；

「酆都忠勇馘魔關元帥」、「酆都關羽」、「馬趙溫關四大元帥」（卷八六〈先天雷晶隱書〉）；

「酆都行司關元帥」（卷一三二〈雷霆祈禱祕訣〉）；

「（酆都）外臺獄主關將軍」（卷二四一〈雷霆三五火車靈官王元帥祕法〉）；

「酆都朗靈馘魔大神關羽」、「大將關羽」、「酆都大威德大忿怒統天禦地殺鬼馘魔大將關羽」（卷二六二〈酆都考召大法〉）；

「九獄主者關帥」（卷二六四〈北陰酆都太玄制魔黑律收攝邪巫法〉）等。

　　從上列《道法會元》諸例中所見的關公神職，本色是雷部護法神將，是延續其在世時的將軍形象，執行武煞雷霆道法，馘魔除鬼，安良保境。尤其是突出地擔任了酆都元帥，甚至有被尊為酆都大帝者，於九獄鬼城職司馘魔、斬鬼、追攝等武職。此外很常見的，是作為雷部將班眾元帥中的一員，或酆都諸將領的一員，也有是地祇、主關將軍，是伏魔護法執行者。這樣的形象，已經為未來的伏魔大帝，甚至是晚近的玉皇大帝，奠定了更鮮明的基礎。

此一時期的關公是武神，職司地位並不十分崇高，其靈威也不盡然被獨立提出來強調。然而，若與魏晉時期文獻中關公的闕如無聞相較，則宋、元、明初時期雷法文獻中比比可見的關元帥，他在道教中的神格地位、在道藏文獻中的能見度、在神職的主司內涵等方面，較之前代，可謂是顯著提升了。

特別是關公雖僅是一位元帥，然而被賦予了能生殺天地人三界鬼魔的職權，關公的能耐被逐漸擴大。融合了祈禳齋醮、符籙丹咒等方術的雷法，講究內煉浩然之氣與外動應運致用二軌兼具。道士行法術為民除魔解煞的過程中，在圓滿行儀彰顯道法之高超的同時，關元帥持續走入人民的生活中，衪的嚴厲威儀、公正不阿、道德與能力等，都點滴積累了民眾對關元帥的關注與仰賴，對關公信仰的發展，產生著推進的效能。

而北宋末年以來皇帝數度對關公進行追封，有力地推高了對關公的信仰幅度。北宋徽宗首先封關公為「**忠惠公**」（1102），後來接連在二十年間再三次追升為「**崇寧真君**」（1104）「**武安王**」（1108）、「**義勇武安王**」（1123）。南宋高宗加封為「**壯繆義勇武安王**」（1127），而宋孝宗敕贊關公：「**生立大節，與天地以並傳；歿為神明，亙古今而不朽**」，再加封為「**壯繆義勇武安英濟王**」（1187）。恰是在趙室顛危、兩宋交替之際，朝廷標榜著關公忠義仁勇的道德楷模，及其剷奸除惡的護衛神能，對關公進行了頻繁的敕封。關公既是一位道德神，也同時是一位能神。

從這些封號的文字中，反映出對嚮往和平的巨大訴求。當時動亂時代中的人心浮動，關公封王成為宋室朝野的保護神。朝廷所封贈予關公的名號，正回應了朝野大眾對忠勇英雄的期待，意欲藉此以產生安撫民心的功能。同時藉著對關公的誥封，引導民眾對社會國家穩定的信心。其中宋徽宗敕封關羽為「崇寧真君」，真君是道教神仙譜系中對得道者的稱號，關羽由元帥升級為真君，這使他在道教的地位，經朝廷認可而更加提升與確立。

宋哲宗賜玉泉山關廟「顯烈」廟額（1098），彰顯了關公武將英烈的本色，及其成神之後在群眾間早已傳布的顯靈事蹟。時至元朝，元文宗加封關羽為「顯靈義勇武安英濟王」（1328），封誥上新增的「顯靈」二字，強調傳達了關公的非凡神能，所帶給世間人民的諸多顯著靈感。至明代，思宗崇禎3年（1630）追封為「真元顯應昭明翼漢天尊」，「顯應」二字也標誌了神人感應的靈驗。元明以來朝廷注意到了關公在民間的諸多顯靈事蹟，及其對民心所產生的影響，突出了關公的靈感度。關公信仰自民間及於朝廷，受到了更大的重視，關公的神格也愈加提升了。

三、明清朝關帝扶鸞降筆濟世

宋元以來的關公信仰，是逐步擴張的趨勢。加卜在以講說三國故事為主的「說三分」說書藝術普及盛行的推波助瀾之下，民間對關公越加熟悉，關公宛如走入人們生活之中，[22] 各式傳說不斷增益。早在南朝以來已有紫姑降神卜事的記載，唐宋時期請紫姑、扶箕也曾蔚為流行，[23] 民間也出現了關公降神扶鸞的情事。

（一）關公扶鸞乩語

明代扶箕活動盛行，明世宗嘉靖皇帝（1507-1567）甚至曾於宮中設壇扶鸞問事。民間屢傳關公降筆扶鸞的記事，如，錢塘田藝衡（1524-？）《留青日札》曾記載一則關公降壇的筆記道：「……有客為余召箕，一日降壇，其勢甚猛，書云：『威鎮華夷，義勇三分四海。才兼文武，英雄千古一人。』余曰：『公乃武安王邪？』復書曰：『諾。』余曰：『聞公之靈，誓不入吳，何以至此。』又書曰：『赤兔騰霜汗雨零，青龍偃月血風腥。曉來飛渡烏江上，始信天亡最有靈。』客皆愕然。」[24] 此為田

22　胡小偉〈說三分與關羽崇拜：以蘇軾為例〉：「這時（宋代）已有濃厚的氛圍和澎湃的思潮，在孕育和興起後世《三國志通俗演義》，包括關羽崇拜的價值框架和藝術改造呢？這種努力終於在明人那總結出了豐碩的成果。」收在盧曉衡主編《關羽、關公和關聖：中國歷史文化中的關羽學術研討會論文集》，頁389。北京：社會科學文獻出版社，2002年1月。

23　參林翠鳳〈扶鸞的起源與沿革簡述〉，收在高雄意誠堂關帝廟發行，《2016丙申年第三屆全國扶鸞觀摩大會鸞文集》，頁186-199。高雄市：高雄意誠堂關帝廟，2017年4月。

24　田藝衡《留青日札・卷二十八・武安王》頁3。「影印古籍資料」網站，網址：https://

氏記親自參與扶箕對話的經驗。

　　另有一則明宣宗宣德 7 年（1432）關公降筆的例子，時間上較前述更早，曰：「宣德七年，公甫十歲，有善降鸞筆者，稱半仙人問之，報答甚驗。……半仙為之扶鸞，將及降筆云：關武安王降。……帝出典對，公對曰……及降詩。」[25] 此則收在專記關公歷代顯聖事蹟的《關帝歷代顯聖誌傳》中，書成於明末崇禎年間。只是，明代小說發達，《關帝歷代顯聖誌傳》當是白話短篇（擬話本）神怪小說之屬，內容不無想像加工的成分。

　　明代關公信仰越發昌盛，其相關傳說風行，如明末謝肇淛（1567-1624）《五雜組・卷一五・事部三》所載可見一斑，曰：「今天下神祠香火之盛，莫過於關壯繆。而其威靈感應，載諸傳記及耳目所見聞者，皆灼有的據，非幻也。如福寧州倭亂之先，神像自動，三日乃止，友人張叔□親見之。萬曆間，吾郡演武場新神像一，匠者足踏其頂，出嫚褻語，無何，殭僕而死，則余少時親見之。江右張觀察堯文上計至桃源病革，移入王祠中，其兄日夜哀禱，經七日復蘇，親見神攝其魂以還。張君言之歷歷，如在目前者，亦異矣。」[26] 謝氏所記三事皆言之鑿鑿，所述有證。

　　關公扶鸞降乩，或解人迷津，或度人困厄，或啟發宣化，或演繹教民，凡此與關公相關的乩語、靈蹟與傳說，民間積累不斷，各地關帝廟香火鼎盛，神庥顯赫。明代趙翼（1727-1814）也說：「南極嶺表，北極塞垣，凡兒童婦女，無有不震其威靈者，香火之盛，將與天地同不朽」[27]，至清代蒲松齡（1640-1715）說：「關聖者，為人捍患禦災，靈蹟尤著。所以樵夫牧豎、嬰兒婦女，無不知其名、頌其德、奉其祠廟，福則祈之，

archive. org/stream/02095743. cn#page/n36/mode/2up（閱讀日期：2019 年 10 月 2 日）

25　穆氏編輯《關帝歷代顯聖誌傳》，頁 67，明崇禎刊本，《古本小說集成》，上海古籍出版社，2003 年。

26　明謝肇淛（1567-1624）《五雜組・卷一五・事部三》。「中國哲學書電子化計劃」網站，網址：https://ctext.org/wiki. pl?if=gb&chapter=821002（讀取日期：2019 年 10 月 10 日）

27　趙翼《陔餘叢考》卷三十五〈關壯繆〉。「中國哲學書電子化計劃」網站，網址：https://ctext.org/wiki. pl?if=gb&chapter=10734（讀取日期：2019 年 10 月 10 日）

患難則呼之」[28]，凡此讚嘆，反映了關公信仰深入於黎民百姓之間，關帝的威靈廣遠，實非虛言。

嘉靖年間朝野盛行關羽降筆鸞書，至清代康熙年間盧湛編《關聖帝君聖蹟圖誌全集》、乾隆年間彭紹升纂《關聖帝君全書》，乃至光緒年間《乾坤正氣錄》，都收錄了許多關公降乩顯聖的乩語鸞文資料。可見扶乩活動在明清時代的盛行不墜，而關帝降乩的情況也更加普遍而興旺，藉扶箕凸顯了信仰之靈驗。

（二）關公降筆鸞書

在筆記式的記事之外，關公扶鸞降筆造著的鸞書道典也出現了。扶鸞降乩或虛或實，鸞書造著或神或人。關公鸞訊鸞書被視為一方文獻，也成為宗教善書，受到蒐羅彙編成冊，並宣揚流傳。

現今可見年代最早的關公鸞書可能是《忠義經》，也有稱作《關聖帝君濟世消災集福忠義經》、《三界伏魔關聖帝君忠孝忠義真經》。此經撰作年代，可能是現今所見最早的經典，但卻未見收錄於《道藏》系列諸書中。

閱經末附明代兵部尚書蒲州楊博所寫的〈經序〉一篇，載曰：「關聖忠義經十八章，皆帝自製也。茲宋學士孫奭編述，南渡中丞張守訂梓，相傳五百餘年，世人亦不知有是經也。……嘉靖丙辰（1556）巡撫荊楚。荊，故帝保障。迄今家至戶聯，頂禮如在。比還省，辭楚王（朱顯榕）殿下，王詢帝故里事，復出《忠義經》示，博拜賜踴躍，若帝陟降也。歸舟檢閱後，先紊敘簡編遺逸字畫，錯亂差訛，遂為校訂重錄，匯成一秩。攜之京師。繼役關中，未遑鋟梓。適都督劉顯移兵守川、廣，因以貽之，俾刻荒鎮。以作士氣，以風忠義。且播之天下，使瞻奉者有所持誦則傚云。」[29]

28　清代蒲松齡《蒲松齡集》，頁43。上海：上海古籍出版社，1986年。

29　〈關聖帝君忠義經〉，收在《中天玉皇關聖帝君經典輯錄》頁75-85。〈附經序〉見頁85，臺北：中華桃園明聖經推廣學會。2014年5月再版。

此篇序文記述楊博校刊《忠義經》的淵源始末。查，孫奭（962-1033），北宋經學家，宋仁宗命為翰林侍講學士。楚愍王朱顯榕（1506-1545），明王室後裔，嘉靖15年（1536）晉封為楚王。楊博（1509-1574），今山西蒲州人，嘉靖8年（1529）進士，官至太子太師。劉顯（？-1581），官至總兵，明末抗禦倭寇的名將。依據序文所記，《忠義經》乃關公親自降筆撰成的寶經，相傳經北宋孫奭編述，南宋張守校訂付刊，流傳五百餘年後，明代嘉靖年間楚王朱顯榕出示贈與楊博，楊博校訂重錄匯編成冊，送與劉顯於川廣付刻印行，傳播天下。可知，《忠義經》相傳是關公降筆於北宋，刊印於南宋，而今本乃於明代嘉靖年間重校印行。若此，此經相傳面世流傳至今已逾千餘年。《忠義經》可謂是史上第一本關公登壇降筆的鸞文，也是關公最早的專屬經典。

然而，北宋孫奭是否真的著手編述《忠義經》？目前未見有文獻相佐，無從印證。《忠義經·述志章第一》開篇稱：「帝君曰」，關公於宋代時期僅為王侯之號，尚未被奉為「帝君」。因此開篇所稱「帝君曰」，應為楊博等人重新校印時增改尊稱的結果。也可見在萬曆之前，民間已經先有以「帝君」尊稱關公，且應該累積了相當聲量，也促使神宗皇帝正式先後敕封關公「協天大帝」及「三界伏魔大帝威遠震天尊關聖帝君」的封號。

再者，《忠義經·述志章第一》中納入了封金掛印、秉燭達旦、追曹南郡，釋之華容等許多小說故事。而自宋元以來講說三國故事的「說三分」講唱藝術十分盛行，元末羅貫中《三國演義》更為之集大成。楊博序文所出的嘉靖年間，《三國演義》已然流行。民間傳說對關公信仰形象的塑造過程，在數百年間滲入了大量的小說情節，在宋元明代以來的影響至鉅至深。

《忠義經》雖然不能確認出於宋代，但可確認至少是明代嘉靖年間出刊的明代鸞書。較諸其他，在時代上仍可能是目前最早的關公鸞書。

另觀於諸《道藏》系列中，所見年代最早的關公降筆鸞書，當屬收

錄於《萬曆續道藏》中的《太上大聖朗靈上將護國妙經》一卷。此經文末有「大明萬歷三十五年歲次丁未上元吉旦正一嗣教凝誠志道闡玄弘教大真人掌天下道教事張國祥奉旨校梓」之識語，足見萬曆 35 年（1607）正月十五日之前，此經應已大致成書即將付印。[30]《太上大聖朗靈上將護國妙經》全文約 600 字，開篇自述為「興國太平天尊、義勇武安王、漢壽亭侯關大元帥勃封崇寧真君」，文末自署「大聖馘魔糾察三界鬼神刑憲都提轄使、三界採探捕鬼使者、元始一炁七階降龍伏虎大將軍、崇寧真君、雷霆行符伐惡招討大使、三十六雷總管、酆都行臺御史、提典三界鬼神刑獄公事大典者、提督刑案神霄大力天丁、三界都總兵馬招兵大使、統天禦地誅神殺鬼大元帥」，前者為宋世皇帝加封的稱號，後者關公稱號長達 117 字，主要是道教神將的尊號，彰顯了關公的神格與威望。經中記載：「吾授玉帝勅命三界都總管、雷火瘟部、冥府酆都御史，提典三界鬼神。吾今登壇示知爾眾」，關公明言其靈親自登壇示知，為降筆之道典。

經文有曰：「日在天中，心在人中。日在天中，普照萬方。心在人中，不容一私。寧為忠臣而不用，毋邪媚以欺君。寧為孝子而不伸，毋忿戾以懟親。無論綱常倫理，無論日用細微，皆當省身寡過，不可利己損人。一念從正，景星慶雲。一念從邪，厲氣妖氛。善惡明如觀火，禍福應若持衡。凡我含生，總盟此心。吾司雷部霹靂，奏疏速上天庭。晝察陽元功過，夜判冥府鬼神。若人傳寫千本，勝看一藏真經。吾遣天丁擁護，自然百福來臻。」此經旨在勸誡世人：心念須從正不私，重忠孝綱常，當省身寡過，禍福自應。並勉人抄傳經書，積累功德。其中「日在天中，心在人中。」一語與《桃園明聖經》中「心在人中，日在天上」的名言相近，是關公經義的重點。

民間流傳關公扶鸞撰述的鸞書頗多，其中不少自述為關公降筆之著，如：

30　參蕭登福《正統道藏總目提要》1433〈太上大聖朗靈上將護國妙經〉條，頁 1407。臺北：文津出版社。2100 年。又，任繼愈主編《道藏提要》認為：此經出于南宋。頁 701，北京：中國社會科學院，2005 年。

《關聖帝君應驗桃園明聖經·經序第一》：「漢，漢壽亭侯，略節桃園經，書於玉泉寺，夜夢與凡人。萬經千典有，帝經未舉行。著爾傳塵世，不可視為輕。」

《降筆真經》：「吾是漢關聖帝，敕諭大眾聽聞。」

《關聖帝君再降覺世真經》：「吾乃關聖帝君，再降《覺世真經》。」

《關聖帝君寶誥》題下註云：「嘉慶六年京都大水災後降鸞訓世。」

《關聖帝君降筆救劫永命經》：「光緒辛卯九月朔，關帝請孚佑帝君降作此誥付誦，以敬天帝。⋯我意甚殷，諸子深求寶訓。筆因再降，又申永命經文。我說此經，喻慈航而把舵。」

《關聖帝君戒殺文》：「吾今說法救畜，因果不爽毫分。⋯民國九年公元一九二〇年庚申九月初九降於四川雲慶山。」

《關聖帝君親降濟世靈驗救劫經文》：「民初四川重慶地方大疫，⋯吾乃關聖帝君臨凡是也。」

《關聖帝君救劫真經》：「吾是漢關公，名揚宇宙中。」

《關聖帝君感應靈咒》：「吾今親臨壇，特授爾靈水。」

其他如《關聖帝君覺世真經》《大解冤經》《戒淫經》《關聖帝君救劫度人指迷篇》《關聖帝君本傳》《關聖帝君起生度人滅罪寶懺》《關聖帝君親降鸞筆警世文》《關聖帝君訓孝文》《關聖帝君戒士文》《覺世文》《醒世文》《警世文》《訓世文》《勸世文》《訓善文》等等，也多託名關帝扶鸞撰著傳世，書繁不及備載。《了然集·關聖帝君降序》[31]有言：「某自庚子以來，迄今廿餘。飛鸞降象，附筆傳言。著書已過百部，垂訓不止一行。無非欲反世道於太古之時，救人心於已溺之中。」庚子，指道光 20 年（1840），這也正是第一次鴉片戰爭的起始年，中國自此開

31　《了然集》，同治 5 年（1866）贊運宮降著，序頁四上至六下。中央研究院歷史語言研究所傅斯年圖書館藏。

啟近代動盪衰亂的時代。關帝降鸞訓言正謂自清代中期庚子以來，為了救已溺之人心免於沉淪，關帝因此頻頻飛鸞附筆，著書垂訓。所見率皆勸人為善去惡，醒迷啟聵，省世覺人。關公以忠義仁勇之德為世傳頌，其飛鸞闡教經典中，融合了儒釋道三教的精義心法，多倡導以仁義禮智信五常精神與因果報應關係，文字大多通俗易懂，啟發人心，影響益發深遠。

關公扶鸞諸書中，以《覺世真經》流通量最廣，因其篇幅短小，常與《太上感應篇》、《文昌帝君陰騭文》等合刊，民間稱為《三聖經》；《桃園明聖經》流傳亦甚廣，被視為關帝信仰的代表性經典。諸如此者，關帝鸞書在現實社會中一如國民教育的通俗讀本，有力地發揮著道德感化的作用，具有積極的現實意義。

明清以來，民間宗教團體透過扶鸞造著善書的風氣頗興，使得關帝鸞書數量持續累積增多，也逐漸形成系統，凝聚出屬於關公的教義。再經由各地關帝廟、商人會館、鸞堂等的熱情信眾與民間教團的大力助印、推廣、宣揚，在做功德的概念下，鸞書得以普遍流傳，擴大並強化了關公信仰，關公形象與內涵越趨鮮明神化，大有助於推高關公的地位。如近世關公信仰中最引起注目者，首推關公升任中天玉皇上帝主題。正是透過此一主題鸞書的先後出現，有力地將關公的神格推向了顛峰。

四、近代關帝升任玉帝

道光庚子（1840）鴉片戰爭中國戰敗，開啟了日後一連串的不平等條約。至光緒庚子（1900）八國聯軍入侵、義和團事件、庚子賠款，恰恰一甲子之間，華夏動盪不已，濁世黑氣騰騰，終致滿清覆亡。雙庚子之劫成為了悲慘清代的標誌。而自道光庚子年（1840）以來以救劫為主訴所興起「由關帝領銜的鸞堂運動」[32]，反映了當此凡塵殺伐爭亂之時，關帝諸神扶鸞救劫，應世救世，人心仰望，宛如暗夜明燈，汪洋寶筏，

---

32 游子安：〈明中葉以來的關帝信仰：以善書為探討中心〉，收在《近代的關帝信仰與經典：兼談其在新、馬的發展》，頁 20。

謂「幸有文昌、關聖、孚佑三帝君，以及北帝、觀音、天后仙聖等等尊神，領旨下凡，飛鸞顯化，頂替三教聖人，救世化世，挽世福世，以挽回世運。…道光庚子，光緒庚子，庚對庚而子對子，花甲重逢，六十餘春矣，上下同光不夜之天，世運人心，將來有望矣，又得文武二帝，近今降有《葆生永命真經》。」[33] 乃至民國初興之時，不安猶然，關帝諸聖救世之說依然持續。清代中期以來各地鸞堂難以數計紛出的巨量鸞書中，凸顯了關帝救劫的悲心與聖功，不斷的累積與推進中，也經由扶鸞降筆傳達出「關帝升任玉帝」、「玉皇禪位，關帝繼任」的訊息。

（一）何以關帝升任玉帝

清代難以計數的扶鸞書中，救劫聖神不只一位，諸聖諸佛慈心濟世者甚多。但，關帝何以能在眾神之中突出、升任成為玉皇上帝？推究原因，一則乃世道越是迷亂，救劫聖神英雄便越是受到仰望、期待與倚賴。關公生於東漢亂世，與近代世局相彷彿。他武勇無懼的形象、忠正仁義的道德、崇高神聖的地位、護國救民的能力等，都讓亂世苦民心生嚮往，崇拜追隨。再則，關公威及天地人三界。宋元時期的關元帥已是執掌地獄的酆都大帝。明代民間已以「協天大帝」神號稱關公，至神宗萬曆10年（1528）正式誥封為「協天護國忠義大帝」，這是關公稱帝的開始。意為協助玉皇大帝統理宇宙，地位已達一神之下、萬神之上的尊貴。萬曆42年（1614）神宗加封關公為「三界伏魔大帝威遠震天尊關聖帝君」，地位推升到了道教至尊。思宗崇禎3年（1630）追封為「真元顯應昭明翼漢天尊」。再有佛教推為蓋天古佛、儒者敬為文衡聖帝。關公在神界的地位已達至高。而關公神能顯應，福國庇民，形象深入民間，朝野咸尊，老嫗小兒，無人不識。在人間的熟悉度，至為普及。加上帝王的誥封加持，關帝廟宇遍及天下，林立四海，信仰極其昌盛。

關帝升玉帝的神格形塑過程，與人間居功封爵，步步升高的邏輯是

33　《文昌帝君救劫葆生經、關聖帝君救劫永命經合編》（《文武二帝葆生永命經》），見「古善書整理」微信公眾號網站，網址：https://www.douban.com/note/714345806/（讀取日期：2019年9月1日），此為光緒17年（1891）於廣東信宜縣文武二帝宮降筆。

一致的。《關聖帝君應驗桃園明聖經·南天文衡聖帝關恩主寶誥》中尊稱文衡聖帝關聖帝君為「玉帝殿前首相，真元顯應昭明翊漢天尊」，《桃園明聖經·寶誥》謂：關公「高節清廉，協運皇圖」，指出關聖帝君擔任玉皇上帝殿前首相，一如人間天子之宰輔，祂品德清高廉潔，負責協助玉皇大帝運理眾神、世人與諸鬼三界，是實際執行宇宙萬機的主宰。《關聖帝君大解冤經·因由品第一》說得明白：「蓋維 昭明大帝，得封漢壽亭侯之職。一靈真氣，直上斗牛。拜見 斗姆元君，翻閱三生因果，始解凤根。自此屢施感應，顯靈於玉泉山寺。得蒙上帝敕命，敕封都天糾察之神。……大帝先封通明首相，立殿昭明，清帝追封 蓋天古佛。慈悲已與天地同流，正氣已貫乾坤六合。為民為世之心，莫能稍暇。救劫回天之德，極盡威靈。原為頒行宣化，開導儒規。以經諭而度世度人，舒化導而利生利死。照見下界生靈，遵依儒範開設壇場。廣行講誦，共挽昇平。」關帝真靈正氣，感天應地。受封盡職，立於昭明殿，封「通明首相」、「昭明大帝」。救劫度世，利益生死無數。

關帝位居宰輔，協理天人地。稽查教化，普施鴻恩，如《關聖帝君降筆救劫永命經》言：「蒙 上帝殿前，加封首相；總攝三天門下，糾察群生。……《明聖經》，是吾夢授；《回頭岸》，為我主持。《覺世文》、《救劫經》、《善書局序》、《明善篇》、《葆元集》、《返性圖》書、自《衛真》至《源善》等編，邀仙佛諸聖神同作。列堂各序，誥諭殷殷；大誡小懲，言詞懇懇。」[34] 關帝在玉皇上帝殿前膺任首相之職，勤勤懇懇，渡世宣化，伏魔勸善，關照三界。著述宣講，開蒙啟迷，糾察利生。

凡崇高的職位既要有過人的功果績業，也必須要求對德行考核。如《玉皇普度尊經·明義開宗清虛品第一》明言：「如此位職，先除十禁。勿論高真上聖，有犯禁格者，不得舉焉。道根深重，清淨無為者不舉；上古金仙，世人不知根莖者不舉；三山五岳，抱元守一者不舉；惟憑脩煉，不按治法者不舉；制作聖人，享祀不忒者不舉；西方極樂，色相俱空者不舉；四府八部，賞善罰惡者不舉；天神地祇，不列忠孝者不舉；及列忠孝，不受人間官職者不舉；救劫保民，功德不滿億萬者不舉。」此十禁，

---

34 《關聖帝君降筆救劫永命經》，見「古善書整理」微信公眾號網站，網址：https://www.douban.com/note/714345806/（讀取日期：2019 年 9 月 1 日）

條條考求，平凡者難以企及。非慈心聖德高尚、律己利他甚嚴者不能。欲登玉皇大位者，必先除此十禁。若說護國濟世，是增功的累積；則不犯十禁，可謂是減過的磨勵。

關公在《三國演義》流傳以來，已成功形塑為五常八德的道德化身，是講恩念舊的神武英雄形象。關公之不犯十禁，是磨歷練、改習性。信仰者多可舉說故事以證明，士庶百姓或也能言之一二。在三教信仰中的關公神格節節高升，已是親民的萬能神。鸞書中尤其彰顯關帝為宏德高瞻的聖神，是符節佑靈的真道。關公在道德上的完美，在濟世利他功果的偉業，及其在紀律上的自我制約，在在堆升了祂超凡入聖，達於極致的超然崇高。

在鸞堂大量扶鸞的降筆天意、大量鸞書的著造流通、無數鸞訓的啟示宣揚，以及民間各教派教團的用力傳播之下，促使關公形象更臻圓滿，信仰更加盛行，關帝變玉皇說法的基礎規模，越加成形穩固。距離玉皇大帝只是一階之遙的通明首相關帝，終究脫穎而出，被推舉繼任為玉皇上帝。

關帝之得以升為玉帝，從鸞書文獻的積累中來看，乃是以其德全，以其功高，以其位尊，而產生的方式則主要是推舉議決。且看《洞冥寶記》第三十七回〈賀呈書重開萬仙會　訓教主聯合五大洲〉：「宜擇賢良，登庸受禪。三教聖人，推舉關帝。眾仙額首稱慶，共同贊成。」再看《玉皇普度尊經・上卷》：「元始天尊、大成至聖、牟尼文佛同聲而言曰：惟此季世，天皇非通明首相不足膺此重任。」又《玉皇普度聖經・元始天尊扶鸞降筆序》謂：「蒼穹天皇，由儒、道、釋、耶、回五教教主，共議選舉關聖，於甲子年元旦，受禪為第十八代玉皇大帝位，其尊號曰：玉皇大天尊玄靈高上帝。」《洞冥寶記》、《玉皇普度尊經》皆載經儒釋道三教聖人同聲共推，老母准旨而受禪登基。《玉皇普度聖經》則稱五教聖人共推。雖然後出者轉繁，未詳其故，但不論三教或五教，其要旨在凸顯關帝的德行功業，跨越了宗教、種族、文化，而成為一種普世可以認同的價值，成為未來天下可以共同依循的指標。

關帝升任玉帝，前則銜接了第十七任玉皇之禪讓，繼承選賢舉能、天下為公的優良傳統；後則以選舉共識公決同意的方式的受任，有現代民主的風範。承襲了封建良制，同時呼應了現世的政治風潮。關帝之登玉帝，以其功德圓滿，不犯十禁，經三教／五教教尊推舉，奉無極聖母准旨誥命，終於才能受禪登位稱玉帝。

（二）扶鸞與關帝升玉帝

關帝升任玉帝的訊息，來自於扶鸞降筆的天啟。源於民國初年在滇川地區流行的「關帝當玉皇」傳說[35]，著名的鸞書包括：民國 9 年庚申（1920）冬季開始、至隔年辛酉（1921）春三月期間在雲南洱源紹善壇扶鸞撰造的《洞冥寶記》[36]；民國 13 年甲子（1924）在四川成都通儒壇降筆的《新頒中外普度皇經》[37]；民國 16 年丁卯（1927）8 月四川昆明洗心堂降鸞的《玉皇普度尊經》[38] 等，都詳述了關帝當玉皇的歷程。而後，包括民國 30 年辛巳（1941）元月首日廣東汕頭市潮陽區海門鎮棉城儒宗善堂扶鸞著《御頒玉律金章》[39]，乃至臺灣民國 35 年（1946）冬季基隆臥虎山代天宮《玄靈玉皇寶經》[40]、民國 61 年（1972）正月臺中聖賢堂扶鸞著成《玉皇普度聖經》[41]、民國 70 年（1981）3 月臺中武廟明正堂降鸞著作《瑤池聖誌》[42]，及《玄靈玉皇真經》[43]、《玄靈玉皇經註解》[44]、

35　關於「關帝當玉皇」傳說的由來和考證，參王見川〈臺灣「關帝當玉皇」傳說的由來〉，頁411。收在高致華編，《探尋民間諸神與信仰文化》，合肥：黃山書社，2006 年。

36　林立仁整編《洞冥寶記全書》，臺北：正一善書出版社，2006 年再版。

37　《新頒中外普度皇經全部》，海門儒德堂翻印，2002 年。香港董明光先生贈。又見楊蓮福、王見川主編，《博揚古籍選（宗教篇）：新頒中外普度皇經》，博揚文化事業有限公司，2019 年。

38　《玉皇普度尊經》，收在《中天玉皇關聖帝君經典輯錄》，頁 99-163。臺北：社團法人中華桃園明聖經推廣學會，2009。

39　《御頒玉律金章》，廣東潮陽市海門鎮，2001 年翻印。香港大明集團董明光先生慨贈。

40　《玄靈玉皇寶經》，臺中：瑞成書局，1990 年。

41　《玉皇普度真經》，臺中：聖賢雜誌社，1972 年。經示關帝尊號為「太上承天應運道協無皇三極攝建大中統御萬靈穹蒼聖主通明高真昊天金闕仁義蓋天古佛玉皇普度大天尊玄靈高上帝」。

42　《瑤池聖誌》，臺中：鸞友雜誌社。1982 年 11 月初版。又見「善書圖書館」網站，網址：http://taolibrary.com/category/category12/c12012.htm （讀取日期：2019 年 10 月 14 日）

43　《玄靈玉皇真經》，1946 年南投縣魚池鄉啟化堂著造。

44　見楊蓮福、王見川主編《博揚古籍選（宗教篇）：玄靈玉皇經註解》，臺北：博揚文化事業

《玄靈高上帝玉皇赦罪寶懺》、《玉皇尊經》[45]等，都相繼扶鸞闡述關帝當玉皇相關事。「關帝當玉皇」的鸞訊，從西南到潮汕，從中國到臺灣，再隨著粵、臺移民傳播到海外的港、澳、東南亞，關帝當玉皇之說在鸞堂系統中茁壯蔓衍，從華南向八方流傳。

　　第十八任玉皇上帝的尊號，鸞書上所載各異，今見有五：其一，「武哲天皇」，如見《洞冥寶記》等；其二，「玄靈高上帝」、「玉皇大天尊玄靈高上帝」、「玉皇普度大天尊玄靈高上帝」，如見《玉皇普度聖經》、《玉皇普度真經》、《玄靈玉皇經註解》、《瑤池聖誌》、《玉皇普度真經》等；其三，「玄旻高上帝玉皇赦罪大天尊」，如見《文武二帝葆生永命經》、《新頒中外普度皇經》、《御頒玉律金章》等；其四，「玄旻上帝」，如見《中外普度皇經》等；其五，「季世天皇」，如見《玉皇普度尊經》等。顯見新玉帝的稱號尚未取得一致的統屬。

　　關帝信仰為道教的一環，然而關帝升任玉帝一案，並不完全受到道教界的接受。道教玉皇上帝的尊崇，源於中華先民對「天」的原始自然崇拜，民間將天擬人化，因此稱「玉皇上帝」、「玉皇大天尊」、「昊天玄穹玉皇上帝」，也俗稱「天公」。在道教神系中，地位僅次於三清道祖。先民對天的崇拜，自商朝已見有祭天儀軌。東漢後才有「玉皇上帝」名詞。自然神與功國神靈，概念相異，品級不同，無從混淆。因此，將功國神靈關聖帝君作人格神崇拜，是難以轉化為自然神崇拜，更遑論視為至尊天公了。以道教總廟三清宮為代表，直斥關帝升玉皇為「荒唐不敬至極」[46]。再有天帝教降鸞著成《關聖要求正名—勿亂法統》[47]，闡釋「玉帝是至高無上之道源主宰」，關聖「即玉皇位」是誤稱。天帝教認為：玉皇不同於中天主宰，蓋「中天主宰均由真修豐功者擔任，乃氣

有限公司，2019 年。

45　《玄靈高上帝玉皇赦罪寶懺》、《玉皇尊經》，臺中：玄門真宗出版社。

46　見「道教總廟三清宮・玉皇上帝聖紀」網站，網址：http://www.sanching.org.tw/joinus_6/eq-detail.php?idNo=32（讀取日期：2019 年 9 月 4 日）

47　民國 70 年（1981）於彰化八卦山天真堂扶鸞著成，並依序列出第一代至第十八代中天主宰尊號。見「財團法人臺灣大地文教基金會・科學的宗教宇宙觀」網站，網址：https://www.taiwantt.org.tw/tw/index.php?option=com_content&task=category&sectionid=11&id=200&Itemid=164（讀取日期：2019 年 9 月 4 日）

天領域最高行政單位」，而關聖帝君是已受上帝敕封為「**第十八代中天主宰**」。

　　雖然如此，以部分鸞堂系統為主的信眾，則頗能接受關帝升任玉帝之說。如無極證道院武廟明正堂自民國 70 年（1981）3 月 19 日起造、歷時十四個月扶鸞著成《瑤池聖誌》，其第十六章〈黃老仙宮—掌天權，數十個元會；謁黃老，第一代玉皇〉專章闡釋玉皇大天尊的淵源，確認關恩主目前接掌「第十八代玉皇大天尊」；其第十八章〈瑤池盛會—無極宮中開盛會，金仙雲集慶完功〉依序羅列出第一代至第十八代玉皇大天尊的皇銜。[48] 臺中市東區南天宮奉祀關聖帝君，正殿大字高懸「玉皇大天尊玄靈高上帝」尊號。另有北投行天宮忠義廟、桃園八德玄靈高上帝爺廟、臺中烏日財團法人明德宮天聖堂、嘉義先天玉虛宮玉清殿、高雄東照山關帝廟、高雄左營瀛臺崇寧殿等宮廟，亦皆尊奉「玉皇大天尊玄靈高上帝關聖帝君」。社團法人中華關聖文化世界弘揚協會暨社團法人中華桃園明聖經推廣學會彙編《中天玉皇關聖帝君經典輯錄》，投入各項教育公益，致力弘揚中天玉皇關聖帝君道德靈威，傳揚全球。

　　尤有重者，是臺灣「中華玉線玄門真宗教會」[49]，簡稱為「玄門真宗」，尊奉「玉皇大天尊玄靈高上帝〔關聖帝君〕」為教主。於民國 83 年（1994）創立，民國 93 年（2004）向內政部正式申請核准設立為中華民國第二十六個法定宗教。秉持「仁義禮智信」為教義，以傳統三綱五常為體，以現代人心靈需求為用。深入完善經典科儀，操持包括扶鸞在內的各項濟世法門，致力務實修行與公益慈善。成立至今，成果顯著。

五、結論

　　關公離世之後的數百年間，文獻記載極為有限，尚未形成信仰，但地方上已有關公廟。其靈感事蹟最早出現在玉泉山上顯靈一事，事見唐代董侹寫於德宗貞元 18 年（802）的〈裴公重修玉泉關廟記〉。至唐德

48　見《瑤池聖誌》，頁 98、115。

49　參閱「玄門真宗」官方網站，網址：http://www.chms.org.tw/（讀取日期：2019 年 9 月 25 日）

宗建中 3 年（782）關公被奉為武成廟內六十四位從祀神之一，位居朝廷國祀之列，首度朝野同祀。

　　北宋以來，以《道法會元》、《法海遺珠》為主的道教典籍中，常見有召請關元帥的滅魔祕法。關公神職是雷部護法神將，執行武煞雷霆道法，延續了他在世時的將軍形象，更鮮明地奠定了未來伏魔大帝的基礎。關公在道教中的能見度提高了，民間對關元帥的關注與仰賴也同步推進了。而宋元朝皇帝屢次加封關羽，強烈傳達了關公的道德楷模形象與非凡神能靈威，更提升形塑了他的人格與神格。使宋元以來的關公信仰，呈現逐步擴張的趨勢。

　　明清時代扶箕活動盛行，關帝扶鸞降筆的情況普遍而明顯，與關公相關的乩語、筆記、靈蹟與傳說不斷，而關公降著的鸞書也紛紛出現。相傳是關公於北宋降筆著成的《忠義經》，可能是史上第一本關公登壇降筆的鸞典。今本乃明代嘉靖年間刊本。但未見收錄於《道藏》中。若《道藏》系列中所收最早的關公鸞書，是收錄在《萬曆續道藏》、於明萬曆年間完成校訂的《太上大聖朗靈上將護國妙經》。關公鸞書以《桃園明聖經》與《覺世真經》流傳最廣，多融合了儒、釋、道三教的精義心法，啟發人心，影響深遠。再經由熱情的信眾與教團大力宣揚流傳，有效地推高並強化了關公信仰的深度與廣度。

　　自清道光庚子年（1840）以來，關帝扶鸞救劫，應世救世頻頻，巨量蜂出的鸞書中，凸顯了關帝救劫的悲心與聖功。透過扶鸞降筆，也傳出了「關帝升任玉帝」的訊息。清代扶鸞書中救劫諸聖神不只一位，但關帝如何能突出升任成為玉皇上帝？究其原因，一者，乃世道迷亂，災劫水火的塵世中，凡民對救劫聖神英雄的仰望與期盼。再者，關公統天禦地，靈感人間。祂領袖眾神，伏魔制鬼，濟世救民，天地人無不仰關公，關公權威貫三界。三者，關帝能登玉帝之尤為要者，是以其德全，以其功高，以其位尊。綜觀關公在世時為虎將；待其成靈，則護國祐民，濟世無數。祂在地獄為元帥大帝，在神界為天尊玉皇，在人間普受萬民

仰望奉祀。祂靈貫三界，威望顯赫。他資歷完整，功德圓滿，不犯十禁，為普世之楷模，獲得各教的同尊並共舉，終於能受禪登位，達於玉皇至尊。

　　近世降筆記述「關帝當玉帝」的鸞書紛出，從西南到潮汕，從中國到臺灣，再隨著粵臺移民傳播到海外的港澳、東南亞等地。「關帝升玉帝」之說在鸞堂系統中茁壯蔓衍，從華南向八方流傳。只是，至今新玉帝的稱號尚未統一，包括道教、天帝教等並未接受。但以部分鸞堂系統為主的信眾，則頗能接受關帝升任玉帝之說，臺灣有不少宮廟單位是以「玉皇大天尊玄靈高上帝」尊號來奉祀關帝。

　　武學泰斗張三豐（1247- ？）在其〈水石閑談・乩談〉中闡釋扶乩之道有言：「神仙有度人之願，假乩筆而講道談玄者有之；神仙有愛人之量，假乩筆而勸善懲惡者有之；神仙有救人之心，假乩筆而開方調治者有之。若云判斷禍福則有人之善惡在，寰宇之中有設乩求地理、請乩論天心之輩，此皆方士遺風。上界正神察其奸訐，未有能逃天罰者。」[50]此正所謂神仙慈悲，有度人之願，有愛人之量，有救人之心，故仙聖降凡授誥，以濟度凡塵赤子之濁困；經扶鸞降筆顯聖，以彰揚天理恢恢之靈明。[51]

　　關帝信仰的形成是歷經千餘年漫長的積累，關帝靈感，威武顯赫，透過扶鸞降靈垂訓啟明，也透過扶鸞著書破迷導正。扶鸞是關帝信仰傳播與發展中的重要途徑。「扶鸞首重鸞德。…諸天正神為凡人師尊，其降鸞勸化必具師德。師德者，所謂傳道、授業、解惑者是也。凡正神必具備此三師德。」[52]扶鸞雖帶有濃厚的玄秘色彩，凡民自宜祈請正神降臨感應之，以正派扶鸞運行之，以正德鸞生效勞之。而關帝一秉浩然正氣，慈悲勸善，以靈動彰顯神明之不虛，以著述啟發心性之修養。凡信仰關帝者，尤宜體察天心，領略神意。效法聖賢，探求關帝成聖成賢之正道，

50　張三豐《太極煉丹秘訣・卷六・水石閑談・乩談》，臺北：武陵出版社，2005 年 2 月。

51　參林翠鳳〈天心化善宣正道，實訓揚鸞仰明鑑 -- 鸞書《天道寶鑑》提要〉，《東海大學圖書館館刊》28 期，頁 24-31，2018 年 4 月 15 日。

52　筆者參加「第四屆全國扶鸞大會・學者論述座談會」第一場，年逾八十高齡的旗津志德堂正鸞生葉廣老先生講話紀錄。2017 年 7 月 1 日於高雄東照山關帝廟。

學習修養，並且實踐做到。方能期待超凡入聖，圓滿人道，以臻於神境。

2019關帝文化國際學術研討會，假國立臺中科技大學舉行。2019年12月22日。
右起：雲林科技大學翁敏修教授、世界龍岡親義總會吳文興顧問、浙江海門開福寺釋德慧住持、臺南藝術大學李興華助理教授、臺中科技大學林翠鳳教授、臺中科技大學謝俊宏校長、中華關聖文化世界弘揚協會黃國彰理事長、政治大學高莉芬教授、臺中科技大學蕭登福教授、雲林科技大學林葉連教授、神戶外國語大學秦兆雄教授、逢甲大學王志宇教授、臺中科技大學李建德助理教授。

【本文原載《2019關帝文化國際學術研討會論文集》，臺北：中華關聖文化世界弘揚協會，2020年9月。】

國家圖書館出版品預行編目資料

林翠鳳臺灣史研究名家論集 / 林翠鳳　著者. -- 初版. –
臺北市：蘭臺, 2021.06
面；　公分. -- (臺灣史研究名家論集；3)
ISBN 978-986-06430-4-6(全套：精裝)

1.臺灣研究　2.臺灣史　3.文集

733.09   110007832

臺灣史研究名家論集 3

林翠鳳臺灣史研究名家論集

著　　者：林翠鳳

主　　編：卓克華

編　　輯：沈彥伶·陳孅竹

封面設計：塗宇樵

出 版 者：蘭臺出版社

發　　行：蘭臺出版社

地　　址：台北市中正區重慶南路 1 段 121 號 8 樓之 14

電　　話：(02)2331-1675 或(02)2331-1691

傳　　真：(02)2382-6225

E—MAIL：books5w@gmail.com 或 books5w@yahoo.com.tw

網路書店：http://5w.com.tw/、https://www.pcstore.com.tw/yesbooks/
　　　　　https://shopee.tw/books5w
　　　　　博客來網路書店、博客思網路書店
　　　　　三民書局、金石堂書店

經　　銷：聯合發行股份有限公司

電　　話：(02) 2917-8022　　　　傳　真：(02) 2915-7212

劃撥戶名：蘭臺出版社　　　帳號：18995335

香港代理：香港聯合零售有限公司

電　　話：(852)2150-2100　　　　傳真：(852)2356-0735

出版日期：2021 年 6 月 初版

定　　價：新臺幣 30000 元整（套書，不零售）

ISBN：978-986-06430-4-6

《臺灣史研究名家論集》

這套叢書是研究台灣史的必備文獻！

　　這套叢書是兩岸台灣史的權威歷史名家的著述精華，精采可期，將是臺灣史研究的一座豐功碑及里程碑，可以藏諸名山，垂範後世，開啟門徑，臺灣史的未來新方向即孕育在這套叢書中。展視書稿，披卷流連，略綴數語以說明叢刊的成書經過，及對臺灣史的一些想法，期待與焦慮。

三編

尹章義、林滿紅、林翠鳳、武之璋、孟祥瀚、洪健榮、
張崑振、張勝彥、戚嘉林、許世融、連心豪、葉乃齊、
趙祐志、賴志彰、闞正宗

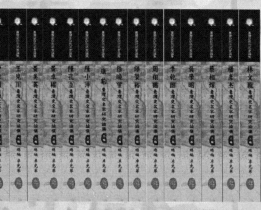

二編　ISBN：978-986-5633-70-7

尹章義、李乾朗、吳學明、
周翔鶴、林文龍、邱榮裕、
徐曉望、康　豹、陳小沖、
陳孔立、黃卓權、黃美英、
楊彥杰、蔡相輝、王見川

9 789865 633707　30000

臺灣史名家研究論集二編　（精裝）NT$：30000

一編　ISBN：978-986-5633-47-9

王志宇、汪毅夫、卓克華、
周宗賢、林仁川、林國平、
韋煙灶、徐亞湘、陳支平、
陳哲三、陳進傳、鄭喜夫、
鄧孔昭、戴文鋒

9 789865 633479　28000

臺灣史研究名家論集（套書）　定價：28000

100台北市重慶南路一段121號8樓之14　　E-mail：books5w@gmail.co

TEL：(8862)2331 1675　FAX：(8862)2382 6225　　網址：http://5w.com.tw/